全国高等学校医疗保险专业第一轮规划教材

医疗保险国际比较

张 晓 黄明安 主编

科学出版社

北京

内 容 简 介

本书是全国高等学校医疗保险专业第一轮规划教材之一。本书是由国内主要高校的学者,运用比较分析的方法,对各国医疗保障的主要制度发展与特点、管理模式、立法实践、面临共同难题及改革的挑战、改革的主要方法和路径,以及对中国医疗保障制度建设的启示等,进行了较为详细的阐述。全书共八章,第一章概述;第二章医疗保险的形成与发展;第三章医疗保险模式的划分与国际比较;第四章医疗保险立法实践的国际比较;第五章医疗保险管理体制国际比较;第六章几个典型国家的医疗保险介绍;第七章医疗保险面临的共同问题与改革趋势;第八章国际经验对中国的启示。

本书可供高等医药院校的医疗保险、社会保险、卫生事业管理、预防医学及保险等专业的本科生和研究生使用,也可供政府及社会保险经办管理机构中的相关人员参考。

图书在版编目(CIP)数据

医疗保险国际比较 / 张晓,黄明安主编. —北京:科学出版社,2015.7
全国高等学校医疗保险专业第一轮规划教材
ISBN 978-7-03-045257-3

Ⅰ.医… Ⅱ.①张… ②黄… Ⅲ.医疗保险-对比研究-世界-高等学校-教材 Ⅳ.F840.684

中国版本图书馆 CIP 数据核字(2015)第 172236 号

责任编辑:刘 亚 郭海燕 / 责任校对:赵桂芬
责任印制:肖 兴 / 封面设计:陈 敬

科 学 出 版 社 出版
北京东黄城根北街 16 号
邮政编码:100717
http://www.sciencep.com

大厂书文印刷有限公司 印刷
科学出版社发行 各地新华书店经销

*

2015 年 7 月第 一 版 开本:787×1092 1/16
2015 年 7 月第一次印刷 印张:10
字数:259 000

定价:39.00 元
(如有印装质量问题,我社负责调换)

全国高等学校医疗保险专业第一轮规划教材
编写委员会

《医疗保险国际比较》编委会

主　编　张　晓　黄明安

副主编　吴　静　任建萍　郭健美　刘　蓉

编　者　（按姓氏拼音排序）

陈曼莉　湖北中医药大学

代宝珍　江苏大学

段明妍　东南大学

郭健美　潍坊医学院

胡　月　南京医科大学

黄明安　湖北中医药大学

景虹雅　山西医科大学

李长乐　内蒙古医科大学

李林蔚　杭州师范大学

刘　蓉　东南大学

孟雪晖　温州医科大学

任建萍　杭州师范大学

吴　静　华中科技大学

张　晓　东南大学

全国高等学校医疗保险专业第一轮规划教材
出版说明

教材建设是专业建设中最基本的教学条件建设,直接关系到教学效果和人才培养质量。中国自 20 世纪 80 年代开始探索医疗保险制度改革之路,90 年代启动试点和扩大试点范围,1998 年国务院正式作出决定在全国建立城镇职工基本医疗保险制度,21 世纪初开始新型农村合作医疗制度试点,随后又进行城镇居民基本医疗保险制度试点和建立城乡居民医疗救助制度。2009 年开始的深化医药卫生体制改革(俗称"新医改"),使我国基本医疗保险制度建设得以迅猛发展,实现了历史性跨越。到目前为止,覆盖人数已达 13 亿人,95%的国民有了基本医疗保障,全民医保体系初步形成。

伴随着医疗保险事业的发展,我国医疗保险专业建设也走过了 20 年历程。目前全国已有约 40 所高校设立医疗保险专业(方向),这对教材建设提出了更高的要求。

为适应新时期医疗保险专业人才培养和高等医疗保险教育的需要,体现最新的教学改革成果,经相关核心高校商讨,决定编写全国高等学校医疗保险专业第一轮规划教材。2014 年 5 月成立了"全国高等学校医疗保险专业第一轮规划教材编写委员会",经编委会反复论证,确定了 12 门专业基础课和专业课作为该专业核心课程,并决定进行相关教材的编写。此后在全国范围内进行了主编、副主编、编者的申报遴选工作。2014 年 8 月在江苏大学隆重召开"全国高等学校医疗保险专业第一轮规划教材主编、副主编聘任会暨全体编委会会议",编写工作正式展开。

本次规划教材是我国第一套医疗保险专业系列教材,是医疗保险专业高教工作者 20 年集体智慧的结晶,必将对我国高等学校医疗保险专业建设和人才培养产生深远的影响。

全国高等学校医疗保险专业第一轮规划教材编写委员会
2015 年 5 月 10 日

前　言

医疗保险在世界范围内广泛存在。由于各国国情不同而呈现出不同的特征,形成了不同的制度模式。目前,世界上的医疗保险模式主要有 4 种,即全民医疗保险模式、社会医疗保险模式、市场主导型医疗保险模式和储蓄医疗保险模式。不同的制度模式有不同的演变过程和特点,因此研究不同国家或地区的医疗保险制度演化过程,以及构建和完善全民健康保险制度,是顺应全民健康覆盖(UHC)发展趋势的实践,对我国医疗保险制度建设具有很好的现实意义。对此,结合多年的教学和研究实践,在查阅大量国内外学术论文与优秀著作之后,我们组织编写了《医疗保险国际比较》这本书,以满足教学和科研的需要。

本书框架由主编拟定,共 8 章。第一章主要介绍医疗保险国际比较的价值定义、内容界定与比较方法选择,由东南大学张晓编写;第二章主要介绍医疗保险产生的背景及医疗保险自 1883 年在德国建立时起一个多世纪的发展变革,由温州医科大学孟雪晖、山西医科大学景虹雅编写;第三章主要介绍目前主要几种医疗保险模式及模式间比较分析,由东南大学刘蓉、段明妍编写;第四章主要介绍国际上关于医疗保险的法律和值得我国借鉴的经验,由湖北中医药大学黄明安、陈曼莉编写;第五章主要介绍医疗保险的管理体制国际比较,包括医疗保险筹资与支付管理、信息与监督管理,由杭州师范大学任建萍、李林蔚编写;第六章主要介绍几个典型国家的医疗保险制度,包括德国与英国、日本与韩国、美国与加拿大、新加坡与泰国,德国与英国医疗保险制度由江苏大学代宝珍编写,日本与韩国医疗保险制度由内蒙古医科大学李长乐、东南大学刘蓉编写,美国与加拿大医疗保险制度由南京医科大学胡月编写,新加坡与泰国医疗保险制度由东南大学张晓、刘蓉编写;第七章主要介绍医疗保险面临的挑战与发展新要求,由潍坊医学院郭健美编写;第八章主要介绍当前国际经验对我国医疗保险改革的启示及我国医疗保险制度改革与发展新方向,由华中科技大学吴静、东南大学张晓编写。

本书有以下特点。一是注重整体,注重比较。教材在充分研究国际医疗保险理念与制度发展新方向的基础上,对不同医疗保险模式进行比较分析,并重点介绍几个典型国家的医疗保险制度,具有较强的学术性。二是章节逻辑清晰,主次分明。本书在介绍国际医疗保险制度时着重对不同制度体系进行比较分析,每章最后都有案例分析,加强理论与实践的结合。三是编写人员主要由长期从事医疗保险教学与科研的资深教师组成,队伍阵容强大,权威性强。

《医疗保险国际比较》是全国高等学校医疗保险专业第一轮规划教材,可作为高等院校医疗保险和经管类相关专业的本科生教材及其他相关专业选修、参考教材,也可作为医疗保险实际工作部门中各类人员的学习参考书或培训用教材。

编　者

2015 年 5 月

目　　录

第一章　概述 ……………………………………………………………（1）
　第一节　医疗保险国际比较价值定义 ……………………………………（1）
　第二节　医疗保险国际比较内容界定 ……………………………………（2）
　第三节　医疗保险国际比较方法选择 ……………………………………（9）
第二章　医疗保险的形成与发展 …………………………………………（12）
　第一节　医疗保险产生的背景 ……………………………………………（12）
　第二节　医疗保险体系的形成与发展 ……………………………………（17）
　第三节　医疗保险体系的改革和发展 ……………………………………（21）
第三章　医疗保险模式的划分与国际比较 ………………………………（28）
　第一节　医疗保险模式分类比较概述 ……………………………………（28）
　第二节　各国社会医疗保险体系构成比较分析 …………………………（35）
　第三节　不同模式社会医疗保险的比较分析 ……………………………（37）
第四章　医疗保险立法实践的国际比较 …………………………………（47）
　第一节　医疗保险立法体系的建立 ………………………………………（47）
　第二节　医疗保险立法理论、原则的国际研究 …………………………（52）
　第三节　中国医疗保险立法和国际经验借鉴 ……………………………（58）
第五章　医疗保险管理体制国际比较 ……………………………………（65）
　第一节　医疗保险管理体制概述 …………………………………………（65）
　第二节　医疗保险的筹资与支付 …………………………………………（70）
　第三节　医疗保险信息与监管体系 ………………………………………（76）
第六章　几个典型国家的医疗保险介绍 …………………………………（82）
　第一节　德国与英国 ………………………………………………………（82）
　第二节　日本与韩国 ………………………………………………………（90）
　第三节　美国与加拿大 ……………………………………………………（93）
　第四节　新加坡与泰国 ……………………………………………………（102）
第七章　医疗保险面临的共同问题与改革趋势 …………………………（108）
　第一节　健康观念和疾病变化对医疗保险的挑战 ………………………（108）
　第二节　人口老龄化对医疗保险的新要求 ………………………………（112）
　第三节　医药科学技术发展与医疗费用控制 ……………………………（118）
第八章　国际经验对中国的启示 …………………………………………（124）
　第一节　中国医疗保险改革的历史与现状 ………………………………（124）
　第二节　对完善制度目标和体系设计与改革的启示 ……………………（135）
　第三节　对完善制度管理体制的启示 ……………………………………（137）
　第四节　对中国医疗保险制度改革路径的启示 …………………………（138）
参考文献 ……………………………………………………………………（147）

第一章
概　　述

内容提要　医疗保险制度是社会制度体系的重要内容之一，无论是发达国家还是发展中国家的政府都一直致力于为其国民提供公平、可及、高效和经济上可承受的医疗服务。但是，由于各国的国情差异和各自的局限性，医疗保险制度的实践结果难以获得国民完全的满意且饱受责难，成为困扰全球多数国家的难题，各国一直都处于不断的改革探索之中，试图找到让国民满意的方案，形成了不同的保障模式。为观察和借鉴各国的制度实践，获取有价值的制度改革设计和改革措施，本章从3个方面对全球主要国家在改革的价值与动因、改革方向和主要策略选择，以及改革的方式上进行比较，为我国的医改提供参考和借鉴。

第一节　医疗保险国际比较价值定义

一、比较的目的

医疗保险是保障国民身体素质的重要措施，它在人类社会发展中起了重要作用。自1883年德国制定世界上第一部医疗保险法——《疾病社会保障法》以来，医疗保险已有了100多年的历史。由于历史背景的不同，各国的医疗保险模式也各不相同。特别是第二次世界大战（以下简称二战）以后，许多国家在发展经济的同时深刻认识到，健全医疗保险制度、发展卫生事业、保证公民基本卫生服务，不仅可以解决或缓解一些尖锐的社会矛盾，而且可作为一种开发人力资源不可缺少的健康投资，还有利于促进本国经济的持续发展和国民素质的不断提高。为此，绝大多数国家都根据本国政治、经济、文化和民俗等因素，建立了各具特色的医疗保险制度。但是，迄今为止，还没有哪一个国家的医疗保险制度是完美无缺的，各国都在不断地进行着探索和改革。

世界上主要存在4种医疗保险模式，分别是全民医疗保险模式、社会医疗保险模式、市场主导型医疗保险模式和储蓄医疗保险模式。但4种制度模式的历史发展、理论基础、基本政策、制度特点差异明显，国际比较需要深入研究各种医疗保险模式产生的背景条件、医疗保险体系的形成和发展，以及医疗保险运行的融资模式、享受条件、保障项目、医疗服务、政府责任等，从多角度比较分析这种差异，归纳各种模式的优缺点，探求医疗保险制度的理论基础、政治基础、经济基础和社会基础。"他山之石，可以攻玉"，通过医疗保险国际比较，可以不断学习和借鉴国外医疗保险制度的经验，吸取教训，解决我国医疗保险制度建设中存在的问题，建设和完善我国医疗保障制度，构建长效可持续运行的医疗保险制度体系，实现保障全民健康的目的。

二、比较的意义

医疗保险作为社会保障制度的重要组成部分，是伴随着经济发展和城市化的进程发展起来的，因而西方发达国家医疗保险制度（简称医保制度）的建立和发展时间比较长，既有丰富的经验又有深刻的教训。对国外医疗保险制度建立和发展过程中的一般规律和经验进行总结，对各种不同的医疗保险制度模式的特点进行剖析,对指导我国建立和完善社会保障制度具有重要意义。

(一) 总结发达国家医保制度的建设和发展规律,分析总结各种主要医保制度模式的特点

大部分西方国家在 19 世纪末到第二次世界大战结束期间都建立起了各自的医疗保险制度。通过研究各国医疗保险制度建立和发展的历程可以发现,几乎所有的国家都经历了从社会医疗救助到建立专门的医疗保险制度;从覆盖部分职业人群逐步发展到覆盖大多数或者全民的医疗保险体系;从最初的疾病津贴发展到不仅提供医疗津贴和医疗服务,甚至将预防保健、健康教育、康复护理等也纳入医疗保险体系的过程。各国在建立和完善制度过程中的规律性问题和经验教训,更值得我们认真研究和总结。

经济发展水平不是影响医疗保险制度的唯一因素,政治、文化和思想理论也对医保制度产生了重大影响。所以,经济发展水平相同的国家医疗保险体系的制度模式可能不同,不同经济发展水平的国家的医疗保险体系的主要制度模式可能是相同的。并且,从主要的医疗保险体系构成来看,任何国家的医疗保险制度都不是单一的,为了适应不同人群的医疗服务需求,通常都会形成一个多层次、多形式的医疗保险体系。尽管各国的医疗保险模式不同,但是构成各国医疗保险体系的主体制度有很多是相同或相近的,如德国的法定医疗保险、法国的法定医疗保险、日本的国民健康保险和韩国的雇员医疗保险属于相同的制度模式,加拿大的公共卫生保健制度、澳大利亚的全民卫生保健制度及英国的国家卫生服务保障制度属于相同的制度模式。

(二) 医疗保险制度的国际比较对中国构建医疗保险制度具有指导意义

在中国这样一个世界上人口众多的农业大国建立医疗保险制度,首先是要立足于国情,同时还要借鉴发达国家的经验。虽然各国的情况不同,但是建立、发展和改革医疗保险制度的目的都是一致的,即保障人民的身体健康;虽然各国医疗保险的制度模式不同,但是都经历了或将要经历同样或类似的发展历程。通过比较研究对各国医疗保险发展的过程和趋势、原因和结果、正面和反面的经验进行深入分析,在总结经验的基础上探索中国医疗保险制度的未来发展之路。

第二节 医疗保险国际比较内容界定

一、模式选择比较

(一) 国际上现行的医疗保险模式比较

目前世界上主要存在 4 种医疗保险模式:全民医疗保险模式、社会医疗保险模式、市场主导型医疗保险模式和储蓄医疗保险模式。

1. 全民医疗保险模式

全民医疗保险模式是指由政府直接组办的医疗保险,主要通过税收的方式筹集基金,并采取国家财政预算拨款的形式将医疗保险基金分配给医疗机构,由医疗机构向国民提供免费或低收费的医疗服务,其有 4 个特点。

1) 具有全民性和公平性。政府对所需医疗的公民,无论其贫富,均提供公平、可及的医疗和保健服务。

2) 实施免费医疗。即医疗费用由社会保险机构直接拨付给医院医生或药品供应者。医生的报酬与服务多少及服务质量不发生任何连带关系,患者对卫生服务的利用程度与其经济利益也不发生

任何关系。其结果导致医疗机构微观运行缺乏活力,医疗资源浪费。

3)医疗保险费用增长过快。由于供需双方缺乏费用意识,医疗消费水平较高,政府不堪重负。

4)住院等待期较长。享受国家卫生服务者住院时,不仅免交医药费,连伙食也是免费供应的。但由于资源的有限性,公共产品的提供会发生拥挤,致使排队现象出现,等待时间较长。

2. 社会医疗保险模式

社会医疗保险模式是指国家通过立法强制实施,由雇主和个人按一定比例交纳保险费,建立保障基金,支付雇员(有时包括家属)医疗费用的一种医疗保险制度,其有3个特点。

1)国家医疗保险制度与市场经济有机结合。根据医疗保险的需求,保险机构在国家宏观调控下灵活地调整费率。

2)医疗保费稳定增长。在实行医疗保险的情况下,是以劳动所得为缴费基数,加以一定的保险费,这不仅是一种与政府其他政策领域没有竞争的独立财源,而且保险基金的用途是特定的,因此具有很高的稳定性。

3)保险和服务机构独立核算、职责分明,双方相互制约,有利于卫生资源合理有效的利用,且患者择医的自由度较高,对服务质量的满意度较高。

3. 市场主导型医疗保险模式

市场主导型医疗保险模式是由商业保险公司承办,市场运作的保险业务,保险公司根据需求开发产品提供给市场,参保人自愿参保,供求关系由市场调节。其也有4个特点。

1)参保自由,灵活多样,适合多层次的需求。

2)缺乏健康保障。美国的医疗保险制度完全信奉依赖市场原则。由于医疗保险费支出较大,被保险人负担较重,在实行自愿参保制度下贫困者难以得到保障。

3)医疗消费主要通过市场来调节,缺乏有力的制约,容易造成费用的失控。

4)医疗保健制度不健全,管理混乱。医院、医生对被保险人没有承担起相应的责任,医疗质量低,过度服务和费用转移现象严重。

4. 储蓄医疗保险模式

储蓄医疗保险模式是指依法轻质性地以家庭为单位建立医疗储蓄基金,逐步积累,为今后的患病支付费用,是个人积累式的医疗保险模式。该模式有3个特点。

1)强调自立与责任,患者如需享受某种医疗服务,必须自己支付相应的费用。

2)雇员缴纳的医疗保险费完全记入个人账户,存款属个人所有,透明度高。

3)直接与个人利益联系在一起,有利于对医疗资源使用的制约和对医疗单位的监督。该模式的不足之处在于:强调"纵向"积累,缺乏"横向"互助共济。

4种医疗保险模式的简要比较,见表1.1。

表1.1 4种医疗保险模式的对比

保险模式	代表国家	保险人群	筹资方式	管理运行方式	优点	缺点
全民医疗保险模式	英国	全民	国家税收	国家直接管理、财政二次分配	公平	效率低
社会医疗保险模式	德国	产业人群,覆盖多数国民	保险费(企业、个人)	非营利性组织+竞争、现收现付	相对公平	选择性低
市场主导型医疗保险模式	美国	保险消费者	保险费	市场竞争、现收现付	富有效率	公平性差
储蓄医疗保险模式	新加坡	工薪人员	保险费	国家管理、纵向积累、自保为主	权责清晰	公平性差

资料来源:*Improving the Value of Health Care* 及乌日图《医疗保险国际比较》等

（二）模式选择的价值取向

1. 全民医疗保险制度的价值取向

全民医疗保险制度的价值取向是平等主义的思想。平等主义的思想与自由主义相对立。商品平等主义(commodity egalitarianism)认为有些特定商品应该平均分配,这些特定的商品如投票权、食品、住房、教育、医疗等,具有公共产品的某些特性(克里斯托弗·伍达德:《平等主义》,2005年)。在医疗领域,一方面,平等主义者要求"按照需要分配医疗资源",医疗消费不应该受到人们收入水平或财富水平的影响,即国家强制全体社会成员参与社会医疗保险,主张把健康包括在自然权利之内,医疗服务也主要由政府按照需要提供;另一方面,医疗融资以公共融资为主,按照支付能力融资,即收入较高的人缴纳较高的保险费或承担较高的税赋。

2. 社会医疗保险制度的价值取向

社会医疗保险制度的价值取向是社会市场经济理论。这种理论体系演绎产生了一种以政府为主、市场为辅的医疗保险模式,主要是以国家实行强制性医疗保险为特点,商业保险作为补充的。主张放弃传统的单一的极端保守性或激进性政策选择,实行介于两者之间的调和性政策选择,强调优先的国家干预与有限的市场调节相结合,主张社会保障中的国家责任、社会责任与个人责任平衡,强调社会保障水平与经济发展水平的协调等。这种理论强调对医疗服务的支付更多地按照收入水平确定,而医疗服务的利用更多地按照需要分配。由于社会医疗保险的重要性及复杂性,如果完全由市场自发组建,可能会导致医疗保险的缺失,从而导致市场失灵,这为政府的广泛介入提供了理论基础。同时政府出面组织医疗保险可以以国家意志的形式形成强有力的管理机制和约束机制。各国政府都对此采取了广泛介入的态度,从医疗服务人员和医疗服务机构的从业资格、卫生资源的合理分配到医疗消费品的价格制定、疾病的诊疗规范和社会医疗保险的支付制度都有一系列严格的规定,因此,社会医疗保险的经济运行将在很大程度上受到政府政策性因素的影响。这种医疗保险就是国家以法律强制手段强制个人向社会机构参加,个人以企业或者组织为单位进行参保,目前此种模式在世界上最为普遍,被绝大多数国家所采用。社会医疗保险制度的原则是横向统筹、现收现付、互保共济。

3. 储蓄医疗保险制度的价值取向

储蓄医疗保险制度的价值取向是自由主义和个人主义。新加坡采取的是公积金制度,其中医疗储蓄账户是作为本人及其家属住院部分及门诊部分项目的医疗费之用,实质上是在政府统一制度下的家庭共济。政府有保证基金保值、增值的作用。这种医疗保险模式以个人责任为基础,政府分担部分费用,强调个人通过积累支付部分医疗费;享受的医疗服务水平越高,付费也越多,这样可避免过度利用医疗服务行为的发生,减少浪费。这一模式要求每个有收入的公民都要为其终生医疗需求而储蓄,以解决自身的医疗保健费用,从而避免上一代人的医疗保健费用转移到下一代人身上。储蓄医疗保险模式的缺陷是,不能实现社会互助共济、共同分担疾病风险,低收入人群得不到医疗保险,或者难以得到更好的医疗服务。

4. 市场主导型医疗保险制度的价值取向

市场主导型医疗保险制度的价值取向是自由主义理论。自由主义理论强调尊重人们的自然权利,其中两项重要的权利是生存权和拥有权。如果人们拥有或给予某种东西并不影响其他人的利益,则这种行为就是合理的,否则就触犯了自然权利。因而自由主义不主张政府干预,认为税收应该控制在最低水平。在医疗领域,自由主义认为医疗可及性和人们的收入相关,富有的人可以比其他人获得更好的医疗服务。按照自由主义的思想,医疗服务的融资主要由私人提供,如商业医疗保险或个人自己支付。医疗服务提供中的政府参与也应控制在最低水平,政府只提供最基本的服务,满足穷人的需求医疗可及性。就是不论收入高低,个人自愿向社会保险机构投保,国家对此不做强制性规定。

(三) 模式选择比较的结果

不同类型的医疗保险模式在保障对象、政府责任、保障功能、保障水平、社会管理体系中的地位等存在差异,具体比较见表 1.2。

表 1.2 医疗保险模式的选择

制度模式	全民医疗保险型	社会医疗保险型	市场主导型医疗保险	储蓄医疗保险型
保障对象	覆盖所有国民	主要覆盖一般收入人群,高收入人群和低收入人群也可以被强制纳入	主要覆盖一般或高收入人群	主要覆盖低收入的人群
政府责任	政府主办	政府以法律强制形式引导,不直接主办。由社会主办	政府监管,市场主办	政府鼓励,个人自保
保障功能	包括疾病医疗、预防保健等,一般不包括疾病、生育津贴	一般包括疾病医疗,也包括疾病和生育津贴。也有逐步扩展到预防、保健的趋势	一般包括住院保险、重大疾病保险	一般包括住院医疗费用和门诊特殊疾病
保障水平	保障基本健康需求,保障水平较高	保障基本的医疗需求,保障水平因国家经济发展水平不同可有不同	一般保障较高水平的医疗需求	保障基本医疗需求
体系中的地位	一般作为一个国家制度体系的主体	一般作为一个国家制度体系的主体	一般作为一个国家制度体系的补充,也有个别国家作为制度体系的主体	可以作为一个国家制度体系的基础部分
典型制度举例	英国、加拿大、澳大利亚等国家卫生服务制度	德国、法国、日本等国的法定医疗保险	美国的私人医疗保险	新加坡个人储蓄制度

资料来源:*Improving the Value of Health Care* 及乌日图《医疗保险国际比较》等

二、制度安排比较

(一) 制度设计的理念

1. 全民医疗保险型模式

从制度设计理念来看,国家卫生服务制度是面向全体公民的。在福利型的英国、瑞典等国家,所有的公民都享受统一的医疗保障待遇,实行这种模式的国家秉承普遍、公平、免费(或付少量费用)的宗旨,建立人人享有的"从摇篮到坟墓"的社会保障制度,其中的医疗保障待遇优厚,不分种族、年龄和性别同样享受各种保障待遇。在这几种医疗保障制度模式中,国家卫生服务保障制度模式是最体现社会公平的制度模式。

2. 社会医疗保险型制度模式

该模式的公平性是有限的,只有在缴费的基础上才能享受有关待遇,因此,理论上讲社会医疗保险制度无论何时都难以覆盖全体公民,所以,实施社会医疗保险制度是以追求大多数人的社会公平为目标的,为绝大部分人提供医疗保障。从微观上看,权利和义务对应原则基础上的互助共济,保证了医疗保险参与者在待遇上的公平,参加社会医疗保险的人群,不论其参加时的收入水平、年龄大小、健康状况、性别差异,都能够按规定的范围和水平享受社会医疗保险待遇,在制度范围内体现了公平性。

3. 市场主导型医疗保险型制度模式

本质是按人群设计的制度安排，但该模式具有鲜明的选择性。商业医疗保险机构或私人医疗保险机构对投保人采取市场筛选的办法，从机制上是尽量将医疗风险小的人群即健康人群纳入保险范围而排斥社会弱者如患者、老人和穷人，尽管理论上也可以而且事实上也设计了针对老人、穷人和已有病史人群的医疗保险产品，但由于这部分人群中大部分是低收入人群，没有能力购买市场医疗保险给他们提供的保险产品。所以在大多数国家市场医疗保险的客户主要是社会中上阶层的高收入人群。因此，市场主导型医疗保险制度模式在宏观上无法体现社会公平。因此，很多国家都将市场医疗保险作为主体的医疗保障制度的补充，共同构成一个完善的医疗保障体系。

4. 个人储蓄医疗保险型制度模式

该模式在实现社会公平方面比市场主导型医疗保险制度模式要稍好一些，主要体现在强制储蓄，在缴纳公积金时，由雇主和雇员共同缴纳，在保值增值方面政府给予优惠政策，使尽量多的人能够参加并享受个人储蓄医疗保障。和社会保险制度模式相比，由于个人储蓄医疗账户与个人收入直接联系，所以高收入人群和低收入人群的个人储蓄医疗账户资金额差距比较大，再加上没有社会共济的功能，所以它的公平性比社会医疗保险制度模式要差。

（二）政策制定的价值取向

1. 保障型价值取向的医疗保险模式

社会医疗保险模式，大多数国家和社会保险制度都是通过法律强制实施的，而非个人或者保险人的自由选择，这是与市场主导型医疗保险制度的重要区别之一。强制实施的主要目的是防止出现逆向选择的风险，保证不同收入和不同健康状况的人员能够在同等条件下参加保险，同时保证医疗保险基金有足够的抵御风险和互济的能力，从而实现医疗保险的保障目的。与此类似的是国家医疗保险模式，国家医疗保险模式是指政府以税收或缴费的方式筹集资金，以国家财政预算拨款和专项基金的形式向医疗机构提供资金，由医疗机构向国民提供免费或低收费的，包括预防保健、疾病诊治和护理康复等一揽子卫生保健服务的医疗保障制度。这两种制度在制定上把保障目的放在第一位。

2. 基金安全型价值取向的医疗保险模式

在政策制定的价值取向上，市场主导型医疗保险模式和个人储蓄型医疗保险模式更侧重于基金的安全。市场医疗保险是一种"第三方"支付的机制，参保人发生的医疗费由保险组织向医疗机构支付。医疗服务作为一种商品，面向社会所有成员，其供求关系由市场进行调节，保险机构根据市场的不同需求开展业务，基金安全有保障。个人储蓄型医疗保险模式要求每个有收入的国民在年轻时就要为其终生医疗需求储蓄资金，从而避免了医疗保健费用的代际转移，强调个人的自我保障意识和责任，保持医疗消费水平与国家经济发展相适应。个人储蓄医疗账户的资金只能用于个人和家庭成员的医疗消费，雇主、雇员的缴费比例实行动态调整，这样就能尽量避免医保基金风险。

三、管理体系比较

（一）单独管理体制：单一购买者

全民（国家）健康保险模式是一种由单独机构管理的福利型制度。在福利国家向全体国民免费提供，在其他国家是向特定人群免费提供。在绝大多数实行国家卫生服务保障制度的国家，政府是该制度的直接组织者，政府通过建立医疗机构，或购买私人医疗服务，直接向全体国民或特定人群提供医疗服务，不存在"第三方"支付。例如，英国 NHS 的管理机构由上至下包括中央卫生部、大区卫生管理局、区卫生局、全科医生委员会和社区卫生服务委员会。

（二）单一管理体制：一个部门管理

社会医疗保险制度模式是依法设立社会化管理的医疗保险机构作为"第三方"支付组织，这些经办机构都是依法设立的公共管理机构，这与商业医疗保险机构不同，最主要的区别是不以营利为目的，代表参保人统一管理医疗保险基金，并按规定向给予参保人提供医疗服务的医疗机构支付医疗费用。纯粹是为了服务社会医疗保险的经办机构有3种类型：第一种是由政府举办的公共事业机构，经办机构的业务经费、人员工资均由财政负责，例如，日本国民健康保险的经办机构。第二种是民办法定社团机构，其是通过参保人群选举产生管理委员会下设的经办组织，管理费用从医疗保险经费中按国家规定的比例提取，如德国的社会医疗保险各类疾病基金会。根据德国法律，医疗保险疾病基金会被定义为"受国家法律制约的私人公司"，它们实行自主经营、自我管理和自负盈亏，政府不会给予任何补贴。第三种是行业和企业举办的社团协会。对员工达到一定规模的企业和行业，法律允许在行业（企业）内组建医疗保险经办机构，负责企业内部雇员及其家属的社会医疗保险经办业务。管理费用可以从基金中提取，企业也可以投入一定的经费，如日本的由大企业管理的雇员健康保险等。

（三）联合管理体制：两部门及以上的联合管理

市场医疗保险也是一种"第三方"支付的机制，但要接受两部门以上的联合管理。在市场医疗保险模式下，政府的责任是制定与医疗保险相关的法律法规，从制度上规范保险市场和医疗服务市场的行为，而医疗保险机构的规范是由联邦政府、州政府和一些民间的自律性机构3个层次来实施的，即医疗保险组织作为雇员保险金提供者，它们接受联邦政府的监管；作为保险公司，它们又接受州保险部门的监管，另外，在医疗保险行业还存在着一些自律性的机构和独立的标准制定机构，它们对医疗保险的业务操作有重大的影响。

在管理体系上，个人储蓄医疗保险制度模式通常也是由几个部门联合管理的。以新加坡为例，新加坡的卫生服务行政管理是由3个政府部门负责的，包括卫生部、环境部及人力资源部。其中卫生部负责制定全国卫生政策，协调公立和私营卫生服务部门的发展和规划，制定诊疗标准，负责提供预防、治疗和康复服务；环境部负责与环境有关的公共卫生服务，传染病控制，食品安全；人力资源部负责职业卫生事宜。

四、制度改革比较

（一）改革的动因：共同的原因

1. 社会经济发展

（1）劳动力市场变化：中国经济的快速发展，带来了劳动力市场的变化。首先，工业化、城镇化推动了就业模式的转变，大量就业者，从农业转向非农部门，农民丧失了作为主要生产资料的土地，成为了出卖劳动力的雇佣工人家庭。逐步开展的机器大生产又导致家庭手工作坊逐渐衰退，家庭的实物生产功能逐渐丧失，其保障能力下降，导致医疗保障的需求增加。工业化、城镇化伴随着人均预期寿命的延长，工业化既依赖于科学技术，又促进了科学技术的进步。医疗技术的进步与生活水平的提高是工业化国家人均预期寿命延长的主要原因，它们又与工业化和城镇化互为因果。这也会增加对医疗保障的需求。同时，完善的医疗体系也是维持经济持续稳定增长的必要保证。

（2）失业与流动：随着我国的改革开放和城乡经济的不断发展，劳动力的流动逐渐频繁，流动人口的数量迅速增加。流动人口的社会保障问题已成为我国社会保障体系亟待解决的严峻问题，医疗保险问题尤为突出。同时，失业人口也有所增长，失去收入后家庭抵御医疗风险的能力大大增加，失业者医疗保险的接续等问题突出。新常态经济形势下的劳动力失业和流动现象会更加活跃,这对现在的医疗保险体系提出了新的问题和挑战,对医疗保险的改革势在必行,以满足经济新常态的发展需要。

2. 医疗支出的压力:医疗费用的快速上涨

(1)人口老龄化:人口老龄化是指一个国家或地区在一个时期内老年人口比重不断上升的现象或过程。国际上一般以 60 岁或 65 岁为老年人的年龄起点,老人比重占 5% ~ 10% 称为成年型人口,10% 以上为老年型人口。人口老龄化将增加劳动年龄人口的负担,还给社会公共福利、医疗卫生等方面带来影响。19 世纪以来,科技发展及医学进步使人类得以通过各种疫苗、抗生素、卫生用水、卫生设施和各种保健常识等,在整体上成功地降低了婴孩的死亡率,控制了各种传染病的蔓延并延长了人类的寿命。20 世纪末的最后几周,全球人口已突破 60 亿大关。然而,由于本世纪人类生育率和死亡率的大幅度降低,人口老龄化造成劳动力衰退的问题暂时取代了人口爆炸的忧虑,而成为 21 世纪人类所面临的最大挑战。随着生产人口和新生婴孩的增长速度放缓,老龄人口急剧上升而造成的社会成本将重重地降临在日渐减少的生产人口肩上。数量日渐缩减的生产人口将需要负担起数目日益庞大的老龄人口的医疗保障费用,甚至陷入不胜负荷的境况。

(2)医药技术的发展:高新技术的发展,促进了医学进步,有利于提高健康水平,创造更大的社会价值,但同时引发了医疗费用的高速上涨,大大加重了社会负担。首先,医学高新技术发展加剧了卫生资源分配不公,临床医学中强调的广泛而昂贵的治疗虽然挽救了某些危重患者的生命,延缓了死亡进程,但是这种关注疾病而忽视患者的倾向,以及为患者和社会带来的沉重经济负担越来越受到人们的批评。过分依赖医疗新技术造成的误诊也会导致医疗费用上涨。在医疗过程中,医生最重视的是手中的检查报告,忽视了患者心理、社会因素对疾病的影响。其次,各家医院为了经济利益,采取各种物质奖励办法促使医生多开高技术检验单,医生在开检验单时,考虑诊断疾病的适应性和患者的经济承受力少了,考虑自身的经济利益多了,造成了大量的卫生资源的浪费。

(3)消费主义运动:一般认为,医疗消费主义包括过度医疗和医疗高价格。过度医疗的典型症状为大处方、滥检查、滥用高档耗材、"小病大治""大病豪治"等。医疗消费主义是一种将医疗服务本身当作目的,并对其实行不正当消费的价值观。在这种价值观的支配下,社会的政策只考虑医疗技术本身的发展及其所带来的效益,而不考虑社会整体的公平与公正。医方将医疗当作营利的手段,从而产生过度医疗、欺骗性医疗等行为。患者把医疗服务等同于健康,从而产生重治疗轻预防、过分地依赖医疗来维持健康等错误观念。这种非理性的消费观念将在很大程度上导致医疗支出的增加,增加医疗保险基金支出,给财政带来压力。

(二)改革的方向

1. 改革的目标趋同

在医疗改革的问题上,每个国家有每个国家不同的问题,同一个国家的不同时期有不同时期的问题,但是,医疗改革的发展趋势和发展方向,国与国之间的差别是不大的。各国医疗保险体制改革的主要目标是通过医疗改革逐步实现国家医疗保险制度的 3 个转变,即由疾病保险向医疗保险转变,由医疗保险向健康保险转变,由健康保险向健康管理转变。

2. 理念与原则趋同

医疗保险制度设立的目的是保障社会的公平性,各种医疗保险模式改革的原则基本类似。第一是控制医疗成本,具体措施包括减少医疗资源浪费、欺诈行为和高额的管理费用等,减少不必要的医疗检查和医疗服务,减少那些只增加成本、不改善医疗服务的无效行为。第二是维护家庭财务稳定。通过减少企业、个人承担的医疗保险费用及其他医疗支出,使家庭财务状况处于良好状态。防止家庭成员因患病尤其是重病而陷入财务危机。第三是增加疾病预防和保健方面的投入。具体内容包括减少肥胖人群的比例,减少吸烟人群的比例等,增加体育运动和预防性治疗服务等方面的投入。第四是增加医疗保险的可流动性。改变将人们的医疗保险锁定在一个就业岗位上的做法,增加医疗保险的可流动性。第五是保证全民享有医疗服务。通过医疗改革,最终使每个公民都能够享受到社会为其提供的医疗保险或医疗服务。第六是增加经费投入,保证医疗质量。增加经费投入,以防止因改革而降低医疗品质的情况发生。

(三) 改革的主要措施

1. 改革制度设计

推动医疗卫生管理体制改革,早日实现医药分业,公立医院与私立医院并存发展,医疗卫生资源合理配置的改革思路已运行多年。医疗卫生体制包括医疗机构(主要是医院)的补偿机制问题和药品生产、流通体制问题。参考当今世界各国的社会保障体系可以发现,大多数国家是在向福利多元化的方向发展。这种多元化表现为:行政手段与市场手段并举;政府与非政府组织、营利与非营利组织密切合作;个人、家庭、企业、社区和政府共同分担等。然而在中国,社会保障改革仍然只有政府一家有积极性,企业和个人都还没有找到自己的位置,社会团体更是要耐心等待政府的号令。但是,如果没有全社会的积极参与,保障的社会化就不可能形成,所谓社会保障最终也只能是政府保障。

2. 改革支付方式

医疗体制改革是一项复杂的系统工程,而医保的付费方式是关乎改革成败的关键。要实现医疗卫生体制的变革,就必须从医保支付方式的改革切入,通过支付方式的改革,带动医改的发展。实行科学合理的医保支付方式,可以带来 4 个方面的改善:一是有效控制医疗费用的不合理上涨;二是鼓励医疗机构加强医疗质量管理,提高诊疗水平;三是改变医院激励因素,提高医疗效率,降低经营成本,促使医院走集约化道路;四是提高病案管理质量,促进信息化、标准化管理。

第三节　医疗保险国际比较方法选择

一、健康的政治和政策

健康政治或健康政策(health policy)的概念,目前没有公认的定义,世界卫生组织(WHO)认为,健康政策是各种机构(尤其是政府)针对健康需求、可用的资源及其他政治压力而发表的正式声明或制订的程序,用以规定行动的轻重缓急和行动参数。英国 Wales Swansea 大学社会政策学者 Blakemore 认为"健康政策"可以从狭义和广义两方面来定义,狭义的定义是指政府为改善公民健康状况而采取的医疗卫生服务政策;广义的定义是指政府的任何影响卫生和公民健康的活动,不只是卫生部门、国家卫生服务体系、医疗专业人员或其他医疗服务活动。他还认为,广义的定义表明健康政策与其他许多政策密切相关,如住房政策、烟草销售税、空气和水污染管理、食品安全和工作环境安全等,都会对民众健康产生影响。根据胡锦涛同志在中国共产党第十七次全国代表大会报告中对"完善国民健康政策"的阐述,结合我国国情,可以抽象出一个比较切合中国实际的定义:健康政策是政府或其他机构为了实现人人享有基本医疗卫生服务的战略目标,提高全民健康水平而制定的决定、计划和行动。这一定义应包括 5 个方面的内涵:一是制定健康政策的目的是实现人人享有基本医疗卫生服务。二是健康政策不同于"卫生政策",与"健康政策"相比,"卫生政策"的内涵明显窄了许多。三是在健康政策的概念框架内,基本医疗卫生政策仍处于核心地位。正如有关研究中注明的:基本医疗卫生制度,是指由政府统一组织、向居民公平提供公共卫生和基本医疗服务的健康保障制度,通常是一个国家国民健康政策的核心部分。四是健康政策的政策措施体现了坚持公共医疗卫生的公益性质,"把基本医疗卫生制度作为公共产品向全民提供"的政府责任。五是健康政策确定的"实现人人享有基本医疗卫生服务"的目标,体现了在健康方面达到平等和促进社会公平正义。

二、健康政策的价值

健康政策或者卫生政策的价值主要体现在通过合理的健康资源投入,保证国民能够及时获得安全、有效、可及和可负担的医疗保健服务。健康政策与医疗服务提供、健康促进、疾病预防、劳动卫生、环境保护、医学科学研究、技术开发和关联产业政策等各种社会活动密切相关。

三、制度/政策绩效评价

制度/政策的评价主要涉及评价的目标、运行绩效和指标的变好。对于健康政策评价,是依据一定的标准和程序,对健康政策的绩效、效率及价值进行判断的一种评价行为,目的在于取得有关这些方面的信息,作为决定政策变化、政策改进和制定新政策的依据。所谓健康政策绩效评价,可视为基于绩效导向的健康政策评价。健康政策绩效评价是指对健康政策行为、对目标群体需要、价值与机会的满足程度的评价。或者说,健康政策绩效是在一定时期内政府政策在特定施政领域的成绩与效益。其实质是用绩效标准来衡量健康政策工作量或投入量的成果,在比较政策的实际成就与原来希望的理想水平后,衡量政策是否产生了预期的成果。绩效一方面受政策的推动,是一种客观存在;另一方面,是社会公众和权威当局所认定的满意程度,又是一种主观判断。所以绩效是既客观又主观的存在,是对政策实际结果与期望值之间的判断,所以它是相对的,而非绝对的。

4种主要的医疗保险模式都是基于各自的国情,综合多方面因素构建起来的,都有各自的制度目标,评价健康政策的核心是几种制度是否实现了原设定的目标,如资金是否按时按量到位、待遇水平是否达标、保障项目是否全面、政府责任是否落实到位等,是否解决了设立医疗保险制度需要解决的问题。同时,衡量用于实现这一目标所投入的成本,评价成本效益。

就医疗保障制度而言,目前还没有一个理想模式作为政策绩效的标准。国际卫生组织在对各国的医疗卫生服务体系进行评价时提出了"公平、效率、透明度、可及性和适用性"的5项衡量指标,这一标准是针对全社会卫生资源的利用情况,是一个制度外在的衡量指标。因此结合国际卫生组织提出的医疗卫生资源的评价标准和经济学的一般评价指标,提出公平、效率和适用性3项指标对各种制度模式进行比较分析。

本章思考题

1. 简述医疗保障制度国际比较的意义、方法和内容。
2. 请简要回答健康保障政策的制定过程。
3. 如何评价一个国家或地区的医疗保障制度?
4. 您如何看待各国健康保障制度改革的方向?

【本章案例】

奥巴马医保法案可能降低美国就业水平

北京时间2012年3月15日晚间消息,美国众议院能源和商业委员会成员在共同出席的一项听证会上就奥巴马的《平价医疗法案》对就业产生的影响进行了探讨。他们担心,这项法案的实施可能会降低美国的就业水平。

在由宾夕法尼亚州共和党议员Joe Pitts主持的听证会上,作为参与听证的成员之一,曼哈顿研究所资深成员、前劳工部首席经济学家法齐戈特-罗斯认为,奥巴马的这一医保法案将会降低美国的就业水平,特别是那些技能水平较低的员工,因为其雇主面临着劳工成本上升的风险。

　　如果是这样,那么这些企业雇主可能会选择用高技能的员工来替代这些低技能的员工,用兼职员工来取代全职员工,用机械设备代替人力。不仅如此,这些企业雇主还会尽量避免将招募的员工人数超过50人。

　　《平价医疗法案》又被称为"奥巴马医保法案"。这项法案将在2014年全面执行。这项法案规定,企业应该为美国民众购买保险,否则将支付税收。那些员工人数超过50人的企业将向员工提供能够负担得起的医疗保险,否则就会面临按照每名全职员工2000~3000美元的标准支付罚金。但不会向那些每周工作时间低于30h的兼职员工征收罚金。

　　1) 美国为什么要医改? 奥巴马医改的主要内容是什么?

　　2) 奥巴马的医改为何一波四折?

　　3) 医疗改革是否会降低现有医疗水平? 医改将会给美国商业保险行业带来怎样的影响?

拓展阅读

美将对调整医保政策消息泄漏问题展开调查

　　北京时间4月10日凌晨消息,获得奥巴马总统提名将领导健保项目medicare和medicaid服务中心的玛丽莲-塔夫纳(Marilyn Tavenner)周二表示,管理机构已经开始对medicare高级项目的报销率进行调整的决定被提前披露,造成多家保险公司股价飙升的事件展开了调查。

　　玛丽莲-塔夫纳是在接受参议院提名确认听证会期间被问到这一问题时透露这一进展的。来自爱荷华州的共和党议员查尔斯-格拉斯利(Charles Grassley)指出,报销率的调整决定可能被泄露给了一间名为高度证券的投资研究机构。

　　在被要求就4月1日的事件作出说明时,玛丽莲-塔夫纳回应道:"我们已经启动了内部评估,调查的范围将会扩大。我已经要求总监察长办公室介入相关事件的调查。"

　　玛丽莲-塔夫纳从2011年起担任medicare和medicaid服务中心代理主管,并在之后获得了奥巴马总统的正式提名。medicare和medicaid服务中心是管理medicare项目的联邦机构,同时和各州政府合作管理medicaid项目及国家儿童健保项目。

　　查尔斯-格拉斯利议员提出的质询是基于4月3日的华尔街日报的一篇报道,称4月1日股市相关板块的异动是因为高度证券在当天股市交易结束之前18min向客户发送了一份建议,称联邦政府将会有利于保险商的决定;medicare和medicaid服务中心在之后公布了提高部分项目报销率的决定。

　　查尔斯-格拉斯利议员指出,在这18min里,包括哈门那公司、联合美国公司、联合保健集团和Aetna公司在内多家公司股价都有飙升,"政治情报企业在休市之前18min就能获得这些信息,而且造成的严重后果令人震惊"。他告知玛丽莲-塔夫纳,"我认为你会同意,你最终应该对此事负责。你需要做的是找到应该对信息泄露负责的人"。

　　玛丽莲-塔夫纳随后回应,"我不认为这是一件小事,我觉得这个事情很严重"。

（张　晓）

第二章

医疗保险的形成与发展

内容提要

本章介绍了医疗保险产生的背景条件,具体包括医疗保险产生的标志性事件,医疗保险的萌芽、创立、发展和改革4个发展阶段,对医疗保险发展有较大影响的福利经济学理论、凯恩斯经济理论、自由主义经济学理论和马克思对社会保障的观点等主要理论和观点,医疗保险发展的社会文化基础和政治经济基础;医疗保险体系的形成过程,具体包括医疗保险体系形成的标志及其过程、医疗保险体系的主要内容、医疗保险体系的功能及医疗保险体系的发展特征;医疗保险体系改革和发展的相关内容,包括医疗保险体系改革的动因、改革中遇到的难题及目前医疗保险体系改革的主要趋势分析等内容。

第一节 医疗保险产生的背景

一、医疗保险产生的标志

欧洲是医疗保险的发源地。欧洲的工业革命促进了生产的社会化,这是医疗保险形成的根本原因。英国早在1601年就颁布了《济贫法》,对贫困人群实施救济,其中包括对患病者和身体不健全者提供救济和医疗服务,这是历史上第一个政府对社会救助做出的制度安排,也是现代医疗保障最早的制度法规。1883年,德国颁布了全世界第一个医疗保障法律《企业工人疾病保险法》,标志着一种用社会保险机制实现医疗保障的新制度的诞生,由此德国成为了最早建立社会医疗保险制度的国家。19世纪80年代末,继德国之后,西欧和北欧各资本主义国家也纷纷建立起社会保障制度。医疗保险的形成和发展可以分为4个阶段:医疗保险的萌芽阶段、医疗保险的创立阶段、医疗保险的发展阶段和医疗保险的改革阶段。

(一)医疗保险的萌芽阶段

人类进入中世纪后期,社会保险开始萌芽,最为典型的是13~16世纪在欧洲盛行的基尔特、公典和年金制度。手工业者自发成立"行会"组织,会员定期缴纳会费,"行会"筹资帮助生病的会员渡过难关。人类从有这种互助意识到建立现代社会保障制度,经历了几百年的时间,各国的经济发展程度不同,医疗保障制度发展也不同。17世纪初,英国颁布了《济贫法》,主要通过建立"贫民习艺所"、"收容所"等措施,解决当时受工业化革命的影响而产生的失业、贫困和无家可归等问题。17世纪末至18世纪初,资本主义处于工厂手工业阶段,生产条件十分恶劣,工人工资微薄,工伤事故经常发生,劳动者自发组成了"预防互助会"、"共同救济会"等集体互助组织。这些早期自愿性互助团体为医疗保险的产生奠定了基础,是现代医疗保障制度的萌芽。

（二）医疗保险的创立阶段

大部分国家从 19 世纪末到 20 世纪中期建立了包括医疗保险制度在内的社会保障制度。1883年，德国卑斯麦政府颁布了历史上第一个医疗保障法律《企业工人疾病保险法》，标志着社会医疗保险的诞生。意大利在 1898 年和 1910 年分别制定了《老龄残废保险》和《生育保险》；瑞典在 1910 年出台了《疾病保险》并在全国普遍推广，1947 年又制定了《国民健康保障法》；英国于 1911 年出台了《国民保险法》；法国于 1928 年在全国范围内推行《社会保险法》。在亚洲最早建立医疗保险制度的国家是日本（1922 年），在美洲是巴西（1923 年）和智利（1924 年），在大洋洲是新西兰（1938 年）。原社会主义国家群的医疗保障制度建立也比较早，如俄国（1912 年）、匈牙利（1891 年）、波兰（1920年）、古巴（1934 年）。

（三）医疗保险的发展阶段

20 世纪 40~70 年代是医疗保障制度的大发展时期，第二次世界大战后的 20 多年对医疗保障的发展具有极其重要的意义。建立社会保障体系成为了国际潮流，主要表现在两个方面：一方面早期建立医疗保障制度的国家从单一制度向多元化的制度体系发展，另一方面以前没有社会保障制度的国家也纷纷建立了包括医疗保障在内的社会保障制度。1952 年国际劳工组织制定并通过了《社会保障制度最低公约标准》，虽然该标准对各国不具有实质的约束力，但是表明社会保障制度已经被国际社会所接受。随着全世界经济的复苏和第三世界国家民族独立运动的胜利，亚洲、拉丁美洲等国家也相应开始建立包括医疗保障制度在内的社会保障制度，到 1970 年时全球实施社会保障制度的国家已增至 72 个，是医疗保险制度的大发展阶段。

（四）医疗保险的改革阶段

医疗保障制度的改革是与经济发展密切相关的，20 世纪 70 年代，资本主义国家爆发了第二次世界大战后最严重的经济危机，包括医疗保障制度在内的社会保障制度面临严峻的考验。同时，医疗科技发展带来医疗成本的提高和人口老龄化带来人均医疗费用的增长更是雪上加霜。西方国家不得不纷纷调整和改革医疗保障制度，一方面开源与节流，削减待遇水平和提高筹资能力；另一方面进行"多元化"、"私营化"改革，建立私人提供的补充医疗保险，以缓解政府财政的压力。社会主义国家阵营在此时期也发生了重大变化，苏联和东欧的社会主义国家剧变，在经济上实行激进的"休克疗法"，原有福利供给体制不复存在，进而进行了社会保障制度的改革。纵观亚洲各国的医疗改革，韩国、日本、中国最为引人瞩目。从 20 世纪 70 年代后期开始，这些国家对原有的医疗保障体系进行了根本性的改革，对医疗保障制度进行了重建，原来意义上的由国家供给制的保障形式已经被逐渐改变，代之以多元化形式存在的社会保险制度。

二、医疗保险产生的主要理论和观点

医疗保险制度的产生、发展和改革都与社会经济发展有着密切的关系，经济学发展历史上的一些重要理论和主张为医疗保险制度的发展提供了坚实的理论基础，也为医疗保险制度的改革提供了理论工具。

（一）福利经济学的主要理论

1920 年庇古出版了《福利经济学》一书，标志着福利经济学的产生。庇古认为经济福利在相当大的程度上取决于国民收入的数量和国民收入在社会成员之间的分配情况。因此，要增加经济福利，就必须在生产方面增大国民收入的总量，或者是在分配方面消除国民收入分配的不均等。他在社会保障方面提出的理论主张主要有:向高收入者征收累进所得税,向低收入者和丧失劳动能力的人增加失业补助和社会救济;改善劳动者的劳动和生活条件,使患病、残疾、失业的劳动者能得到适当的社会服务和物质帮助;实行普遍的社会保障制度,通过有效的收入转移支付实现社会公平。20世纪30年代以后,新福利经济学开始对庇古的旧福利经济学进行批判。新福利经济学主张效用序数论,并根据帕累托最优理论和效用序数论,提出了自己的福利命题:社会福利取决于组成社会的所有个人的福利;如果至少有一个人的境况好起来,而没有一个人的境况坏下去,那么整个社会的境况就算好了起来;个人是他本人的福利的最好判断者。

尽管新旧福利经济学在具体的福利理论上有所不同,但其出发点和关切点是相通的。总体来说福利经济学的社会保障理论的基本价值取向有公平性、普遍性和福利性这三点。公平性是西方社会保障理论最显著的特征,是构筑其社会保障经济理论的基础,具体包含了公平的筹资和公平的待遇。普遍性表现在两个方面,一是认为社会保障是一项基本的人权,做到"人人有份",不应把一部分人排斥在外;二是社会保障制度的门槛应低,应具有可及性,方便所有社会成员获得。福利性主要体现在社会保障的内容应包括每个公民由生到死的一切风险,不仅要满足人民的社会保障需求,而且要满足人们的社会福利需求。

(二) 贝弗里奇关于福利国家的理论

英国政府于1942年年底发表题为《社会保障及有关的服务》的报告,即《贝弗里奇报告》。其中心观点是:社会保障是对基本生活的保障,旨在维持生存的最低限定的收入。报告建议,英国社会政策应以消灭贫困、疾病、肮脏、无知和懒散5大祸害为目标,主张通过建立一个社会性的国民保障制度,对每个公民提供残疾津贴、失业救济、儿童补助、养老金、丧葬补助、丧失生活来源救济、妇女福利7个方面的社会保障。实现这些福利的基本方法有三:社会保险、社会救济和自愿保险。该报告提出了社会保障的3个核心原则:政府统一管理原则、全面保障原则或公民需要原则和社会保障的普遍性原则。

贝弗里奇不仅在理论上确立了社会保障的主要内容、基本功能与原则,而且说明了社会保障在实际运行中的机制。贝弗里奇的社会保障理论为西方现代社会保障理论的发展奠定了基础,是西方社会保障理论发展史上的一个里程碑,也为英国1948年成为世界上第一个福利国家做出了最为直接的贡献。时至今日,福利主义仍然是社会保障理论界一大重要流派,其思想还将对今后的社会保障制度建设产生深远的影响。

(三) 凯恩斯理论对医疗保障制度的影响

凯恩斯主义经济学是以需求管理为基础建立的社会保障理论,从根本上论证了社会保障制度存在的合理性和必要性。凯恩斯认为,资本主义制度必然存在有效需求不足,政府必须扩大支出来增加有效需求从而解决这一问题。增加社会福利开支是扩大政府支出的主要手段之一,它和国家从事公共工程设施建设、扩大就业等,都属于国家扩大支出干预经济的表现形式。凯恩斯主义改变了西方经济学的蓝图,也塑造了西方国家经济的基本制度。其对社会保障理论最大的贡献是把"社会保障是国家干预经济的一种重要手段,也是调节经济运行的'均衡器'或'稳定器'"这样一种观念输入社会保障。西方国家将建立社会保障看作进行经济干预的一种手段。例如,在20世纪30年代的经济危机时,美国尝试将建立社会保障体系作为国家干预经济的措施来加以实施,以期改善经济环境。这也就充分反映了凯恩斯理论对社会保障实践的影响作用。在经济繁荣时期,政府税收会增加,且由于失业率低,社会保障支出会减少,由此会抑制个人消费需求和投资需求的过度增加;在经济萧条时期,政府税收将会减少,而失业率增加,保障支出将会增加,既维护了失业者的基本生活,又会刺激消费需求与投资需求的增加,从而使经济走出萧条的境地。这里,社会保障既充当了经济稳定功能,又发挥着经济调节功能。尽管凯恩斯理论不是专门的社会保障理论,但是对推动建立医疗保障制度也起了重要的作用。

(四) 自由主义的经济学理论对医疗保障制度的影响

自由主义的经济学理论是西方经济学的一个主流和传统。但在社会保障理论领域,一直到20世纪70年代后,以新自由主义为代表的经济主义理论才战胜在这以前活跃的凯恩斯主义,重新抬起了头。新自由主义的代表如社会市场经济学派、公共选择学派、现代货币主义等都认为社会保障破坏了市场机制的功能,严重影响了自由竞争的市场秩序,因而反对"福利国家",主张社会保障的市场化、私人化、多元化。在社会保障领域,企业保险和私人保险计划的异军突起,构成了社会保险私有化进程的重要组成部分。以费里德曼为代表的新自由主义以坚持自由市场经济、反对国家干预经济、减轻国家支出负担为理由,对国有企业、社会福利制度等发起进攻。他们认为,政府作用的加强是影响经济利益和个人自由的祸根,过分的宏观管理和社会保障形成官僚主义,导致非效率性。他还指出,为了使自由市场有效运行,不应实现"福利国家"论者主张的"公平",而应当保持"不公平",各人所得福利的多少依据他的支付能力大小而定。

新自由主义对医疗保障体系建立的影响表现在国际上越来越多的国家采用多层次的医疗保障制度。智利创造养老保险方面的智利模式之后,英美"福利国家"开始尝试以自由市场政策为主导的激进式改革。美国作为新自由主义理论影响社会保障的典型,其医疗保障基本上是按照新自由主义的原则,由市场来运作的,而政府仅仅是对老人和穷人进行医疗照顾和救助方面的有限责任。社会保障中的多元性表现为:营利与非营利组织、政府与非政府组织密切合作;行政手段与市场手段并举;个人与家庭、企业、社区和政府共同分担等。体现多元性的社会保障制度具有两个部分:一是由政府承诺满足的基础性社会保障;二是由多元主体提供,自主选择参与的社会合作制度。新自由主义理论在确保患者和公众合理的满意度情况下提供成本效果良好的各种医疗服务组合,同时也控制了医疗费用。新自由主义政策在整个20世纪80年代起到了有效刺激西方经济再次发展的主要作用。

(五) 马克思经典理论对建立社会保障制度的影响

马克思在《哥达纲领批判》中表述了社会保障的思想,并直接提出设立济贫基金是一种社会扣除,反映出将社会保障制度化的思想。恩格斯从阶级与阶级的利益和冲突的角度看待和分析工业革命初期的贫苦现象,认为慈善事业和救济金的存在具有重要意义,并且恩格斯认为英国旧《济贫法》规定的"照顾穷人的生活是教区的责任"是天真幼稚的,其所造成的社会问题也是非常惊人的。恩格斯认为资料中对旧《济贫法》的不良作用的描述基本上是正确的:"救济金鼓励懒惰,促进'多余的'人口的增长。"列宁在领导无产阶级政党和工人阶级同沙皇政府统治的斗争中,提出了"最好的工人阶级的保险形式是国家保险"的论断。1903年10月由列宁倡导召开的俄国社会民主工党的纲领中提出了以下主要内容:一是明确提出了国家保险的概念,列宁及其领导的工人政党把"国家保险"的口号第一次写在了党的旗帜上。二是明确地提出了国家社会保险的基金由企业主供给而不得向工人征收。三是提出了工人在年老、工伤、生育等全部或部分丧失劳动能力时有权得到全面社会保险补偿。四是农业也包括在国家保险的覆盖范围之内。1912年初,列宁在为俄国社会民主工党第六次全国代表会议起草的文件中,更加完整地表述了关于工人的国家保险的思想。提出国家对工人丧失劳动的一切情况给予保障;保险包括所有劳动者及其家属;一切保险费用由企业主和国家负担,不得向工人借口征收;各种保险由统一的组织办理等。这些原则一直被社会主义实践者所推崇,以至于这种以政府集中管理、国家和企业承担完全责任为特征的国家社会保险的制度模式在相当长的一段时间里被广泛运用。在20世纪七八十年代之后,国家社会保险的集中统一模式被逐渐打破,社会保险也逐渐成为一种改革的潮流和发展的模式。

三、医疗保险产生的社会文化基础

早在15~16世纪的法国就已经存在一些社会保护方式,如中世纪以来形成的行业互助组织、由教会主持的慈善赈济活动,以及政府对流浪的贫民所提供的劳动技能培训、集中资金、统一管理等。但这些方式都带有道德上的救济,是慈善的活动,不被看作国家和社会的责任。日本也在第一次世界大战以后展开了广泛的为了争取劳动保护的工人运动,建立了由工会兴办的工商救济和疾病救济等互助会组织。这样的互助会形式对日后的社会保障制度建立产生了很大的影响。

19世纪70年代,与其他欧洲国家一样,德国社会主义工人运动频发,社会问题和阶级矛盾不断激化,要求社会改革的呼声越来越高,作为统治者的俾斯麦一方面反对革命,但一方面又面临着工人运动这样的社会现状,无奈之下选择了社会改良来调和劳资双方的阶级矛盾。还有就是发达国家的社会认同,其他发达的国家相继建立起医疗保障制度或者全民医保体系,引起了德国公民的社会认同和共鸣,从而进一步推动这一国家医疗保障制度的建立。而这些发达国家就在这种认知、对比、完善的循环中建全本国的医疗体制。

德国新历史学派的社会改良主张为德国实施社会保险奠定了理论基础。该学派强调伦理道德因素在经济生活中的地位和作用,为改良主义的社会政策提供了理论根据。新历史学派的社会改良政策有两个支撑点:一是该学派主张国家至上,国家应当直接干预经济生活的管理,负起文明和福利的职责。国家必须通过立法,实现包括社会保险、孤寡救济、劳资合作及工厂监督在内的一系列社会政策措施,改善工人的劳动条件和生活条件,借以缓和工人阶级与资产阶级之间的矛盾。二是他们从理论道德出发,认为劳资冲突是感情、教养和思想上存在的差距而引起的对立,劳资问题只是一个伦理道德问题。所以不需要通过社会革命和阶级斗争的方式来解决,而只要对工人进行思想方面的教育,改变其心理和伦理道德的观点便可以解决。

医学科技和健康理论在德国有了新发展。早在19世纪初,德国社会医学先驱弗兰克(J. P. Frank)发表了六卷《全国医学监督体制》,用大量事实阐明了健康、疾病与社会这三者之间的关系。提出政府应实行统一的医学监督计划。这种思想对整个欧洲都产生了重大影响。后来许多欧洲国家也先后建立了医学监督机构,为健康保险奠定了组织基础。1848年法国大革命,更激发了德国改革家的热情。维尔啸提出"政治只不过是广义的医学"的主张,要求从社会政治、经济等方面解决工业化带来的一系列健康问题。诺尔曼(Normamr)提出人民有健康权,政府有责任保障人民享受此种权利,为健康保险奠定了思想基础。

四、医疗保险产生的政治经济基础

第一,政府维护社会稳定的需要。19世纪70~80年代,欧洲一些国家如法国和德国继英国之后完成了工业化革命,逐步从自由资本主义阶段向"古典"式的帝国主义阶段过渡(相对于现代帝国主义而言),资本主义的商品经济趋向于发达,各种矛盾也更加错综复杂而趋向尖锐。这一方面推动着资本主义制度的变革,另一方面促使着资产阶级利用手中的政权来巩固其统治。建立社会保障制度,实施医疗保险,通过各种经济、服务援助,能避免社会成员因疾病、伤残、意外等不幸事件的发生陷入绝境,发挥着保障、稳定和风险分担等不同功能。因此,执政的各党派均把实施社会保障作为政府的职责,并作为稳定统治的手段加以推崇。

第二,社会和经济发展为医疗保险的顺利实施提供了现实的可能性,排除了部分社会阻碍。社会保障的物质基础是社会储备基金。社会储备基金通过将社会中已有财产进行提存、积累,在必要之时用以援助保障对象。社会生产力水平越高,国民收入越多,人均收入越高,人民生活水平越好则越有可能实行享受范围广、项目多、待遇标准高的医疗保险。第二次世界大战后,各国生产力提高,经济迅速增长,为医疗保险的广泛实施提供了现实可能性。

第三,社会化大生产的客观原因。生产力水平低,生产的社会化程度低,人们的基本生活保障不能得到完全的解决。所以在以农业为主体的社会中,生产的狭小规模和社会结构的封闭形式,使得维持再生产的保障问题只能靠个人、家庭或单位加以解决。在工业革命之后,社会进入了大生产中,劳动者是机器生产大工厂中的雇佣劳动者,他们一旦失去了劳动能力就等于失去了生活来源。这时就只能依赖政府出面,通过强制性保险筹集更多资金,以分摊劳动者因意外或不幸所造成的损失。同时在社会化大生产中,机器操作使劳动紧张程度提高,使劳动者在生产中的危险因素增加,职业病、伤残事故、身体损害等屡见不鲜,客观上要求建立医疗保险、伤残保险,以保障劳动力再生产需要。

第二节 医疗保险体系的形成与发展

一、医疗保险体系的形成

医疗保险体系是由医疗保险各个有机组成部分所构成的整体,包含医疗保险各项目的结构和运行机制。医疗保险体系是各种医疗保险制度的集合,医疗保险制度又是医疗保险体系的有机组成部分。一般来说,医疗保险体系按照不同内容来划分可以分为:制度体系、供给体系、筹资与支付体系和管理体系 4 个部分。医疗保险制度起源于 1883 年的德国,但医疗保险体制的历史要远远早于1883 年,范围也不仅限于德国。医疗保险体制最初的形式是中世纪后期一小部分工人在行业协会的赞助下形成的一系列互助组织,这种建立在职业基础上的公共医疗卫生服务后来成为了德语国家和瑞士的社会保险体制的核心原则,所以一般认为医疗保险体制的历史及其特有的互助理念起源于中世纪后期的行业协会。第二次世界大战后欧洲现代福利国家框架逐步建立,之后又逐渐过渡为税收筹资方式的保险体制。任何一个国家的医疗保险体系都不是由单一制度构成的,而是多种保险制度单元的集合,所以各国的医疗保险体系都是不同的,从而形成了如今世界上的各种医疗保障制度模式。

二、医疗保险体系的基本内容

(一)医疗保险制度体系

医疗保险制度受到社会制度、经济制度及其发展水平、传统文化、价值观等因素的影响,目前世界上已大体形成了 4 种医疗保险制度体系:全民医疗保险模式、社会医疗保险模式、储蓄医疗保险模式和市场主导型医疗保险模式。绝大多数采取全民医疗保险模式的国家实行了国家卫生服务制度,政府是该制度的直接组织者,资金主要来源于国家财政预算,以国家雄厚的财政实力为后盾,个人不承担或只是少量承担医疗费用,政府可以根据资金投入量来控制医疗费用总量。社会医疗保险制度是由政府承担主要责任,由国家通过立法形式强制实施相对统一的医疗保障制度,由雇主与个人按一定比例缴纳保险费建立社会医疗保险基金,以用于劳动者个人及其家属看病就医补偿的一种医疗保险模式。储蓄医疗保险制度模式是依据法律规定,强制劳方或劳资双方缴费建立以个人或家庭为单位的医疗储蓄账户,政府给予适当补助,用以支付日后家庭成员患病所需要的医疗费用的医疗保障制度。市场主导型医疗保险又称为商业医疗保险和自愿医疗保险,包括商业医疗保险和私人医疗保险制度模式,是以合同的形式将被保险人遭遇的疾病风险造成的经济损失转移到保险人,是一种自由投保的形式,并且通过收取投保人缴费建立的医疗保险基金的调剂使用达到补偿被保险人医疗费用的目的。

(二) 医疗保险供给体系

医疗保险供给体系是医疗保险体系的重要内容,是发挥保障功能的实现方式。医疗保险供给是指在一定的社会经济条件下,从事医疗保险经营的机构或组织愿意并且有能力提供的医疗保险服务总量,其行为主体是各级各类医疗保险机构。医疗保险供给的表现形式包括对遭受患病损失的患者给予医疗费用的补偿和对所有参保人提供的心理安全保障。医疗保险供给的实现方式一般有 3 种:医疗保险机构将医疗经费直接支付给提供医疗服务的主体,参保人与医疗服务的主体不直接发生经济和财务关系;参加医疗保险的患者先行垫付医疗费用,然后按照先规定的百分比由医疗保险机构予以补偿;医疗保险机构自行设立医疗设施,直接为参保人服务,或者采用将其作为附属的医疗机构直接为参保人服务。影响医疗保险供给的因素主要有医疗保险的价格、医疗保险机构的承保能力、医疗保险成本、个人和单位的缴费能力及政府的政策。

(三) 医疗保险筹资与支付体系

医疗保险基金筹集是指医疗保险管理机构按照规定的征缴对象、缴费比例和标准,收缴医疗保险费用的行为过程,其直接关系到能否建立充足稳定的医疗保险基金,是医疗保险制度的基本内容和首要环节。医疗保险筹资涉及 4 个基本的要素:第一,筹资的征缴对象,包含向企业征缴、向个人征缴和政府的财政资助。企业缴纳医疗保险费的多少取决于各个国家的实际情况,有的实行等比制,有的实行级差制,政府主要通过税收、利率和财政政策来筹资医疗保险基金。第二,征缴方式,目前世界各国的医疗保险基金的征缴方式主要有自由投保式、强制缴费式、国家税收制和储蓄账户式。不同的征缴方式在很大程度上决定了该国的医疗保险制度模式,每种征缴方式均有其自身的优缺点,各国应选择适合本国经济社会发展的征缴方式。第三,医疗保险基金的构成,即征缴基金的划分形式,通过对医疗保险基金的划分可以明确基金的使用范围。一般来说可以将医疗保险基金划分为个人医疗账户资金、社会统筹资金、储备金和管理费。其中社会统筹资金由医疗保险管理机构统一支配,起到互助共济和调剂作用。第四,医疗保险基金的积累方式,指将征缴基金按一定比例进行储备以供今后使用,主要有现收现付式、完全积累式和部分积累式 3 种。现收现付式是一种以近期横向收支平衡原则为指导的基金积累方式;完全积累式是一种以远期纵向收支平衡原则为指导的基金积累方式;部分积累式是介于现收现付式与完全积累式之间的混合方式,在满足现实一定支出需要的基础上留有一定的积累以应付未来需要。

医疗保险支付主要指保险机构和被保险人在获得医疗服务后,向医疗服务供方支付医疗费用的行为。医疗保险支付的作用体现在维持医疗保险基金收支平衡、调节医疗服务供需双方的行为、调控卫生资源的配置与利用和体现医疗保险的制度取向等方面。医疗保险的需方支付方式包括起付线、共同付费、最高限额和混合支付方式等。医疗保险的供方支付方式包括按服务项目支付、按人头支付、按人次支付、按住院床日支付、按病种支付和总额预付制等多种方式。医疗保险的支付方式是各方利益最直接、最敏感的环节,也是影响医疗保险各方行为主体的主要因素,因此各国都在探索着一种既公平合理又具有较好效益的支付模式。

(四) 医疗保险管理体系

医疗保险的管理体系主要指对各种医疗保险制度的行政管理、业务管理和监督管理 3 个方面。在医疗保险的行政管理方面包括医疗保险法规及实施办法的制定、管理机构的设置及人员配备和医疗保险的法制管理。在医疗保险的业务管理方面主要包括定点医疗机构和药店的管理、服务项目的管理、费用结算管理和参保人就医程序的管理等内容。医疗保险监督是指在医疗保险管理工作中，按照有关的法律规定、协议和合同，通过一定的方式、程序和方法对医疗保险系统中各方的行为进行规范、控制和管理的过程。医疗保险监督包括对需方的监督，如选择就医机构、医疗保险证、诊断和治疗监督及费用结算监督等；对协议定点医院的监督，如就诊过程的监督、收费的监督、履行协议的监督等。政府在医疗保险管理体系中的作用尤为重要，需要制定医疗保险政策、负责筹集和分配基金、组织医疗保险工作、规范医疗保险市场、弥补医疗市场的不足及立法等工作。

三、医疗保险体系的功能

（一）医疗保险是人民生活的安全网

良好的健康状况是人类发展的根本目标，当今社会，健康已被认为是一种社会权利。健康服务是社会成员的基本需求之一，医疗保险作为健康服务政策的重要环节，它使劳动者在患病、伤残、生育时基本收入不受影响，少了后顾之忧，架起了一道人民生存的安全网，一道维护社会安全的防线。

（二）医疗保险为劳动者的疾病风险提供了稳定的补偿机制，分散了劳动者和企业的风险，有利于社会经济发展

各国政府通过医疗保险制度这种社会政策，使劳动者在因病不能工作和失去收入而陷入困境时可以从医疗保险体系那里得到治疗服务和收入补偿，保证了劳动力的再生产，使因疾病风险而减少的劳动力供给可以继续跟上。就全社会范围来看，采用医疗保险的福利性公共服务方式，比由劳动者或雇主来承担疾病风险责任更具有规模经济的合理性，节约了成本，促进了社会经济的发展。

（三）医疗保险是社会矛盾的调节器，促进了社会公平和社会整合

在市场经济社会中，收入不平等是一种经常性现象。而医疗服务需求的满足交给医疗市场，由于逆向选择，那些最需要医疗的人群往往得不到必要的治疗，导致因病致贫和因病返贫。穷人和富人收入的不平等同样扩展到了健康状况的不平等，导致经济原因的社会剥夺，会加重社会对立。而国家举办的医疗保险具有收入再分配的功能，使穷人也能享受公共资源的健康和医疗福利，从而化解了社会矛盾，促进了社会关系的和谐，起到社会整合功能。

四、医疗保险体系的发展阶段及其特征

各国医疗保险体系的发展与本国的社会政治经济变迁密切相关，呈现出不同的特点。但就世界范围来看，大致可划分为以下发展阶段。

（一）社会医疗保险体系的建立阶段

1883 年德国俾斯麦政府的《疾病社会保险法》通过，面向工人实施强制性医疗保险。该法案规定医疗保险组织以原有的地方基金和职业基金为基础，定位为非营利机构，由按出资比例选举的工人代表和雇主代表共同组成的委员会进行自治管理。议会和政府仅限于制定监管框架和法律标准，并对医疗保险组织进行监管。到 20 世纪初，德国社会保险立法日渐成熟，1911 年颁布了《社会保险法典》，1919 年修订时正式将境内 8500 个社区疾病保险组织转为地方疾病保险基金，并建立了农业工人疾病保险基金，规范了医疗保险机构的组织管理程序。筹资雇主雇员各一半，由国内各个疾病基金会实行自治管理，政府只是监管仲裁，并在必要时给以补贴。这样社会医疗保险体系在全国范围内统一起来。

德国医疗保险基金组织的自我管理，就是职工与雇主各自都负有管理社会保险体系的责任。通

过自我管理,能够更清楚地表达和组织起对医疗保险方面的需要。政府在医疗保险制度中主要起到协调各方利益和控制医疗费用的作用,对医疗保险管理一直都是采取自主管理、鼓励竞争的模式。而经济收入是决定参保人缴纳保险费多少的唯一因素,它与享受医疗保险的程度没有关系,任何缴纳了占工资一定比例的医疗保险费的参保人员都有享受同等医疗待遇的权利,这使得健康人与病患者之间、高风险者与低风险者之间、单身者与有家庭者之间、高收入与低收入者之间彼此进行共济互助,充分体现了社会医疗保险的公平性质。在第二次世界大战以前,继德国之后,欧洲国家多数都仿德实行了这种俾斯麦式的各方筹资,强制投保的社会医疗保险。奥地利在 1887 年、挪威在 1902 年、英国在 1910 年、法国在 1921 年相继通过立法实施医疗社会保险。同时,医疗保险还由欧洲传入其他国家。1922 年日本通过《健康保险法案》,1924 年南美的智利也建立了医疗保险制度。尽管各国国情不同,具体组织管理方式不同,有的由国家机构统一管理医疗保险基金,而不是德国的社会组织自治管理式,但第二次世界大战前医疗保险在工业化社会中初步建立起来了。

这一阶段的医疗保险体系还不够成熟,惠及的劳动人群有限,提供的医疗服务和收入补贴也有限,但国家出面组织以全社会力量来克服劳动者疾病风险的社会医疗保险制度诞生了,这一伟大创举标志着现代社会保障的诞生。

(二) 福利国家时期全民卫生服务的扩展

英国第二次世界大战后在《贝弗里奇报告》的基础上先后颁布了一系列社会保障法案,1948 年正式宣布第一个建成福利国家。同年发布于 1946 年的《国民卫生保健服务法》生效,建立了全民免费医疗制度,简称 NHS 体系。NHS 是由公共资金资助的医疗保健系统。它是世界最大和最古老的单一支付医疗保健系统。NHS 医疗经费主要来源于中央财政收入,约占全部国民保健费用的 80%以上。其余的由人们缴纳的国民保险费、看病处方费、受益人为享受及时的较高档次的医疗服务而支付的费用来弥补。筹资方式是现收现付式。享受国民保健服务的条件是,凡有职业工作的国民,每人每月交纳工资的 0.75%,雇主交纳工资总额的 0.6%,独立劳动者和农民交纳收入的 1.35%作为医疗保健费,即可包括其家庭在内享受国家统一规定的免费医疗待遇。

NHS 的服务原则是:全民享有、免费医疗、按需服务(不是按支付能力提供服务)。所以,在英国,只要你享受免费医疗,不管是富人还是穷人,不管是工人还是农民,不管是公务员还是普通百姓,不管是有工作还是失业,所享受的都是无差别的医疗服务。其服务提供了大部分的医疗保健,包括初级保健、住院服务、长期医疗、眼科和牙科等。根据英国广播公司 2012 年 3 月 20 日的报道,英国NHS 系统雇用了约 170 万名医生、护士等职员为英国国民提供高品质的免费医疗服务,是世界上最大的医疗服务体系,也是世界第五大雇主。该系统大约占到英国整个医疗市场的 90%。

这种免费的国家保健制医疗有利于扩大医疗保健服务面,使人人都享有卫生保健,从这方面看,免费医疗制度对广大民众是非常有利的。自 1948 年国民卫生服务体系建立初期,它在英国国民心目中就占据了特殊的位置。秉持公正、友爱、社会正义的原则,国民卫生服务体制已经走过了 60 多个年头,为英国大众,不论穷人或富人,免费提供高质量的卫生服务。虽然满意度较高,但该体系仍然存在一些问题。英国首相卡梅伦曾指出,NHS 有三大核心问题:只关注财务和数据、病患护理无人负责、自我防卫和自满情绪。NHS 运行所需开支的 80%以上来自财政拨款,"免费午餐"的质量在很大程度上取决于它的提供者——政府的财政状况。在近年来经济不景气的大背景下,庞大的医疗开支让英国政府叫苦。随着政府支持减少,一些缺乏职业道德的医院管理者在"开源"无望的情况下就想到"节流",在患者身上省钱,为患者提供的医疗服务开始低于标准,这也是近年来英国医疗事故不断增加的重要原因之一。

加拿大的全民医疗保障体系始于 20 世纪 40 年代末期。1964 年皇家委员会指出:"医疗保健是公民的一项基本权利,而不是特权。"4 年后,联邦政府的《医疗保健法》规定联邦政府与省以 1:1 的大致比例共同承担医院医疗服务费用,1972 年加拿大各省和地区均已实现将私人医生门诊费用纳入公费医疗计划,至此加拿大形成了以广泛性(包括所有的医疗和必须服务)、普遍性(所有的公民都享受免费医疗,费用由省政府支付)、可及性(覆盖率为 95%)、可移动性(可在加拿大境内任何地方使用)、非营利性等为特点的医疗保障体系。该体系可分为公费资助的医疗卫生服务(如必要的公共和私人医疗服务)、私人或雇主付款的补充性医疗服务(如眼科和牙科诊疗)、公费和私人资金共同承担的某些服务(如处方药和家庭护理)、公共卫生体系等不同部分。

　　加拿大大多数社区都有很好的医院、诊所或医师办公室。所有加拿大居民(公民和永久居民),在注册加拿大国家健康保险计划后都可以得到通常是免费的服务。联邦政府和各省卫生署都严格执行"医院综合预算制度",这是指医院与政府商定预算数额后,医院的费用必须限定其内,超支向上追加,省里不予保证,致使医院有强烈的控制总费用的责任心。因此加拿大的医疗保障体系是当前西方发达国家中既控制医疗费用过度增长,又解决医疗卫生服务公平性较好的管理模式。据统计,医疗保险承担了加拿大公民 70% 的医疗费用开支,剩余由私人保险公司承担。加拿大以政府为主、私人保险为辅的医疗保障制度,为不同收入、不同地区、不同阶层的公民提供了平等的医疗服务,给人带来安全感,又有以营利为目的的私人保险公司作为补充,因而多数加拿大公民对这种混合式的保险制度基本是满意的。

　　实行这种医疗卫生体制的代表性国家还有瑞典、丹麦、挪威、芬兰、意大利、西班牙(1986 年以后)、澳大利亚、新西兰等。第二次世界大战后随着公民社会权利的扩展,资本主义福利国家的建设,到 20 世纪 80 年代全球性社会保障改革浪潮掀起时,发达国家的医疗保险体系已是成熟的全民全面公共福利制度。

(三) 医疗保险改革阶段

　　随着经济的发展和生活改善,人们的健康需求不断提高。人口老龄化和医疗科技进步等又促使医疗费用持续上涨,政府不堪重负,世界各国一直都在医疗服务领域受到困扰。最受关注的是医疗费用持续过快上涨。为此各国政府都在积极探索既能提高医疗质量又能抑制医疗费上涨的方法。20 世纪 80 年代后至今医改都处于不断深化的过程中,是一个世界性难题。最主要的途径是通过引入竞争机制和加强成本控制提高医疗保障的可及性。

第三节　医疗保险体系的改革和发展

一、医疗保险体系改革的动因

(一) 财务危机

　　20 世纪 70 年代中期以后,发达国家经历了能源危机、经济滞涨等,依靠财政支持的医疗保险制度受到经济承受能力下降的影响,开始出现财务危机,收不抵支。整个 60 年代世界经济合作组织国家公共健康方面支出增长速度比国内生产总值(GDP)增长速度快了 75%,而 1974~1975 年各国 GDP 总和下跌了 5%,世界贸易衰退了 14%,英国 1975 年通货膨胀率达到 26%。此后经济发展时快时慢,但高失业常常和高通胀紧随,经济危机一直持续到 80 年代。在整个 80 年代的反福利国家时期,西方发达国家虽然奉行里根主义和撒切尔主义政策,大幅削减福利支出,但没敢动福利医疗体系。90 代后,德国的疾病保险筹资收入不能适应支出增长,日益扩大,直接体现为平均缴费率持续上升和政府补贴的同步增长。医疗费用入不敷出不仅影响了德国医保体系本身的正常运行,而且在经济全球化冲击下,企业、个人和政府都不堪重负,到了筹资极限,掣肘经济发展。随着法定缴费率的不断提高,目前个别法定医保机构的缴费率已达到 16.7%,和其他社会保障费用一起抬高了德国劳动成本。如何遏制医疗费用快速上涨和稳定缴费率成为德国医保改革的重要课题。

(二) 医疗费急剧上涨

就世界范围来看,医疗费用占 GDP 的比例平均增长率快速上升。1970~2004 年,24 个经济发达国家的医疗费用占 GDP 的比例平均值从 5.4% 增至 8.7%。人均医疗费用的平均值从 175 美元增至 2721 美元。

据世界银行统计,1980~1990 年美国人均医疗费增长了 137.2%,21 世纪以来,增幅有所下降,医疗费占 GDP 的比重基本控制在 15% 左右。1980 年,美国当年的国民医疗总开支为 2530 亿美元,1990 年为 7140 亿美元,2003 年达到 16 790 亿美元,占国内生产总值的 15.3%,2008 年,达到 2.3 万亿美元(平均每人 7681 美元),占当年 GDP 的 16.2%,2012 年美国医疗卫生总支出 3100 亿美元,占 GDP 的 17.9%。而在医疗总开支中,公共部门的投入,即由美国联邦政府、州政府和地方政府投入的经费,2003 年占到 46%,如果将各级政府为医疗保障提供的税收减免也考虑进去,则公共投入所占的比重会超过 60%。从个人支出比例来看,以 2003 年为例,在当年占到总医疗开支 46% 的公共投入之外,有 36% 是由私有保险部门投入,由国民个人直接支付的费用在总开支中占 16%。

各国医疗费的快速上涨直接冲击筹资体系,必须进行改革和控制。

(三) 卫生资源分配不合理

有些发达国家卫生支出偏重于医疗,而对初级保健却投入不足,致使社会各阶层没有从预防、免疫和健康促进服务中获益,医保体系效率低下,浪费严重。美国的人均医疗费用支出占 GDP 的比重是最高的,但人均寿命和健康指数不高。在国际医疗效率比较中被公认为医疗效率低下。美国医疗从业人数占整个卫生系统的 3/4,医院消耗了整个卫生系统费用的 30%,昂贵设备花费了过多资源,但治疗结果和各项健康指标不理想。

我国改革开放以后随着卫生事业的发展医疗费用不断增长,1978~2004 年我国医疗费用年均增速为 11.95%,而同期 GDP 增速只有 9.39%。但我国人均卫生费用的上涨更多体现为个人费用的上涨,居民个人医疗负担不断加重。我国是一个城乡二元福利结构社会,医疗资源集中在大城市大医院,改革开放后政府在卫生领域的投入没有相应增加,市场机制的导入又缺乏有效引导监督,导致了医疗领域的扭曲服务和低效,出现了日益严重的"看病难、看病贵"问题。"看病难"表现为"全国人民上协和",大医院人满为患,无法分流,产生各种社会问题和矛盾。居民普遍认为药价虚高,以药养医机制是看病贵的主要原因,医疗公平性下降造成了医患间的信任度明显降低,同时医药生产流通环节的问题不断暴露,医疗领域的过度商业化引起了全社会的关注。所以中国新医改重要的一环就是均衡医疗资源配置,向下沉淀,支持县级以下医院发展。

(四) 医疗卫生体系效率低下

英国 NHS 的最大瓶颈集中在两点,一是资金不足,二是效率低下。

首先,等候时间(waiting list)成为 NHS 之痛。英国的制度关注健康而非大病医治,国家将医疗保障预算的 75%~80% 投入基层,投入专科和住院医疗的比重相对就低了,由此造成排队等候问题。2011 年对一项 11 个世界经济合作组织国家的比较研究显示,英国患者当天或隔天能见到医生护士的比例只有 70%,专科预约需要等待两个月以上的比例达到 19%,有近 85 万名患者等着进 NHS 的医院。

其次,机构臃肿、体系庞杂,浪费严重。目前仅英格兰的 NHS 系统内就有约 100 万工作人员,年耗资 500 亿英镑,号称英国最庞大的机构,其中官僚、管理人员众多。NHS 的住院服务包括了伙食,因此需大量采购食品,由此也产生了政府采购质次价高的通病。NHS 仅 2011 年度采购披萨饼的花费就高达 2700 万英镑(约 2.7 亿元人民币),如果包括加工和送到患者处的费用,估计要达到 1 亿英镑(10 亿人民币)。而这样的供给是以"处方药物"的名义发放给患者的。

能否自由择医,是否必须在社区首诊,是影响患者选择权的重要制度安排。在英国,患者必须在社区首诊,经基层全科医生允许,才能转诊到指定医院,急诊除外。也就是所谓的"守门人"制度。患者选择权确实很小,主要是为了控制费用。

二、医疗保险体系面临的难题

(一)"内部市场"的运作效率问题

在医疗卫生领域,政府与市场结合,管办分开、以合理的花费为患者提供最佳的医疗服务是追求的目标。如何提高医疗服务效率,合理控制医疗费用支出增长是一大难题。

1991 年英国政府为提高患者权利的保护和医院工作效率,对全民医保体制进行了根本性变革。改革引入内部市场机制,坚持"以一般税收为基础,政府分配预算,在全社会国民免费提供医疗服务"的原则下,引入竞争原则,导入内部市场,实现了医疗服务中"钱跟着患者走"。在内部市场中,将医疗卫生服务体系分为购买者和提供者。原先相关的国家医疗管理机构变成了医疗服务的购买者,负责分析居民医疗需求,代表国家和服务提供者订立承包合同的形式代为购买服务,而不再行使管理医院的职能和履行提供服务的功能。但是"内部市场改革"在提高卫生服务效率和响应能力方面,未达到预期的效果,反而导致费用上升和财务危机,而且降低了医疗体系的公平性。因此 1997 年布莱尔政府上台后,英国在卫生服务领域采取明确的反自由化措施,提议废除 NHS"内部市场"模式,促进服务体系各组成部分之间的合作。

(二)医疗费用控制问题和"以药养医"

各国还对医疗费用支付方式进行了改革,加强费用控制,严格报销制度。例如,意大利对不同药品进行分类,采取不同的支付方式,更多采用按病种分类付费、按人头付费和总额预算等结合来代替按服务项目付费。

我国自 20 世纪 80 年代以来医疗服务行业发展很快,但政府的投入并未相应增加,公立医院靠以药养医来维持运转,看病难看病贵问题突出。2006 年成立医改协调小组,中国政府提出 2010 年实现人人享有基本卫生保健的目标,医疗改革以政府作为主导。当时总体的医疗费用,政府支出只占17%,非常低。美国政府支付的至少占总费用的 45%,几乎是中国的 3 倍。北京师范大学社会发展与公共政策研究所教授顾昕也承认,相比低收入国家 27% 的平均水平,我国政府对医疗的投入是少了一点儿。

在 2009~2011 年的第一阶段医改行动计划中,国家《深化医药卫生体制改革三年总结报告》(以下简称《报告》)显示 2009~2011 年,全国财政医疗卫生累计支出 15 166 亿元,3 年来,我国城镇居民医保和新农合政府补助标准从 2008 年的每人每年 80 元,提高到 2011 年的 200 元;城镇居民医保、新农合政策范围内住院费用报销比例分别从 2008 年的 50% 左右,都提高到了 2011 年的 70% 左右。基层医疗机构以药养医的状况得到初步改善。北京大学中国经济研究中心教授李玲认为,3 年时间,新医改突破了存在基层几十年的"以药养医"制度,建立了新制度,基层群众受惠最大,感受最深。而发生在基层医疗体系中的这场"静悄悄的革命"之所以能够顺利推行,得益于政府投入的空前加大。《报告》显示,2009~2011 年,全国财政医疗卫生累计支出 15 166 亿元。如果把这个庞大数字换算到每一个老百姓身上,具体的实惠就是,原来住院报销只能报 50% 左右,而截至 2012 年就能报75%。第一阶段医改于 2011 年年底结束,新型农村合作医疗的覆盖面不断扩大、国家基本药物制度初步建立是这个阶段的最大成果。但最艰难的公立医院改革尚未触碰核心,所以城市居民感受不深。

新一轮的深化医改行动正在全国多地试点,破除以药养医,县级医院成为国家卫生和计划生育委员会期望打破"以药养医"利益链条的突破口。而最具探索性质、最为引人关注的则是陕西的"神木模式"。由政府把神木县医院的保机构、保运算、还欠账的所有费用全部支付,就连县医院的从业人员工资、奖金也由政府支付。根据李玲教授的调研,一个全县人口为37万的县医院,如果药品和检查都严格执行成本价,财政或医保额外补偿2000万元,即可维持医院的运行。如此一来,群众的医疗负担将下降2000万元。如果不合理用药下降,药品费用还有大幅下降的空间,政府支出还可以减少。以此测算,一个100万人口的大县,1000张床位的县医院,一年增加支出最多8000万元,全国县域医院每年增加支出432亿元即可。

三、世界各国医疗保险体系改革的主要趋势

国际医疗保险改革的总趋势是费用支付从后付制转向预付制,兴起了集服务提供和筹资为一体的"管理式保健",美国兴起之后在欧洲、拉美很受青睐。新加坡的储蓄型医疗保险独树一帜,强调个人责任基础,政府分担部分费用,运行效率较高。

(一) 筹资方式

总体来看,世界各国医疗保险筹资模式大致为个人单方负担,个人与企业两方负担,个人、企业和政府三方负担3种模式,筹资渠道还比较单一,随着人口老龄化的推进,单一的筹资模式已经无法满足医疗保险制度所需资金,大多数国家医疗保险基金都不同程度地出现了基金不足的情况。因此,医疗保险基金的筹资机制改革也成为各国医疗保险制度改革的一项重要内容。

筹资机制改革的主要内容有以下两方面。

1) 筹资多元化。筹资多元化主要表现在筹资渠道的多元化、筹资主体的多元化等。筹资渠道除了传统政府、个人、企业三方渠道外,还可以利用民间慈善捐款收入、社会福利彩票收入、行政处罚收入等对医疗保险基金进行补充。多渠道筹集医疗保险资金可以增加医疗基金收入,缓解人口老龄化带来的基金赤字。此外,每一个覆盖在医疗保险范围下的被保险人都应该缴纳保费,包括政府工作人员、事业单位工作人员,这部分人口缴费既可以增加基金收入,又可以缓解社会矛盾。甚至应该包括生活水平在贫困线下的人口,这部分人无力承担巨额医疗费用,政府应当承担起为他们缴纳保费的责任,但少许的医疗保险费用可以提高被保险人的费用意识,避免免费即浪费的现象。

2) 筹资水平不断增加。随着社会经济的不断发展,医疗保险筹资水平也应逐渐提高。过去由于经济发展的制约,医学技术落后,社会健康观念陈旧等,医疗费用相应也不高,但如今经济发展迅速,高新科技不断应用于医学领域,医疗服务成本上升使得医疗费用成为家庭的一项重要支出,如果遇到重大疾病,巨额医疗费用对于家庭来说是灾难性的支出。过去的筹资标准已经不适应当今社会,筹资水平不增加难以满足医疗保险基金支付的需求。

(二) 支付制度

医疗费用支付从后付制转向预付制。国际医保改革实践证明,在医疗保险制度下,仅仅依靠需方成本分担制度,并不能有效控制医疗费用的持续增长,需要从供需两个方面开展医保费用控制,特别是利用供方的信息优势提高供方医疗费用控制的激励与约束,是国际医疗费用控制的基本趋势。

医保传统的支付方式是按服务项目后付制,这一方式具有诱导供方增加不必要服务项目或服务量,以获得更多费用偿付的逐利导向,而医保机构作为医疗服务付费的第三方,只能对医疗服务进行事后支付,难以有效规范供方医疗行为并控制医疗费用的上涨。据国外文献,卫生费用上涨的12%

是由按服务项目后付制引起的,而预付制的实行对医疗费用的控制具有重要作用,按人头预付与按项目支付相比人均卫生费用下降 10% ~ 40%,住院率下降 25% ~ 45%,而门诊次数和平均住院天数基本持平。目前,按病种预付制成为世界卫生组织竭力推荐的支付方式。各国在医疗保险的改革中,对需方医疗费用的控制,主要采取加大免赔额和共负制为主的部分费用分担方法;同时,各国都把医疗费用控制的重点放在供方行为规范与费用控制机制的改革上,而支付方式改革是供方费用控制机制的核心,也是世界上绝大多数国家供方医疗费用控费的主要手段或通行做法。

医疗服务供方(医院和医生)由于拥有医疗服务供给的专业性和垄断性而处于主导地位,医疗服务消费的数量、质量、价格、规格等主要由供方决定,供方既是医疗需求的提供者,又是医疗需求的创造者,诱导需求等"道德风险"完全可能推动需方医疗费用的不合理增加。所以医疗费用控制措施的最佳路径选择理应针对医疗服务供方来构建与实施,才可能取得显著成效。医保付费机制是一种利益调节杠杆,预付制等支付机制改革,会使医疗机构尽量结余更多医保资金来提高营利能力,而不是通过出售更多更贵药品来获利,从而改变医疗机构的营利模式,使医疗机构在追求自身利益的同时也最大化地实现患者利益,大处方、高价药等医疗行为必然得以抑制。

目前,支付方式改革已成为国际公立医院补偿机制改革的主要内容,虽然改革方式不尽相同,但均将预付制支付方式尤其是按疾病诊断相关组付费和总额预算制,作为取代传统的按类目预算制与按项目支付的改革措施,以达到约束公立医院医疗成本与适度激励的双重目的;在预付制改革主导趋势下,大多数国家及地区在积极进行多种预付制支付方式混合或与后付制支付方式混合的形式,以消除单一支付方式的负面效应而追求综合优势。

(三) 管理体制

管理是实现资源优化配置的途径,是用最小的成本达到最大化利益的重要手段。仅仅筹集资金却无法合理分配资金的去向一样无法走出医疗保险资金不足的困境,良好的基金管理体制既节省成本,又提高资源分配效率,因此,管理体制的改革、筹资方式改革和支付方式改革一样是医疗保险制度改革的重要内容。

本章思考题

1. 世界医疗保险体制的形成经历了哪几个阶段?
2. 简要概括当今世界医疗保险体系面临哪些问题?
3. 世界各国医疗保险体系改革的主要趋势是什么?

【本章案例】

美国的穷人医疗保障

美国的医疗费用昂贵,恐怕在全世界都应该算第一。记者曾经在华盛顿一家医院看过一次急诊,医生未做任何检查,只是给了两片药,结果连医生和医院的费用共计花了 400 多美元,而这两片药在国内的任何药店都能买到,只需十几元人民币。

正因为看病费用高得惊人,大部分美国人都未雨绸缪,为自己和家人预先购买了医疗保险,一旦等到看病住院吃药,就让保险公司支付,但是那些买不起医疗保险的穷人该怎么办?记者调查后发现,虽然美国没有北欧和加拿大等国那样的全民免费医疗,但美国穷人(或者说是社会弱势群体)照样看病,而且绝大多数情况下都不需要自己掏腰包。

美国穷人吃医疗"免费午餐"的最主要方式是申请由政府提供的医疗保险,主要包括"医疗照顾计划"(medicare)和"医疗救济计划"(medicaid)两种,前者由联邦政府出资,后者主要由州政府出资。美国政府早在 1965 年就开始向本国公民和绿卡持有者免费提供两种医疗保险。只有 3 种人有资格申请"医疗照顾计划",他们包括 65 岁以上的老年人、终身残障者及其家属和晚期肾病患者。"医疗救济计划"主要针对 5 类人,孕妇、儿童、18 岁以下的青少年、65 岁以上的老年人、残疾人,申请者的年收入必须低于联邦政府公布的贫困线标准,一旦得到政府提供的这两种保险中的任何一种,申请者的绝大部分医疗费用将全部由联邦政府和地方州政府掏腰包。据统计,目前享受上述两种医疗保险的美国人近亿。

如果未能得到上述两种免费保险,美国穷人还可以考虑申请其他一些地方性的免费保险计划。美国每个州都向社会弱者提供名目繁多的免费保险计划。以记者所在的美国首都华盛顿为例。"哥伦比亚特区医疗联盟"是一个著名的免费医疗保险计划,该计划由华盛顿市政府、华盛顿市各大医院和一些商业性的保险公司联合出资成立。加入该计划需要具备3个条件:哥伦比亚特区的合法居民;没有任何医疗保险;家庭年收入低于联邦政府确定的家庭贫困线以下200%。如果具备这3个条件,任何人(包括外国公民)都可以向"哥伦比亚特区医疗联盟"提出书面申请。一旦申请得到批准,患者可以在该联盟指定的医院和诊所免费看病,到指定的药店免费拿药,住院费用全免,连住院期间的伙食费都能报销。孕妇可以在指定医院做免费的孕前孕后体检,生孩子的费用也全部由联盟负责。该联盟的会员甚至还可以每半年免费洗一次牙,免费做一次牙齿矫正手术。"玛丽妇幼保健中心"是该联盟的一家指定医院。华盛顿居民也可以在这里申请"哥伦比亚特区医疗联盟",这是一家典型的"穷人医院"。记者从该医院有关负责人那里了解到,申请免费医疗的人特别多,大多是拉美裔人,许多人甚至早上四五点钟就跑到这里来排队。记者在"玛丽妇幼保健中心"看到,这里的医疗条件和设施虽然比不上大型医院,但设施齐全,干净整洁,医务人员态度友善,并不因为面对的都是"免费消费"的穷人而另眼相看。

如果拿不到政府提供的医疗保险,美国穷人还可以通过其他方式找到愿意为自己支付的人。一种方式是临时申请,个案处理。在美国看病一般都不需要当场付钱。账单一般会在1个多月以后才寄到你的家中。这时候如果你认为自己没有能力付这笔钱,就可以给医院社区医疗救济事务办公室打电话,说明自己的情况。救济办公室会让你填写一份表格,主要是说明自己的收入情况。医院经过调查后如果确认情况属实,就会把你的医疗费用部分或者全部免掉。

美国还有一些制药公司出于公众形象的考虑,往往也乐于为穷人雪中送炭。先灵宝亚是一家总部位于新泽西州的大型制药公司。记者在该公司的网页上发现了公司的一项医疗救助计划,公司承诺向符合条件的肝硬化和肝癌患者免费提供该公司生产的药物。迄今已经有大约1.4万名患者得到了该公司的免费药品。该计划也对外国公民开放。记者的一位中国留学生朋友说,他的岳母得了肝硬化,目前从中国内地到美国来探亲,眼下也得到了该公司的免费药品。

思考:美国对穷人医疗保障制度对我国的医疗保障制度发展有什么启示?

政府组织的社会医疗保险的产生

社会医疗保险最初的形式是中世纪后期一小部分工人在行业协会的赞助下形成的一系列的互助组织。第一个有记录的行业基金可以追溯到1300年(Veraghtert and Widdershoven,2002)。这些基金一般只覆盖到那些行业成员,覆盖人群占人口总数还不到5%。其他是依靠慈善组织和(或)宗教组织。这种建立在职业基础上的基本健康服务后来也就成了德语国家和瑞士的社会保险模式的核心原则(Abel-Smith,1988)。

直到18世纪后期,国家才开始积极干预医疗服务领域。两个重要的趋势对欧洲未来健康领域的后来发展起了决定的作用。一个发生在北欧,瑞士的地方医生(自愿地)受到皇家委托,免费为当地的贫困居民看病(Serner,1980;Hjortsberg and Ghatnekar,2001)。类似的政策出现在瑞典的殖民地芬兰和挪威(Furuholmen and Magnussen,2000;Järvelin,2002)。这被看成国家首次对贫民提供健康服务。第二个事件比较间接,但后来也被认为是非常重要的,那就是新兴的政府不断削弱行会的经济力量(Abel-Smith,1988)。首次开始于1789年8月4日的法国大革命,废除行会的目的是建立一个更加自由的劳动市场,同时提高社会公平(Veraghtert and Widdershoven,2002)。同样地,1798年,行会在荷兰也被废除(Veraghtert and Widdershoven,2002),丹麦是在1861年被废除的(Abel-Smith,1988)。随着行会的禁止,他们成立的健康保险被认为是互助的社团,继续发挥保险功能(不受国家保护),因此为国家颁布法令干预提供了舞台,首次国家立法干预发生在1883年。

现代的社会医疗保险是由1883年俾斯麦开始的。俾斯麦由于担心逐渐壮大的马克思主义影响的工人联盟的政治压力,也希望建立一个强大的德国,于是他就保持了独立的基于职业的保险疾病基金,但是受到政府的监控。相关的法令的出现加强了疾病基金的立法和社会基础,这一现象不仅出现在德国,大部分西欧国家也开始了立法。事实上,匈牙利在1887~1888年开始立法。1892年,丹麦采取了一种不同的办法,即对现有的资源基金给予补助,使得那些已经生病的社会成员也可以参加该计划。比利时也采用了相似的立法,于1894年建立了国家对疾病基金的补助。在瑞士,尽管在1899年公民投票否决了德国模式,但是1911年的法律规定接受政府补助的资源基金必须要登记并且遵守国家的管制。英国也在同一年,由Lloyd George成功地通过了一项健康保险法案。

这一过程一直延续到第一次世界大战(以下简称一战)结束,当时法国面临着重新收复的阿尔萨斯-洛林的健康保险问题,于1920年颁布了强制性健康保险法令,一直到10年后才执行。北欧最后一个颁布强制性健康保险法令的国家是荷兰,是在德国占领下于1941年颁布的,一直延续至1945年的第二次世界大战结束。

政府干预的这一时期的主要特点是覆盖人群的比重逐渐增加。通过的法令不仅是政府的监管和对疾病基金的管制,而且要求增加人群的覆盖面(主要是不同行业的工人),因此这也是"强制"的含义之所在。1945年后各个国家都采取了一系列的措施逐步将覆盖面扩大到收入水平在固定线以下的正常工作的工人阶层及其赡养亲属,同时也包括了失业者和监狱服役人员。这一过程一直到1996年在瑞士结束。

虽然国家不断增加对健康保险的干预力度,但是在传统SHI制度核心的西欧并不明显。匈牙利、比利时、德国和荷兰仍然是SHI模式,在第三章可以发现,国家的干预是非常小心的。事实上正如第一章所描述的政治挑战,这些国家比较担心逐渐增加的国家干预力会削弱传统的SHI制度的行业自治。这些担忧具体表现在自从二战后SHI制度被逐渐增多的官僚化福利国家所陷住。即使意识到将这种新方式运用到广泛的社会福利结构当中是非常必需的,在SHI制度中采用这种改革也受到很多限制。一个主要的担忧就是为了适应于SHI的漫长历史,担忧主要是国家干预可能会破坏明晰的公民社会角色,会替代多元化的形式,以及是在一个比较僵硬的国家官僚机制下进行其他福利服务的形式的改革(当需要时)。相反地,一个相同的担忧就是在20世纪90年代如德国和荷兰将相反的更加自由化的市场化方式用在SHI制度里,主要是疾病基金间。正如本章的第二节暗示的那样,这种对不断增加的市场化和(或)国家角色的担忧反映了人们担心这些变化会侵蚀经过几百年在社会成员间已经存在的社会互助的结构。

(摘自:张晓 译《社会医疗保险体制国际比较》,中国劳动社会保障出版社,2008)

(孟雪晖 景虹雅)

第三章
医疗保险模式的划分与国际比较

内容提要 医疗保险模式是基于一个国家或地区的政治、经济、社会和文化的医疗保障服务方式的选择;是一个国家或地区医疗保障实践中基于筹资、支付与管理的方式方法。但每一个国家仅仅选择一种模式,或是以一种模式为主的多种方式混合,以实现不同的政策目标。尽管医疗保障的价值目标会趋于一致,但由于管理体制和机制的不同,各种医疗保险模式的具体目标和运行效率也不尽一致。本章根据不同医疗保险制度的特点介绍世界上4个主要的医疗保险模式,并对不同医疗保险模式进行比较分析。

第一节　医疗保险模式分类比较概述

一、国家卫生服务模式

国家卫生服务模式(又称全民医疗保险模式)是指政府直接举办社会医疗保险和医疗事业,通过税收方式筹措社会医疗保险基金,采取预算拨款的方式给国立医疗机构;医生及有关人员接受国家统一规定的工资待遇,向国民提供免费或低收费服务,保障公民享有规范服务。其代表国家是英国、瑞典、意大利。

(一) 概述

1. 国家卫生服务模式的特点

1) 政府直接举办社会医疗保险事业,参与医疗机构的建设,管理医疗机构,向医疗机构拨款,这种政府控制下的医疗活动有国家垄断性。

2) 资金来源于税收,政府向公民征收国民保险税,公民在看病的时候免费或者低花费地获得医疗服务。因此国家卫生服务模式又称全民医疗保险模式。

3) 医疗服务覆盖全体国民。

4) 实行计划配置并调节医疗资源与社会医疗保险基金的管理体制,市场几乎不发挥作用。

2. 国家卫生服务模式的优点

1) 公平性高,互济性好,人人都能享受到同等的医疗服务。

2) 计划性强,有利于政府统一管理卫生行业,社会医疗保险资金来源稳定。

3) 政府能有效控制医疗费用支出。

4) 有利于实施基础医疗卫生保健。

3. 国家卫生服务模式的缺点

1) 微观效率低下,医务人员积极性不高,医疗服务缺乏活力。

2) 政府承担大部分的医疗费用,国家财政负担沉重。

3）由于没有费用支出意识，公民在就医时容易提出更多需求，造成医疗资源的浪费。

（二）典型国家：英国

1. 英国社会医疗保险制度的起源

19 世纪以前的英国尽管已经完成了工业革命资本主义的原始积累，但医疗保障制度仍然没有建立起来，而且"以穷人养活穷人"、"穷人懒惰"及"惩罚穷人"的制度理念一直贯穿于各种社会保障法案之中。但是，尽管当时的政府没有重视医疗保障，但早在 17～18 世纪，英国就已出现了私人社会医疗保险和工人医疗互助制度，19 世纪末至 20 世纪初，"友谊社"、"工人俱乐部"及"共济会"等民间组织已经逐渐发展成地区自愿性包括健康在内的民间自愿健康保险机构。它们是由一些熟练工人组成团体建立起来的一种非营利性社团组织，参加者缴纳一笔保险金，社团自己管理，成员生病时支付一定数量的救济金，有的社团还与医生签订合同。自愿健康保险实行到 1908 年，帮助产业工人解决了很多实际困难，这样，医疗保障逐渐为英国政府所重视。英国于 1911 年颁布法律，首次正式提出了"全民义务健康保险法案"。规定因疾病、生育不能工作者，给予现金补贴和医疗照顾。自此，政府民间自愿健康保险渐渐为社会医疗保障所取代。

在 1911 年的法律中，政府承诺国家在国民健康保障中的责任，这是英国社会医疗保险的开始，国家负担原则后来也为其他国家所承认。

2. 英国社会医疗保险制度建立与发展

第二次世界大战结束前夕，为鼓舞士气，战胜德国法西斯，英国政府承诺要变"warfare"为"welfare"。于 1942 年通过了以"国民保健服务"（nations health service）为支柱的《贝弗里奇报告》。1944 年正式提出"国民保健服务"方案，4 年以后颁布了《国家健康服务法》。法律规定，英国实行惠及乡村的全民免费医疗制度，所有民办医院和市政医院都收归国有。中央政府实行卫生规划，使医生在全国各地区均匀分布，地方政府则负责规划医院和分配预算的经费，《国家健康服务法》和其他 4 个法律一起构成了英国的社会保障体系。也正因如此，英国首相艾德礼于 1950 年自豪地宣称，英国在世界上第一个建成了从"摇篮到坟墓"的"福利国家"。

3. 英国社会医疗保险制度的内容

英国目前医疗保障制度主要依据 1975 年通过的《社会保障法》，以及 1986 年实施的《国民保健制度》。法律规定，受保人享受疾病补助的标准为每周可领取 35.7 英镑收入关联分级补助金，受供养人则可领取 22.1 英镑，至多支付 28 周。英国全民医疗保障制度的优点是医疗费用由政府预算控制，有利于战争结束后城乡全民的卫生保健和疾病预防，有力地保障了国民的生命健康，而且在医疗消费方面体现了相对公平原则。

英国的国家医疗保险制度形成了初级卫生保健服务（全科医生提供）、地级服务（由政府提供的社区服务）和医院服务（专科医疗服务）的三级服务体制。一般常见病患者必须先到初级卫生保健中心看全科医生，医生根据病情的需要把患者转到相应的上一级医院治疗，在转诊的时候如果认定病情复杂，可以直接转给三级医疗机构。全科医生为自我雇佣者，全科医生向公众提供医疗服务后，可以向政府申请根据就诊人数和医疗工作量发放津贴。

4. 英国社会医疗保险制度的主要问题与改革

患者看病等待期长。尤其是外科手术，一般情况下，患者从预约到手术时间要等 6～12 个月，不少患者为了及时得到治疗选择私立医院，近 13% 的公民购买个人社会医疗保险。

非正常开支过高。近年来，向 NHS 提出各类医疗事故索赔的案件不断增加，2003 年理赔金额高达 40 多亿英镑，且每年以 12.5% 的速度增加。

政府财政负担重。由于英国实行全民免费医疗保险，患者就医所需医疗费用大部分由政府承担，而且由于医疗保障刚性特征，政府财政面临巨大压力。

人口老龄化的到来、疾病模式的改变、社会伦理观念的改变及现代医疗技术和医药科技的快速发展使得卫生总费用大大提高;另外,由于英国卫生投入大部分来自财政,受制于财政收入的各种医疗保健费用支出实际上受到了限制。日益扩大的医疗需求与刚性发展的医疗待遇水平之间的矛盾,促使英国政府不得不对现有医疗保险制度进行改革。

改革重点:①强化个人责任;②多渠道筹集资金;③降低管理成本;④组建新的管理机构;⑤赋予患者更多权力。

二、社会医疗保险模式

社会医疗保险模式是由国家立法,强制性由国家、单位、个人集资建立社会医疗保险基金,当个人因病接受必需的医疗服务时,由社会医疗保险机构提供医疗费用补偿的一种社会医疗保险模式。

代表国家和地区:德国、日本、韩国、我国台湾。

(一) 概述

1. 社会医疗保险的特点

1) 社会医疗保险基金的筹集方式由政府、企业、个人三方负担。筹资渠道多元化,对于个人而言,保险费的征收标准主要根据投保者的收入水平。

2) 统筹共济,现收现付。实质上是个人收入在一定范围内的再分配,即高收入群体的一部分收入向低收入群体横向转移,健康者的一部分收入向多病者转移,实现互助共济,保持社会群体的稳定。

3) 以法律为基础,立法强制公民参加社会医疗保险。

2. 社会医疗保险的优点

1) 坚持原理与义务对等的原则,在体现互助共济,风险分担的同时,在一定程度上避免了医疗资源的浪费。

2) 通过社会医疗保险经办机构与医疗机构建立契约合同关系,促使医疗机构之间的竞争,有利于提高服务质量和费用控制。

3) 实行政事分开,独立运作的管理方式有利于促进医保事业的发展。

3. 社会医疗保险的缺点

1) 基金执行现收现付制,没有纵向积累。

2) 不能解决代际间医疗费用负担转移问题,难以应付人口老龄化的挑战。

3) 无能力参保的人群不能覆盖,必须通过其他途径解决。

(二) 典型代表国家:德国

德国是世界上最早实施社会保障制度的国家,拥有相对发达和完善的社会医疗保险体系。在人类历史上,德国政府首创了现代社会医疗保险制度,并采用国家、雇主、个人三方负担的原则解决保障问题。这种国家与个人责任并重的原则,在医疗保障领域得到了贯彻。国家在医疗保障方面的作用主要表现在建立制度框架、实施宏观调控及提供资金等方面。国家立法强制法定范围内的所有人员均加入社会医疗保险,并对企业雇员以外的低收入者补贴医疗费。医疗保障制度的具体实施交由独立的社会医疗保险机构和医疗机构进行,但国家在各社会医疗保险机构和各医疗机构间进行利益协调。国家还建立了医疗费总额预算制度,对医疗费用总额实施宏观调控。

1. 德国社会医疗保险制度的起源

德国医疗保障制度与其工业社会转型是同步的,当时人们通过成立行会基金和同业公会基金来共同承担疾病风险从而保护个体的利益,具体做法是强制学徒工参加疾病保险,并与师傅各支付一部分保费,这样当学徒工患病时就可以得到货币补偿。实际上这已经具备了现代法定社会医疗保险的 3 个特征:强制保险、雇主缴纳部分保费和收入再分配。19 世纪中期的工业化导致了个体自由和财产的分离,产生了数量庞大的工人阶级,原有的用同业公会基金和行会基金等形式来解决工人疾病的方式已经不再能满足需求,因此自然而然地提出了建立新的保障可能性的客观要求,即从 19 世纪后半期就开始了由国家来承担医疗卫生的基本任务。与此同时,工人从 1869 年起可以选择用于疾病保障和事故风险的自由辅助保险,这种保险具有私人社会医疗保险的典型特征。1874 年只有1% ~ 1.5%的工人参加了强制保险,保费与风险是不挂钩的,当年的保费覆盖当年发生的医疗服务费用。1876 年,辅助保险法规定只有注册的辅助保险才能够在地方上从事强制保险活动,这便是今天的替代保险的前身,而其他的自由辅助保险则发展成今天的私人社会医疗保险。可以说从这个时间起,德国社会医疗保险双轨制便开始了其萌芽阶段。

2. 德国社会医疗保险制度的建立与发展

1881 年,德国最早提出了疾病保险,主要内容是强制部分产业工人参加疾病保险、医疗服务提供系统之外建立基金组织、雇员和雇主按收入的一定比例缴费、基金补贴一定范围内的医疗费用。社会医疗保险作为一种制度能以法律的形式固定下来,归功于 19 世纪 80 年代俾斯麦统治下的德意志政府颁布的一系列社会立法:1883 年《疾病保险法》、1884 年的《意外灾难保险法》、1889 年的《残废和老年保险法》。这 3 个法律的颁布也标志着现代社会保障制度的诞生。

随着经济的发展,德国社会医疗保险的覆盖面从开始的工业部门扩大到其他行业,从较发达地区扩大到贫穷落后地区,待遇水平通过不断调整得到了提高。

3. 德国社会医疗保险制度的内容

德国社会市场经济制度是典型的混合经济形式,以社会福利原则为基础的社会医疗保险制度是德国医疗保险制度的核心和保证,互助原则是社会保障在疾病预防和医疗服务方面的基本原则,特别强调国家是医疗健康服务领域中的最后责任人,而不是市场。2009 年之前大约 90%的德国居民参加的是法定医疗保险,约 9%是私人医疗保险,约 1%是其他的医疗保障制度,仅仅 0.2%的居民在2007 年没有任何的保险保护。从 2009 年开始,法律规定所有居民都必须参加医疗保险,因而全民都拥有医疗保险保障。

4. 德国社会医疗保险制度的问题与改革

德国社会医疗保险系统的突出特点是组织多元化、市场竞争机制强。政府不直接参与社会医疗保险的管理,只是制定强有力的法律框架,通过一些部门进行宏观调控。其社会医疗保险系统的组织基础是疾病基金会。疾病基金会有私人部门经营,受理事会管理,属于自我经营、独立核算的非营利性组织。疾病基金会的数量很多,覆盖了 90%的人口,每个基金会或负责某一地区,或负责一些特定的职业人群。在德国,每个人都有权加入社会医疗保险系统,可以自由选择保险组织及医疗服务的提供者,其家属自动享有社会医疗保险。疾病基金会和代理基金会的经营,包括效益核算、受理保险业务和补偿费用等,一直受到联邦法令的严格控制。

德国法定社会医疗保险的费用,是根据公民的收入来确定的,一般定为月收入的 11% ~ 15%,由公民负担一半雇主负担一半。没有工作的公民,可以跟自己的家属进行投保,如果公民是靠社会福利过活的人员,则可以通过社会福利部门购买保险。

德国医疗保险制度改革的核心目的是减少医疗的公共支出及缴纳医疗费用给雇主带来的财务负担。围绕费用控制,20 世纪 70 年代中期,德国开始对当时的医疗保险进行多次改革。

改革内容:①限制管理成本;②逐步增加个人自付费用的比例;③修正监管体系;④广泛采用多种支付制度;⑤控制药品价格;⑥强化各基金会责任引入竞争机制;⑦医疗费用控制由需方偏向供方。

三、商业医疗保险模式

商业医疗保险模式(又称市场主导型医疗保险模式)是将医疗保险作为一种商品按市场原则自由经营的保险形式。即通过市场来筹集费用和服务,对医疗保险机构、医疗服务机构和医疗服务实行市场调节,属营利性质。美国医疗保障以商业医疗保险为主体,政府基本医疗保险为辅助,部分特殊群体和弱势群体享受政府医疗救助。美国的医疗保障筹资主要来自私营医疗保险计划。很多政府医疗保险计划也由私营医疗保险公司去执行。医疗保障的管理模式由保险公司直接参与医疗保险整个运行过程管理,与医疗服务提供者联合提供服务的医疗保险组织,如健康维持组织等进行管理。代表国家:美国。

(一) 概述

1. 商业医疗保险模式的特点
1) 社会人群自由选择、自愿投保,共同分担疾病造成的经济损失。
2) 由保险人和被保险人签订合同,缔结契约关系,各自履行权利与义务。
3) 政府在医疗保险中基本不发挥作用,仅为老人、儿童、贫困人口提供医疗救助。

2. 商业医疗保险模式的优点
1) 按市场机制运作,商业医疗保险的项目多样化,比社会医疗保险有更多的选择,能较好地满足中高收入者高层次的医疗需求。
2) 有利于医学科技的发展,为医疗服务提供更先进的医疗技术和医疗设备。

3. 商业医疗保险模式的缺点
1) 由于其缴费高和以营利为目的,低收入者难以参加,社会公平性差。
2) 难以控制其不断高涨的医疗费用。

(二) 典型国家:美国

美国拥有全世界最复杂的医疗服务系统,实行的是市场化、多层次的社会医疗保险制度。美国的医疗保险体系以雇主向雇员提供医疗保险为主,同时,政府(联邦和州)对退休人员提供医疗照顾、对贫困家庭提供医疗救助,形成两种类型、三大板块的社会医疗保险体系构架。

美国的医疗单位,绝大多数为私营机构。联邦、州、郡和市级政府也分别拥有部分医疗机构。联邦政府设有"健康与人类服务部(United States Department of Health and Human Services)",负责监督医疗事务立法及美国的食品药品监督和疾病预防及控制等。

1. 美国医疗保险制度的建立与发展
罗斯福是美国首位系统提出福利保障社会化主张的总统,他的福利保障社会化思想对其后美国医疗保障产生了重要影响。

国民健康保险是社会主义的医疗,国民福利要求政府有效而经济地提供某些必不可少的社会服务。在这种执政理念指导下,艾森豪威尔时期的国民健康制度改革主要表现为对已有制度的保持和有限发展,包括继续实施保健计划、对卫生领域增加拨款、实施联邦职业培训计划。

1965 年 1 月,约翰逊总统向国会提交经济报告,建议尽快通过老年医疗保险法案,主张在社会保障下对老年人提供医疗照顾和援助,对儿童健康和贫困儿童的医疗开支提供更加充分的医疗援助。1965 年 7 月,包括医疗照顾和医疗援助的约翰逊医改法案分别在众议院和参议院获得通过。

2. 美国医疗保险制度的内容
总体上看,美国医疗保障制度实行私人商业社会医疗保险与社会医疗保险相结合的办法。私人商业社会医疗保险成为美国整个社会医疗保险的主体,它由企业与职工共同出资组成,向社会医疗保险公司集体购买,政府免征社会医疗保险金所得税及社会保险税。而社会医疗保险主要包括"medicare"及"medicaid"两部分,前者为 65 岁以上老年人提供"medicare",而后者则向穷人和残疾人提供"medicaid",所需费用基本上由财政承担。由此可以发现,整个美国社会医疗保险制度所需要的资金绝大部分由政府的税收负担。

3. 美国医疗保险制度的问题与改革

美国所实施的医疗保险制度直接导致美国成为全球医疗费用最昂贵的国家,除了医疗费用不断上涨居高不下之外,美国的医疗保险制度的覆盖范围也为人诟病,美国作为世界上最发达的国家,本国居民却只有 27.8% 的人能享受到政府提供的医疗保险,有高达 15.3% 的居民没有任何医疗保险。为了弥补制度上的缺陷,美国开始了医保制度的改革。美国的医疗改革具有其特有的复杂性,在长达 30 多年的时间里,美国经历了 7 届总统,他们试图进行多次医疗保险制度的改革,但都因为各利益集团内的政治斗争而作罢。奥巴马政府上台后对美国医疗保险制度进行新一轮的改革,2012 年 6 月,奥巴马医疗保险改革通过最高法院批准得以进行。

改革内容:①控制医疗费用的上涨;②强调疾病预防和门诊服务;③增加筹集渠道;④增加医疗保险制度的覆盖率。

四、储蓄医疗保险模式

储蓄医疗保险模式是依据法律规定,强制性以家庭为单位储蓄医疗基金,通过纵向逐步积累,以解决患病就医所需要的社会医疗保险基金。

代表国家:新加坡、马来西亚、印度、印度尼西亚。

(一)概述

1. 储蓄医疗保险模式的特点

1)储蓄医疗保险制度筹集社会医疗保险基金,既不是强制性地纳税,也不是强制性地缴纳保费或自愿购买社会医疗保险,而是根据法律规定,强制性地储蓄社会医疗保险基金。

2)前 3 种社会医疗保险模式都是横向筹资,通过参保人群的统筹共济来分担疾病风险。而储蓄医疗保险是以家庭为单位纵向筹资,储存一定数额基金,延续使用,缓解疾病风险。

3)横向筹资一般为现收现付制,没有积累,而纵向筹资可以逐步积累,具有独特的优点。

2. 储蓄医疗保险模式优点

1)以个人责任为基础,强调个人通过纵向积累支付医疗费用,由于合理高效地使用社会医疗保险资金及卫生资源有较强的推动作用,有利于增强个人的费用意识,减少浪费。

2)公平与效率结合,效率最高。

3)多元化和合理的筹资机制,实现基金的纵向积累,避免代际之间的矛盾。

3. 储蓄医疗保险模式缺点

1)过分强调效率,忽视了公平,对低收入者或没有收入的人来说,往往得不到医疗保障或保障水平很低。

2)基金不能实现社会成员之间横向互助共济,以共同分担疾病风险。

(二)典型国家:新加坡

新加坡实行的社会保障制度,是以中央公积金制度为主体的社会保障制度。它规定雇主和雇员必须以雇员的薪金为基数,按照法定的公积金缴纳率(目前为雇主和雇员各 20%),将公积金存入雇员和公积金账户,以作为雇员养老、住房、医疗、保险、教育等方面的支出。在此基础上,新加坡形成了独特的医疗保障制度。

1. 新加坡医疗保险制度的建立与发展

1955 年,新加坡通过了《中央公积金法》,开始实行以强制性个人储蓄为主的中央公积金制度。制度设计最初的目的是用于养老,使其雇员在不能继续工作时得到经济保障。在中央公积金制度运行很长时间后,20 世纪 90 年代,中央公积金制度从单一老年经济保障功能向多功能转化。医疗保障计划在这个时候进入中央公积金制度。1984 年,中央公积金局退出了全国性的医药储蓄计划——保健储蓄计划(medisave)。1990 年 7 月,中央公积金局实施了具有社会统筹性质的健保双全计划(medishield),又称大病保险计划。1993 年,中央公积金局推出了保健基金计划(medifund),属于保健计划体系的最后一道安全网。新加坡就此建立一个较为完善的医疗保障制度。

2. 新加坡医疗保险制度的内容

保健储蓄计划(medisave):保健储蓄计划是中央公积金制度中最主要的组成部分,在 1984 年被提出,并因此设立了会员的保健储蓄账户,会员把个人收入的一部分存入保健储蓄账户,可以为会员个人或直系家庭成员支付医疗费用。年龄在 35 岁以下的会员,每月拨至保健储蓄账户的公积金等于其月薪的 6%;年龄在 35~44 岁和 45 岁以上者,这一比例分别提高至 7% 和 8%。55 岁以下的会员,保健储蓄存款顶限是 2 万新元,超出这一顶限的存款将存入其公积金普通账户内。年满 55 岁的会员可提取公积金存款,但必须保留 1.5 万新元在保健储蓄账户内。1992 年,新加坡退出自雇人员保健储蓄计划,这个计划规定年收入在 2400 新元的自由人员需缴纳其净收入中固定比例作为保健储蓄,用于支付医疗费用。

健保双全计划(medishield):健保双全计划是一项重病医疗保险计划,会员可以以公积金保健储蓄账户上的存款投保,在会员患重病或长期住院时提供医疗费用。大约有 87% 的公积金会员参与健保双全计划。

保健基金计划(medifund):保健基金计划是政府为无力参加保健储蓄计划和健保双全计划的公民提供的一项医疗救助计划。政府设立专项医疗基金,政府注入 2 亿新元作为本金,并规定在预算允许的情况下可以向基金注资。基金的利息收入被用来帮助因贫困而无力支付医疗费用的公民。患者使用基金需向公立医院中政府指定的医疗基金委员会申请。

乐龄健保计划(elder shield):乐龄健保计划主要为需要长期护理的严重残疾人士提供基本财务保障。公积金会员并且年满 40 的新加坡公民自动划入乐龄健保计划受保,保费可选个人保健储蓄账户扣除或者其亲属保健储蓄账户扣除,也可以现金缴纳。会员可以使用乐龄健保计划支付一些护理费用。乐龄健保计划现包括两个计划:一个是 2002 年 9 月开始的,每月提供 300 新元,最高提供 60 个月的"乐龄健保 300"计划;另一个是 2007 年开始的,每月提供 400 新元,最高提供 72 个月的"乐龄健保 400"计划。

3. 新加坡医疗保险制度的问题

新加坡的中央公积金制度实现了人人享有基本医疗保障的目标,通过强化个人缴费意识,较好地控制了医疗费用的快速增长。但是个人缴费不能在社会范围内进行二次分配,社会互济性不高,无法实现风险共担的目的。

五、其他多元保险模式

(一) 中国"统账结合"式社会医疗保险模式

中国的社会医疗保险模式是社会型社会医疗保险和储蓄型社会医疗保险结合而成,由个人、雇主、政府三方出资,建立社会统筹账户的同时建立个人账户,公民所交社会医疗保险费一部分进入社会统筹实现互助共济的目的,另一部分则进入个人账户为公民个人所有,以实现积累的作用。简单地说,中国社会医疗保险模式是部分积累制社会医疗保险模式。

（二）印度医疗保障体制

印度的医疗保障体制具有一定的特色，除"国家雇员社会医疗保险计划"、"中央政府社会医疗保险计划"外。还推行了3种社会医疗保险。其特点是十分注重覆盖弱势群体，目的是将绝大多数人都纳入社会医疗保险之中。但印度经济仍处于较低水平，医疗保障制度力度相对较低。其筹资以一般税收为主，主要用于支持疾病控制、妇幼保健和基层医疗机构提供的基本医疗服务方面。

（三）泰国全民性医疗保障制度

泰国通过公费医疗、免费医疗、学校健康保险和老人免费医疗等方式，建立覆盖全民的医疗保障体系；此外政府还设有农村"健康卡"制度、"30铢人人健保"计划、"低收入者免费医疗项目"等公共医保制度，通过不断完善医疗救助和公共社会医疗保险，基本上覆盖了全体国民。

（四）巴西"统一医疗体系"

巴西建立了"统一医疗体系"，实行以全民免费医疗为主、个人社会医疗保险为辅的医疗制度；成立由各个行业医疗保险构成的社会医疗保险管理机构，专门负责正规部门就业人员的社会医疗保险管理；同时，巴西还有私人社会医疗保险公司作为统一卫生体系的补充。提供完全市场化运作、按照疾病风险收取保费、覆盖 SOS 短缺的服务，巴西人都能享有基本的医疗服务。

第二节　各国社会医疗保险体系构成比较分析

由于政治、经济、文化、历史的不同，各国医疗保险制度也体现出不同的特点，这些特点体现了该国特殊的国情。

一、针对不同收入人群的设计

（一）针对全体国民的医疗保险制度

1. 英国

英国实行全民医疗保障制度，在制度设计之初，在贝弗里奇发表的《社会保险及相关服务》中，贝弗里奇将医疗保障看作保护和维持人们的工作与收入能力的手段，主张国家补贴加上固定比例的社会保障缴费作为资金基础。贝弗里奇的主张得到了英国民众的支持，因此，英国议员不得不通过《国民医疗服务法》，向全民提供免费的医疗制度，医疗保险覆盖全体国民，不以收入为基础，而以需要为基础。

2. 新加坡

新加坡的储蓄医疗保险模式包含3个部分，它们分别将不同层次的公民包括在内，通过保健储蓄计划和健保双全计划，雇员及其家人的医疗费用问题得到保障，通过健保基金计划，新加坡低收入的贫困者在患病时可以得到政府的援助。

（二）针对劳动者设计的医疗保险制度

1. 德国

德国的医疗保险制度在设计之初有着强烈的政治基础。19世纪，工业革命开始后，德国工人阶级日益壮大，随着德国工人数量的大量增加，社会矛盾凸显，工人运动高涨，加上1873年经济危机的刺激，当时执政的俾斯麦政府实行了"胡萝卜加大棒"政策。在残酷镇压德国社会民主党的同时,德国在1883年颁布《疾病保险法》,法律规定,所有从事工业活动的工人一律实行强制性疾病社会保险,保费由雇主和工人支付,雇主支付1/3,工人支付2/3,参加疾病社会保险的工人免除医疗费和药品费。俾斯麦政府企图通过这种方式缓解工人运动带来的危机,赢得了工人阶级对国家政权的支持。

德国的医疗保险体系由法定医疗保险和私人医疗保险构成,法定医疗保险由国家立法强制实行,年收入在49 500欧元以下的公民强制参加法定医疗保险,按照工资的百分比进行缴费,缴费率为15.5%,其中雇主承担7.3%,雇员承担8.2%,法定医疗保险覆盖了88%左右的人口。年收入在49 500欧元以上的高收入者、自雇者及相关公务人员等,可以选择私人医疗保险参保,这部分人口占德国总人口的10%左右。还有2%左右的人口,包括警察、士兵、服兵役者和享受社会福利者,对他们实行免费医疗。

2. 中国

中国的医疗保险制度最初是模仿前苏联而设立的面向劳动者的医疗保险模式,新中国成立后,国家制定两种制度:公费医疗和劳保医疗。公费医疗面向国家机关、事业单位;劳保医疗面向企业。1951年,国务院发布《中华人民共和国劳动保险条例》,标志着劳保医疗制度的确立,劳保医疗覆盖一切企业,包括国营、公私合营、私营,以及合作社经营的工厂、矿场及其附属单位,后来又扩大到铁路、航运、邮电、交通、建筑等行业。1952年,国务院发布《关于全国各级人民政府、党派、团体及所属事业单位的国家工作人员实行公费医疗预防的指示》,适用于各级政府、党派、工青妇等团体,各种工作队及文化、教育、卫生、经济建设等事业单位的国家工作人员和革命残废军人。从这两个条例中不难看出,在计划经济的时代,中国的医疗保险主要面向有收入的劳动者。

(三) 针对高收入人群及老年人、穷人、残疾人的医疗保险制度

美国的商业医疗保险制度面向高收入人群的高医疗服务需求。而美国的社会医疗保险最初是借鉴19世纪末英国医疗保障制度的模式逐步建立起来的,但是那时公共卫生只覆盖城市居民。1965年1月美国出台了针对老年人的《医疗照顾及援助法》,也就是现在人们通常所说的"medicare"与"medicaid"。前者规定了65岁以上老年人在生病期间可享受"90天的住院服务"及"100天的院外服务"等,而后者主要向穷人及残疾人提供必要的医疗救助。

二、政府在社会医疗保险中的责任

4种模式的医疗保险制度都有政府的参与,不同的是政府的责任不同。

实行国家卫生服务制度的国家,政府的责任有:①制定医疗保险制度长远规划,制定医疗卫生服务预算;②筹集与分配医疗卫生资金与资源;③制定医疗卫生政策;④监督职能;⑤行政管理职能。

实行社会医疗保险制度的国家,政府的责任有:①立法职能;②筹集医疗保险基金;③监督社会医疗保险经办部门。

实行商业医疗保险制度的国家,政府的责任有:①监督医疗保险市场良好运行;②管理保险业。

实行储蓄医疗保险制度的国家,政府的责任有:①筹集与分配医疗保险资金;②对资金进行投资,以保值增值;③管理职能。

三、医疗保险的功能分析

(一) 互助功能

英国的医疗保险制度通过收取社会保险税而筹集资金,政府利用筹集来的资金向医疗机构购买医疗卫生服务,凡居住在英国的居民都可以到这些医疗机构,只需提供一点点的处方费,就能享受到

全部的基本医疗服务。由于英国医疗保险制度筹资的普遍性,英国医疗保险制度表现出相当大的互助共济性,也体现了社会公平。

德国的法定医疗保险,缴纳保险费的依据是个人收入,德国的社会保险费由雇主和雇员共同承担,各自负担50%的费用,政府给予适当补贴。德国的医疗保险制度是一人参保,全家受保。高收入者缴纳比低收入者多的费用,如果收入超过一定标准则可以选择参加私人医疗保险,而收入低于一定标准时,由雇主缴纳全部费用。对于退休及失业人员,由养老基金和失业保险承担这部分费用。德国多方筹资的医疗保险制度较好地实现了互助共济的目标。

新加坡实行的是强制储蓄型医疗保险模式,由于这种模式属于自己储蓄自己消费,与旁人无太多关联。新加坡政府过于重视个人责任导致医疗保险制度的互助性无法得到体现。一些学者甚至认为,从互助的层面看来,新加坡的强制储蓄制度并不是真正的医疗保险制度。

美国由于其商业医疗保险模式,政府不干涉医疗保险市场的运作只进行监督,商业保险公司承担了医疗保险的全部内容,而政府承担了医疗救助的内容。将医疗保险交予市场运作的结果就是美国与新加坡一样缺乏医疗保险制度的社会互助共济性特征。

(二) 积累功能

英国和德国在制度上表现出互助有余而积累不足,近年来,世界各国的医疗费用纷纷出现上涨过快,收支不能保持平衡的问题。这一问题出现的原因之一就是这些国家都采用了现收现付的筹资模式。现收现付是指政府根据以往经验对当期所需医疗保险费用进行预测,以预测的医疗保险费用作为当期医疗保险税(费)的依据,以支定收,满足短期横向收支平衡的筹资模式。横向收支平衡的特征表明了这两个国家在医疗保险资金积累方面的不足,也是这两国目前改革的焦点之一。

新加坡采用完全积累式筹资模式,这种模式根据一些标准如退休率、失业率、患病率对医疗保险费用的支出做出一个长期的预测,通过一定计算方法按比例将长期支付费用分摊到各期,以实现资金长期纵向平衡的目的。这种模式保持了医疗保险基金的长期平衡,在抵御老龄化风险时能起到较大的作用。

(三) 费用分担

英国医疗保险筹资主要来自国家税收,占到医疗保健费用的84.9%,其次来自政府补贴,社会保险基金补贴占11.5%,自认负担仅占2.9%。德国医疗保险费由雇主和雇员各自承担50%,加上政府适当的补贴。新加坡医疗保险资金来源于个人的储蓄及政府的补贴。

(四) 降低医疗费用

医疗保险制度存在的目的之一就是降低医疗费用,减轻公民看病负担,在英国,居民看病仅需支付少量的处方费就能享受到免费的基本医疗服务;德国通过改革支付制度,建立起门诊按人头付费,住院总额付费的制度,有效地降低了医疗费用,减少了过度医疗,降低了医生道德风险。美国无法控制其医疗费用的上涨,成为世界上医疗费用最昂贵的国家。

第三节　不同模式社会医疗保险的比较分析

一、不同模式社会医疗保险的理论分析

西方社会保障制度在发展的过程中,不同流派的理论在不同的时期均起到了不同的作用。西方

社会保障制度的发展见证了西方社会保障思想市场学派与政府学派兴衰交替的过程,即自由放任主义与国家干预主义。通过各国发展的经验来看,社会保障与市场,社会保障与政府的关系都是紧密不可分割的,社会保障制度的发展,一定离不开政府的调控,但在处理政府与市场关系的问题上,各国政府参与的力度不同,采用不同的路径,这是由于各国国情不同。这些理论同样适用于医疗保险制度。

(一) 福利经济学

1920 年,英国经济学家庇古出版了《福利经济学》一书,他认为,国民福利是可以计算的,他强调国民收入总量越大,福利也越大;收入越平均,福利也越多。经济政策的目标在于是社会福利的总和极大化。庇古主张实行累进税,实现国民收入的再分配,把富人缴纳的一部分税款转让给低收入者,实行收入相对均衡。福利经济学尽管主张政府在社会保障中发挥作用,但其理论仍然建立在自由放任的基础之上,政府的作用也仅限于税收和补贴。庇古的理论主张有以下几点。

1) 增加必要的货币补贴,改善劳动者的劳动条件,使劳动者的患病、残疾、失业和养老能得到适当的物质帮助和社会服务。

2) 向收入高的富人征收累进所得税,向低收入劳动者和丧失劳动能力者增加失业补助和社会救济,以实现收入的均等化,从而增加普遍的福利效果。

3) 实行普遍社会保障制度,或按最低收入进行普遍补贴的制度,通过有效的收入转移支付实现社会公平。通常认为,卡尔多、希克斯、勒纳、西托夫斯等建立在帕累托理论基础上的福利经济学称为新福利经济学。

1942 年,威廉·贝弗里奇受英国政府的委托研究社会保险事宜,并发表报告——《社会保险及相关服务》。该报告主张收入均等化,通过不同阶层的税收差别进行收入再分配;主张国家福利,建设高福利国家。

1948 年,英国宣告建成世界上第一个"福利国家"。此后北欧国家瑞典、丹麦、挪威及法国、联邦德国、奥地利、比利时、荷兰、瑞士、意大利等纷纷效仿,建立各自的福利国家。美国、澳大利亚、新西兰和日本也借鉴了福利国家的思路。

(二) 凯恩斯主义

20 世纪 30 年代,资本主义国家的经济危机给自由主义经济下的传统福利理论带来了巨大冲击。1936 年,凯恩斯出版了《就业、利息和货币通论》。凯恩斯主义奉行政府干预市场运行政策。凯恩斯认为,一个国家的生产和就业状况主要取决于有效需求,但是由于三大心理规律的作用,会经常出现有效需求不足,从而导致经济危机与失业的发生,因此,国家必须对自由市场经济进行干预,运用财政政策,通过财政资金的流向引导市场需求。

凯恩斯主义提出均衡器的观念,改变了西方经济学的蓝图,也塑造了西方国家经济的基本制度。改变了自由主义在西方国家的地位。西方经济理论也向凯恩斯主义靠近,代表人物有米勒·阿尔马克和路德维希·艾哈德等的"社会市场经济"思想及其随后在德国的实践。

(三) 自由主义

自由主义分为古典自由主义与新自由主义。古典自由主义代表人物为亚当·斯密,亚当·斯密的书《国富论》中主张政府退出市场,经济市场应该自由竞争。这一理论为美国社会保障制度提供了依据。

伴随着理论领域的凯恩斯危机及实践领域的西方社会保障制度危机,新自由主义在 20 世纪七八十年代重新抬头,在撒切尔政府与里根政府的经济政策和社会福利实施方案上,都强调以市场自由经济为主导,放弃国家干预。正因为如此,有的学者认为,新自由主义从根本上说是亚当·斯密的经济观和穆勒等的政治理论的一种综合。

新自由主义的代表有现代货币主义、社会市场经济学派、公共选择学派等。他们认为社会保障破坏了市场机制的功能,严重影响了自由竞争的市场秩序,因此反对"福利国家"主张社会保障的市场化、私人化、多元化。在国家上以美国为代表,美国政府在社会保障中承担了救助与福利的责任,但是在社会保险领域以市场运行为主。

(四) 新历史学派

新历史学派起源于19世纪的德国,是德国社会保障制度建立的思想基础。其代表人物有施穆勒、布伦坦诺等,新历史学派主张国家干预经济,劳资合作和推行社会保险,缩短劳动时间,改善劳动条件,主张国民经济学,保护和发展自己的民族经济学。新历史学派既反对亚当·斯密经济自由主义,也反对社会主义和共产主义,因此得到德国当时政府首脑俾斯麦的认同,进而该学派主张被政府采纳,成为德国实施社会保障的理论依据。

(五) 激进主义

激进主义学说的学者认为,政府承担过多的责任是导致经济发展效率缓慢的原因,他们主张强调个人责任,社会保障应采取个人积累制度,企业和个人承担保险费用,而政府在缴费中不负担责任。新加坡的强制储蓄型医疗保险是激进主义在医疗保险制度上的体现。

二、不同模式社会医疗保险的特点分析

不同的医疗保险制度模式有其各自独特的特点,这些特点细化后主要表现在体系结构、融资模式、保障范围、享受条件、费用支付及政府责任上。

(一) 融资模式

现收现付制(pay as you go):现收现付制是指国家不考虑长远资金积累,只考虑基金短期横向平衡,在对本年资金支出进行测算后确定一个合适的费率收取社会保险税(费),是一种以支定收的融资模式。主要特点是保持短期平衡,公平性高,但是没有纵向积累难以解决人口老龄化难题和代际矛盾。目前包括英国和德国在内的大部分国家采用这种融资模式。英国通过收取社会保险税建立医疗保险基金,而德国则采用雇主与雇员各承担50%的比例分摊社会保险费。

完全积累制:完全积累制是指国家通过一些指标,如退休率、患病率、通货膨胀率等,测算出一个长期费率,并按一定比例分摊到各个缴费期,实现基金长期纵向平衡的目标的一种融资模式。特点是纵向平衡,效率高。但是受资本市场的影响较大,面临保值增值的问题。完全积累制多与储蓄医疗保险制度相配套。

部分积累制:是现收现付制和完全积累制两种制度的结合,也就是说,既有现收现付的部分,也有完全积累的部分。国家建立个人账户和社会统筹账户,当年收缴的基金一部分存入个人账户实行完全积累,另一部分存入社会统筹账户实行现收现付制度,以确保在保持短期平衡的同时能有长期的积累基金。

(二) 享受条件

在国民卫生服务体系中,在英国有居住权的人,包括英国本国公民、来自欧洲的大部分国家的外国公民及其他加入"医疗互惠国"的公民都可以注册成为NHS体系的患者。对于来自非"医疗互惠国"的人,只有被批准在英学习或者居住6个月以上的人及其亲属才能注册。注册成为NHS系统的

患者以后,就可以享受低收费的医疗服务了,只需在就医时提供处方费。

(三)保障项目

1. 英国

英国的医疗保险制度(NHS)分为3个部分:初级卫生保健制度、二级保健体系、三级医疗体系。

门诊服务,这个体系是NHS的主体,提供的医疗服务包括常见病的治疗、健康宣传、社会预防、家庭护理,甚至一些特殊的保健服务如戒毒与戒酒。门诊服务由全科医师(general practitioner,GP)提供,全科医师在NHS的体系中充当"看门人"的作用,90%的人在基层医疗服务体系接受诊断和治疗,不需转诊到二级机构。

二级保健体系:有不到10%的服务转到医院服务系统。可选择的保健服务有NHS计划中的专科医疗服务或者手术服务,患者通常经由初级卫生保健或社区卫生服务的专业人士转诊而来。二级医疗保健服务是由综合性急性病NHS托拉斯(大约200个)、小规模的社区医院(大约400个)和高度专业化的三级医院提供。

三级医疗服务:指临床某专业内用来解决特殊疑难、复杂问题的专家服务。英国的三级医院指专科医院,主要解决专科内的疑难医疗问题,而不是按规模划分,也不负责一般医疗。有些规模较大的医院也设有三级医疗专家服务,这些医院称为综合医院。

2. 德国

门诊服务和医院服务严格分离,医院几乎不提供任何门诊服务。门诊服务通常由私人诊所的医生(全科或专科)提供,基金组织以按人头费的方式支付给医生协会,再由医生协会按照事先制定的统一计值标准和其他规定向其成员进行支付。

医院住院服务由公立医院和私立医院共同提供,运营费用以总额预算的形式进行支付,预算由疾病基金组织与医院谈判后确定。某些服务项目需由个人自付费用,但分摊的费用一般不高,如眼镜等。

3. 美国

medicaid(医疗救助):联邦政府和州政府对低收入人群、失业人群、残疾人群提供各种特别医疗项目。资金来源于政府的一般税收,由联邦政府支付55%、州政府支付45%共同资助,对低收入居民实行部分免费医疗。服务项目包括门诊、住院、家庭保健等。有的州、市还提供药品、配眼镜、助听器等十多个项目的医疗资助。全国每年约有3000万人受益。

medicare(医疗照护):该制度是对65岁以上及65岁以下因残疾、慢性肾炎而接受社会救济金的人提供医疗保险。保障的范围包括门诊及住院医疗费。受益人群约占美国人口的17%。medicare包括医院保险(HI)、补充医疗保险(SMI)两部分。

工伤补偿保险:各州普遍实行基本社会保险计划,雇主必须为雇员向保险公司购买工伤保险。当工人因工伤事故而致残与损伤时,由保险公司支付治疗期间的工资和全部或部分医疗费用。

少数民族免费医疗:享受对象为印第安人和阿拉斯加少数民族,有100多万人。全国有50所专门医院为少数民族提供医疗服务。

军人医疗计划:由联邦政府向所有现役军人、退伍军人及其家属提供的特别医疗保障项目,由专门的军队医疗网络系统提供服务。

4. 新加坡

medisave(保健储蓄计划):核心。新加坡是第一个实施medisave的国家。它是一项全国性的医疗储蓄计划,相当于我国的城镇在职职工基本医疗保险基金,将员工每月的部分收入按不同比例储存起来,用来支付户主或其直系亲属的某些医疗费用,该计划使一般疾病的治疗费用得到解决,但对大病补偿能力有限。

medishield(健保双全计划):重病保险。medishield 设于 1990 年,目的是弥补 medisave 的不足以应付重病患者医疗费用的缺口,确保投保人在患重病或长期疾病时能应付庞大的开销,有效解决了居民大额医疗费用问题。

medifund(保健基金):贫困国民。medifund 设于 1993 年,是一项由政府出资设立的保健信托基金,实质是通过政府"买单"为贫病者提供"安全网",对解决贫困人群的医疗问题起了积极作用。

(四)医疗服务

预防服务:英国地方卫生管理机构会合社保部门和全民医疗服务体系下的医务人员,负责公共卫生保健和社区医疗服务。全科医生作为家庭医生与投保者联系相当紧密,在预防方面起到关键作用。德国预防医疗服务由私人开业医生提供,私人开业医生与住院医生严格分离,不允许交叉提供服务,德国没有初级医疗转诊限制,患者有择医的自由。

治疗服务:英国的治疗服务由全科医生提供初级医疗服务,由专科医生承担专科和住院医疗等二、三级医疗服务。德国治疗服务由私人开业医生和门诊医疗及医院提供。

康复服务:英国的康复服务交予社区全科医生负责,德国康复服务交予私人开业医生负责,美国与新加坡由私人医疗机构负责。

(五)政府责任

在医疗保险发展的过程中,关于政府与市场的关系一直都存在着两种不同的声音,政府主导型和市场主导型。医疗保险的发展与政府的参与有着直接的关系,政府在医疗保险中的参与度不同,形成的医疗保险制度不同。下面以政府在医疗保险制度中的参与度为标准,对各个国家医疗保险制度分类。

1. 政府在医疗保险中几乎不发挥作用

美国:美国的医疗保险制度由两个部分组成,一部分是商业医疗保险即美国医疗保险的主体,这部分保险覆盖了美国大约 57% 的人口,美国政府在商业医疗保险里的作用仅仅是监管,并不参与制度的建设与实施。商业保险的一切事务属于私营机构的业务范围,医疗属于个人行为,医疗服务主要是私人供给方式,所需要的资金大部分来源于向私人保险公司缴纳的保费。强调个人责任和市场作用的发挥,反对国家和政府的干预,认为这弱化了个人责任,催生了懒惰和依赖心理。美国医疗保险制度另一个组成部分是政府制定并实施的社会医疗保险,这部分内容包含了大约 27.8% 的人口,由于针对老年人和残疾人、穷人而更像是医疗救助。美国的联邦政府和州政府联合管理保险业,州政府制订具体的医疗保险政策及医疗服务和医疗保险必须覆盖的特殊项目,由于政府介入的 medicare 和 medicaid 制度更像医疗救助且覆盖面较小,因此认为,美国政府在它的医疗保险制度领域基本不承担责任。

2. 政府在医疗保险中与个人责任分担

新加坡:新加坡的中央公积金制度更注重个人责任,强调个人在医疗服务领域里的主体地位,同时新加坡政府承担一定的责任,但是政府承担的责任小于个人责任。新加坡政府认为,在医疗保障作用的分配中,政府必须保证为国民提供基本的医疗保障。同时,必须在一定程度上引入市场竞争机制,让私人机构加入医疗保障体系。新加坡政府高度重视医疗保障体系的建立,强调政府和个人的责任,医疗费用由个人和政府共同负担。在新加坡的医疗保险制度中,政府的作用是制定公积金制度,收取公积金并对公积金里的资金进行保值增值,同时对制度的运行进行监督。

德国:德国医疗保险模式是双轨并行,法定社会医疗保险与商业医疗保险并行,不分轻重。在法定社会医疗保险的部分,德国从 19 世纪后半期就开始了由国家来承担医疗卫生服务的进程,国家社会医疗保险的覆盖面逐渐由工业扩大到其他行业,德国对于法定医疗保险进行调控的权利相对较大,不仅对法定医疗保险做了制度上的框架,此外,在整个德国范围内签约医生的需求计划、开设诊所的数量及各个州的公立医院计划也都在国家的控制范围之内。

3. 政府在医疗保险中负大部分的责任

英国:英国实行全民免费的国家卫生服务模式,政府直接举办医疗卫生事业,凡英国居民均可享受国家医院的免费医疗。英国政府设立保险机构,制定医疗保险政策,对医疗保险制度的实施进行监督,向公立医院支付医疗服务费用,制定相关法律等。政府提供卫生保健经费,政府统一管理卫生保健事业,英国的医疗保险制度带有相当大的政府垄断性。相比较而言,英国政府在医疗保险领域内承担了较大的责任。

三、经济效应比较分析

(一) 医疗保险水平比较

研究医疗保险制度的一个重要维度就是医疗保险水平,在当今全球医改的大环境下,各个国家都在积极寻找最优的医疗保险模式,目的就是提高医疗保险水平,提高居民的医疗保障水平。医疗保险水平指标包括投入比较、支出增长率比较。

(二) 卫生投入比较

根据 2013 年英国、德国、美国和新加坡 4 个国家的卫生投入数据,由表 3.1 可知,新加坡医疗总费用占 GDP 比例最少,为 4.7%,其次为英国 9.4%,然后是德国 11.3%,医疗总费用占 GDP 比例最大的是美国,达到 18%。其中,公共医疗卫生支出占政府支出最多的是美国,其次是德国、英国、新加坡。公共医疗卫生支出占医疗总支出比例最多的是英国,其次是德国、美国、新加坡。个人自付占个人医疗卫生支出比例最大的是新加坡,达到 94%,几乎全部自付,英国与德国自付支出占医疗卫生支出比例相当,而美国最低。但是美国人均卫生费用在全世界范围内属于最高。由此表可以得出结论:美国的医疗保险模式无法达到控制费用的目标,而新加坡虽然人均医疗费用较低,但几乎由个人支付,无法达到医疗保险公平的目标,英国与德国表现适中,是目前比较推崇的医疗保险模式。

表 3.1 四个典型国家 2013 年卫生投入比

指标	英国	德国	美国	新加坡
人均 GDP/美元	39 337	45 085	53 143	55 182.5
GDP/亿美元	25 214	37 303	167 681	2 979
医疗总费用/亿美元	2 379	4 198	30 030	140
人均医疗支出/美元	3 647	4 683	8 895	2 426
医疗卫生总支出(占 GDP 比例)/%	9.4	11.3	18	4.7
公共医疗卫生支出(占政府支出的百分比)/%	16	19	20	11
公共医疗卫生支出(占医疗总支出比例)/%	83	76	46	38
个人自付(占个人医疗卫生支出百分比)/%	57	51	21	94

注:表中单位为现价美元

资料来源:www.worldbank.org

(三) 医疗保险支出增长率比较

1. 卫生总支出占 GDP 比例增长比较

4 个典型国家卫生总支出占 GDP 比例增长比较见表 3.2。

表 3.2　2009~2013 年 4 个典型国家医疗总费用增长情况

年份	英国		德国		美国		新加坡	
	GDP/亿美元	医疗总费用占 GDP 比例/%	GDP/亿美元	医疗总费用占 GDP 比例/%	GDP/亿美元	医疗总费用占 GDP 比例/%	GDP/亿美元	医疗总费用占 GDP 比例/%
2009	22 080	8.96	34 128	10.7	144 187	16.54	1 924	4.0
2010	22 955	9.91	34 120	11.76	149 644	17.71	2 364	4.48
2011	24 625	9.55	37 521	11.55	155 179	17.66	2 741	4.15
2012	24 618	9.42	35 332	11.33	161 632	17.68	2 869	4.19
2013	25 214	9.44	37 303	11.28	167 681	17.91	2 979	4.65

注:表中单位为现价美元

资料来源:www.worldbank.org

2. 公共卫生支出占 GDP 比例增长比较

4 个典型国家公共卫生支出占 GDP 比例增长比较见表 3.3。

表 3.3　2009~2013 年 4 个典型国家公共卫生支出占 GDP 比例　　（单位:%）

年份	英国	德国	美国	新加坡
2009	7.3	8.2	7.6	1.2
2010	8.2	9.0	8.4	1.6
2011	8.0	8.9	8.4	1.4
2012	7.8	8.7	8.5	1.4
2013	7.8	8.6	8.3	1.7

注:表中单位为现价美元

资料来源:www.worldbank.org

3. 个人自付医疗费用增长比较

4 个典型国家个人自付医疗费用增长比较见表 3.4。

表 3.4　2009~2013 年 4 个典型国家个人自付医疗费用增长情况　　（单位:%）

年份	英国个人自付的医疗卫生支出(占总医疗卫生支出的百分比)	德国个人自付的医疗卫生支出(占总医疗卫生支出的百分比)	美国个人自付的医疗卫生支出(占总医疗卫生支出的百分比)	新加坡个人自付的医疗卫生支出(占总医疗卫生支出的百分比)
2009	10.8	12.1	12.4	66
2010	9.9	11.8	12.0	62
2011	9.4	11.9	11.7	63
2012	9.8	12.0	11.5	63
2013	9.9	12.1	11.1	59

注:表中单位为现价美元

资料来源:www.worldbank.org

　　总体来看,英德两国在政府投入上有小波动但基本保持平稳,个人自付也基本在 5 年内持平;而美国与新加坡在政府投入方面在波动中保持增长,个人自付在不断降低。表明美新两国政府目前致力于增加政府在医疗卫生事业中的投入,减少个人自付比例。

四、对模式比较的总结

根据对4个医疗保险模式下的典型国家进行分析发现，从覆盖范围上说，在以英国为代表的国家卫生服务模式下，医疗保险可以覆盖全体国民；以德国为代表的社会医疗保险模式也可以覆盖90%以上的国民；而以美国为代表的商业医疗保险模式和以新加坡为代表的储蓄医疗保险模式都强调个人的责任，覆盖率不高。从费用支出来说，国家卫生服务模式下的公民就医花费最少，但是社会保险税收也居高，社会医疗保险模式下的公民次之，储蓄医疗保险又次之，就医花费最高的当属商业医疗保险模式。从政府投入来讲，国家卫生服务模式与社会医疗保险模式政府的责任较多，而商业医疗保险与储蓄医疗保险模式政府仅起到监督与资金管理作用。

本章思考题

1. 简述国家卫生服务模式的优缺点。
2. 简述社会医疗保险模式的特点。
3. 简述商业医疗保险模式具体做法。
4. 论述现收现付制与完全积累制的区别。
5. 政府在社会医疗保险中的责任应如何界定？

【本章案例】

英国医药改革：倚重全科医生 防范过度医疗

1948年，英国在全世界率先实现全民免费医疗。其中，遍布基层各个社区的全科医生成为这一体系的"守门人"，也是保证体系得以顺利运行的基石。多年来，全科医生制度为英国培养出了一批高素质的医学人才，有效避免了"过度医疗"现象的发生。同时，针对系统运行中出现的效率偏低、患者候诊时间过长等问题，英国历史上规模最大的一轮医疗卫生系统改革正在酝酿之中。"培养全科医生，小病不出社区"。英国法律规定，凡是英国合法居民，均可就近在社区全科医生诊所注册。之后如果生病，患者便可前往相应诊所预约全科医生进行治疗。只有全科医生认为有必要时，患者才可转诊至医院接受进一步治疗。因此，英国的医院通常不设普通门诊部，只有急诊患者才可直接前往医院就诊。目前，全英国共有4万多名全科医生，平均每名全科医生服务1600个居民。全科医生不仅为社区居民提供初级卫生保健服务，也负责为患者选择就诊医院、科室及专科医生，向患者提供最合理、最有效的医疗卫生服务，从而提高了诊疗效率，减少患者因"乱投医"而浪费的时间。

正常情况下，一名医科学生完成5年本科学业后，还需在医院的各个科室轮训两年，然后再接受全科医生培训3年。经过10年的寒窗苦读和认真实践，准医生还需通过国家组织的全科医生资格考试，成绩合格者才能上岗执业。这一整套学习和实践过程培养出的全科医生的专业水平通常较高，从而确保了全科医生诊所的高质量运作。

"按人头拨款"避免过度医疗：《经济参考报》记者了解到，英国全科医生或称家庭医生有一半以上的收入来自政府固定的"人头拨款"。固定拨款意味着，家庭医生只有尽量节约使用医疗资源，才能节省开支，获得合理收益。因此，这种拨款方式从源头上避免了"过度医疗"现象，也促使家庭医生更加精心地组织和开展预防性保健、妇幼保健和其他日常公共卫生服务，杜绝形式主义。因为唯有如此，全科医生才能在"花小钱，付小力"的同时，既减少在其诊所注册民众患病的频率，又可以获得更多的收入。记者在走访几家英国全科医生诊所时看到，这些诊所里的设备比较简单，全科医生也十分"惜药"，对于普通感冒等小毛病，医生通常鼓励患者自然治愈，或只开一些简单的药物。另外，为了防止全科医生一味追求节约成本而牺牲服务质量，英国全民免费医疗体系还引入了竞争机制。政府允许民众在一定期限后(通常为一年)更换所注册的全科医生诊所或社区医疗机构。如果全科医生因为服务质量下滑而造成注册居民流失，该诊所获得的"人头拨款"也会相应减少，这是医生都不愿意看到的。

拓展阅读

环球时报：中美都医改，一个落实一个扯皮

全世界最困难的社会改革是什么？是医改。奥巴马2009年上台后，执政3年多，干的"最大一件事"就是医改。但直到今天，奥巴马的医改该不该落实，仍在烦琐扯皮。在与奥巴马执政并行的这段时间，中国干了被称为"新医改"的同样一件事。新医改方案2008年开始对社会征求意见，2009年正式启动。2009~2011年，中国向医改投入11 030亿元人民币，形成医保对广大农村地区及城市困难户的历史性覆盖。

在美国就是否应当医改做"车轱辘转"辩论的时候，从2009年至今，中国国务院医改领导小组开了至少十几次并非辩论、而是落实医改决定的会议。该领导小组有十几个部委负责人参加，能够形成让美国社会瞠目结舌的工作效率。13亿人口的大国能普遍推行现代医保制度吗？这是雄心勃勃的命题，但它的复杂性也足以令人望而生畏。新医改能在中国展开，不仅外国舆论没想到，中国舆论倒退几年也对此非常悲观。很多中国农民不相信自己这辈子能跟国家医保制度有缘。但短短3年里，奇迹在中国逐渐发生，医改在勇敢地面对一个又一个难题。这是中国整个改革事业的一个攻坚点，它的发展很可能会最终影响中国文化对生老病死的感受，改变中国人的大量观念和习惯。

医改不是最近几年中国"迸发力量"的唯一领域。中国的保障房建设2011年如期开工1000万套，5年时间建成3600万套的计划很有希望实现。此外中国九年制义务教育在农村实现完全免费，养老金今年内有望实现全民覆盖。这些改革的大手笔最近几年令人目不暇接。中国显然是个一旦确定目标，就有力量实现它的国家。汶川重建快得让世界不敢相信，日本福岛地震灾区的重建与之相比慢得就像蜗牛。尽管有人提出决策及落实速度快也有值得慎对之处，但它的好处显然是真实的，并且立竿见影。对中国"体制"的批判在西方舆论中越来越紧，并且影响了一部分中国人对自己国家的信心。西方政治制度成了这种舆论评价中国的唯一标尺，而且它量出的中国处处皆错。

西方很少有人对比中美医改截然不同的进展，西方舆论显然对中国人抱怨政府更感兴趣。他们把中国定义为"专制国家"，已经把我们看扁了。他们或许压根就没想过，中国政府这3年做了比奥巴马推销医改计划"更伟大"的事。外人看扁我们，我们自己切不可看扁自己。中国的"体制改革"这些年从没有停止，不断的改革在制造中国体制的巨大弹性和生命力。

医保"太仓模式"引发全国关注

2012年8月30日，惠及全国13亿百姓的国家医保新政出台。在此前一天晚上，江苏省太仓市居民王建刚家庭享受大病医保的事情上了央视《晚间新闻》；9月8~12日，深圳电视台记者去太仓，完成了大型纪录片《中国新医改》的拍摄和采访；9月11~14日，中央电视台《经济半小时》栏目组对太仓市大病医疗保险的"太仓模式"大病再保险项目进行专题采访；9月13~14日，央视财经频道上海站《经济信息联播》栏目组去太仓，就大病医疗保险的"太仓模式"大病再保险项目又进行了专题取景与采访。

在国家大病医疗保险新政策出台之前，中央和省市的部分媒体对太仓市大病医疗保险的"太仓模式"大病再保险项目已经给予了高度关注。2012年1月18日，《新华社内参选编》刊发了题为《江苏太仓创新举措破解群众"因病致贫"难题》的重要稿件；2月2日，《新华每日电讯》刊发了《太仓推大病医疗"再保险"》的重头消息；2月13日，新华社《江苏领导参考》第6期刊发了《医保"太仓模式"破解"因病致贫"难题》的重要稿件；8月14日，新华社江苏分社来太对大病医疗保险的"太仓模式"大病再保险相关政策措施及实施情况进行多种形式的采访；8月20日，国务院医改办公室医改三处田佑中副处长率领人民日报、新华社、中央电视台、中央人民

广播电台、经济日报、光明日报、中国经济导报、中国网、中国改革报 9 家中央级主流媒体的新闻记者代表团去太仓,就大病医保"太仓模式"也进行了集中采访。

随着宣传的深入,大病医疗保险的"太仓模式"也赢得了国家高层领导的关注与充分认可。2012 年 4 月 19 日,国务院医改办副主任徐善长来太仓考察指导后认为,太仓大病医疗保险的"太仓模式"大病再保险的创新实践,为我国大病保险制度设计奠定了基础。7 月 31 日,中国人保集团董事长吴焰来太调研后认为,太仓做法是打破城乡二元分割、实现城乡统筹、保障均等的创新之举,是政府职能与保险机制有机结合的创新模式。8 月 25 日,国务院医改办主任孙志刚专程去太仓实地考察了大病医疗保险的"太仓模式"大病再保险工作,他充分肯定了大病医疗保险的"太仓模式"的价值,认为太仓从基本医保统筹基金中拿出一部分资金进行大病保险的探索,很有价值、很有意义,在现有体制下,用这种办法解决了患大病发生高额医疗费用的问题,健全了全民医保体系,值得在全国推广。

2012 年 8 月,太仓首创的"太仓模式"大病再保险被引入国家医保新政,大病医疗保险的"太仓模式"也因此引发了全国关注。

1) "太仓"模式是如何运作的? 其优缺点如何?

2) "太仓"模式是否具有可持续性和可复制?

(刘 蓉 段明妍)

第四章
医疗保险立法实践的国际比较

我国自 1998 年开始实施全国城镇职工基本医疗保险制度改革以来,先后又启动和建立了农村新型合作医疗和城镇居民医疗保险制度。经过十多年的改革与发展,中国特色医疗保险体系框架基本形成,初步建立了由城镇职工基本医疗保险、城镇居民基本医疗保险和新型农村合作医疗 3 项制度为主体的城乡基本医疗保险制度,基本实现了对城乡居民医疗保险的覆盖。但我国医疗保险还没有形成具体可执行的法律体系。本章介绍了国际上关于医疗保险的法律实践及对我国医疗保险法律体系的借鉴意义。

第一节　医疗保险立法体系的建立

一、医疗保险立法体系建立的主要文献

1883～1889 年德国的《疾病社会保险法》、《意外事故保险法》和《老年与残障保险法》,1898～1910 年法国的《工伤保险法》、《养老保险法》和 1901 年瑞典的《养老和及疾病保险法》,1935 年美国的《社会保险法》,1927～1952 年国际劳工组织的《工商业工人及家庭保险公约》(第 25 号公约)、《医疗保健建议书》(第 69 号公约)、《医疗保健和疾病补助公约》(第 130 号公约)等,以上文献是医疗保险国际立法主要的里程碑。

(一) 德国的《疾病保险法》

在现代医疗保险法产生以前,早在中世纪的欧洲就出现了有关医疗互助的做法,当时为了防范疾病风险,手工业者自发地成立了"行会",由"行会"来筹集互助资金,对会员中患病者予以资助,以帮助他们渡过难关。随着工业化的推进,人们越来越重视互助对化解劳动风险的作用。至 18 世纪末、19 世纪初,这种"行会"互助在欧洲已相当普遍。现代意义的医疗保险立法首先诞生在 19 世纪末的德国。1883 年德国俾斯麦政府颁布的《疾病保险法》是世界上第一部疾病保险法,也是最早的一部社会保险法。该法开创了强制性医疗保险立法之先河,以强制性的方式要求工资收入低于一定数额的工人必须参加到医疗保险中。规定对全体工业劳动者统一实行疾病保险制度,医疗保险费按工资的一定比例支付,由劳动者缴纳 2/3,由雇主缴纳 1/3。德国是最早通过立法建立社会保障制度的国家,对于参加保险的劳动者,患病时医疗费和药费均实行免费制,医生与患者的关系是一种非金钱关系。

1884 年,德国又颁布《工伤事故保险法》,推行费用全部由雇主承担的工伤保险制度。1889 年,德国实施《养老保险法》,规定对 75 岁以上的工人及公务员提供养老金,费用由国家、雇主和雇工共同承担。

（二）继德国之后欧洲国家的医疗保险立法

继德国之后，许多国家也颁布了相关的立法，如奥地利、捷克于 1888 年，匈牙利于 1891 年，丹麦于 1892 年，比利时于 1894 年，卢森堡于 1901 年，挪威于 1909 年，英国、瑞士、爱尔兰于 1911 年，意大利、俄罗斯等于 1912 年，法国于 1928 年等都颁布立法实施了医疗保险制度。至 1935 年，通过社会立法建立疾病或生育保险项目在内的国家为 31 个。

法国于 1898 年制定了《工伤保险法》，给失业工人提供由雇主承担费用的工伤保险，不久，该项保险的范围扩大到商业雇员及林业人员。1910 年，法国又推行了《养老保险法》，费用由国家、雇主及雇工三方分担，要求年收入 3000 法郎以下者必须参加。1901 年和 1913 年，荷兰分别颁布《工伤保险法》和《疾病保险法》，要求雇工必须参加，津贴标准依物价水平而定。1898 年，意大利开始实施强制性工伤保险及老年和残废保险。1891 年，瑞典开始推行国家补贴、私人主办的自愿性疾病保险，1901 年正式颁布《养老和残疾保险法》，为 18~66 岁的工资劳动者提供保险。1892 年，丹麦实行《疾病保险法》，1898 年实行《工伤保险法》，1907 年又颁布了《失业保险法》。挪威也在 1890 年实施《疾病保险法》，1892 年颁布《养老保险法》，1894 年颁布《工伤事故保险法》。

（三）美国的《社会保险法》

美国在 1935 年制定了《社会保险法》，它在美国的历史上具有划时代的意义，对美国社会保障制度的建立产生了极为深远的影响。在所有立法中，美国《社会保险法》无疑是最重要的。第一，它使美国开始走上福利国家道路。1935 年以前美国的社会保险是自助和个人负责的，《社会保险法》颁布后使得国家在人民福利方面担当重要角色，对稳定社会、发展经济具有重要作用，成为社会安定不可缺少的因素之一，使美国开始成为部分福利国家。可以这样说，美国《社会保险法》是美国历史上福利主义的里程碑。第二，美国 1935 年《社会保险法》为美国社会保险事业的发展奠定了基础。战后美国历届政府都是在此法基础上修订补充，形成了一整套社会保险制度，包括老年保险，遗嘱、残疾和医疗保险，失业保险，公共援助，健康与福利服务。《社会保险法》受益面只有几百万人，以后经多次修订，1939 年增加了 160 万人受益，1950~1956 年共 12 次修订，受益面扩大到农场主、农业工人、家庭雇主和军事人员。第三，美国《社会保险法》部分地改善了劳动人民的生活状况，缓和了阶级矛盾，美国开创福利国家的办法也为其他国家效法。

（四）国际劳工组织关于医疗保险的立法

在各国都积极建立医疗保险法的同时，国际劳工组织对推动各国医疗保险制度的实施也做了不懈的努力，制定和颁布了多个有关医疗保险的国际劳动公约，为各国制定医疗保险制度提供了相关依据和指导。例如，1927 年第 10 届国际劳工大会通过了《工商业工人及家庭佣工疾病保险公约》（第 24 号）和《农业工人疾病保险公约》（第 25 号），分别规定在工商业和农业中实行强制性疾病保险，在劳动者患病时，应向其免费提供治疗、供给药品和用具，对中断收入者给予现金补助。1944 年国际劳工组织还通过《医疗保健建议书》（第 69 号公约），呼吁各国政府满足公民对医疗保健和设施的需要，以利于恢复健康和预防病情进一步恶化，以及减轻疾病所带来的痛苦，并进一步保护和改善健康状况。该建议将医疗保险从疾病治疗进一步扩大到预防和保健上，使医疗保险从观念上有了一个质的飞跃，为各国制定和修改医疗保险法提出了新的目标。1952 年国际劳工大会通过了《医疗保健和疾病补助公约》（第 130 号公约），并对第 225 号公约进行的医疗保健和疾病补助提供了重要的国际标准。1969 年第 53 届国际劳工大会对 24 号公约和 25 号公约进行了修订，通过了《医疗护理与疾病津贴公约》（第 130 号），将医疗保险的受保人扩大到所有经济活动人口和居民，这是当前关于这两项保障的主要国际劳工公约。

二、多元医疗保险立法体系的形成

多元医疗保险立法是指多支柱医疗保险制度安排的法律化,是规范国家基本医疗保险、企业补充医疗保险和个人自我医疗保险的法律规范的总和。

(一) 各国医疗保险制度体系的类型

自 19 世纪 80 年代德国颁布了第一个疾病保险法以来,医疗保险制度已经有了很大的发展,世界上许多国家都建立了医疗保险制度,据有关资料统计,至 1995 年,全球共有 105 个国家实行了医疗保险制度,其中 12 个国家的制度仅针对生育保险,其余 93 个国家建立了既有疾病保险又有生育保险的医疗保险制度。

从各国实行的医疗保险来看,主要有两种类型:一是保健服务型,即所有国民,不论贫富均可以享受政府提供的医疗和保健服务;二是医疗保险型,是指当劳动者及其家属生病时,由社会医疗保险体系提供医疗服务和承担费用。从医疗保险费用给付方式和医疗保险基金管理模式来看,医疗保险制度体系主要有 4 种类型。

1. 免费型国民医疗保险,典型者如英国、瑞典

英国于 1946 年制定《国民健康保健法》,对全体国民实行免费医疗。国民保健服务以全民为对象,包括预防、医疗和康复等服务,没有最低条件的限制。医疗服务由与国民健康服务局签订合同的医生或牙医提供,由国民健康服务局提供费用或由公共医院支付。国民没有任何条件限制,均可免费享受国民保健服务。

2. 现收现付型医疗保险,典型者如德国、日本

德国现行医疗保险法律依据是 1989 年 1 月 1 日起生效的《社会法典》第 5 卷的医疗卫生改革法,该法主要规定了法定医疗保险制度。德国约 90% 的人口属于法定医疗保险范围,保险费由雇主和雇员来承担,费率大约是雇员工资的 13.5%,由雇主和雇员各承担 50%,保险费实行现收现付,被保险人的年龄、性别和健康状况与缴费水平无关,享受的医疗待遇也不受缴费多少的影响。医疗保险待遇包括:预防疾病、疾病的早期诊断、治疗疾病、医学康复、支付医疗津贴、支付丧葬补贴等。

3. 个人积累型医疗保险,典型者如新加坡

新加坡于 1955 年开始实施中央公积金计划,其中就包括医疗保险。该制度完全实行个人积累的模式,由雇主和雇员按月依工资的一定比例缴纳公积金,并存入不同的账户,公积金分别有 3 个不同账户:普遍账户、医疗储蓄账户和特别账户,医疗储蓄账户的存款最高限额为 19 000 新元,超出限额的缴费自动转入普遍账户。医疗储蓄主要用于支付雇员及其家人的住院费用,其中包括病房费、医疗费、手术费、检查费等。

4. 混合型医疗保险,典型者如美国

美国实行了国家医疗救助与医疗保险制度相结合的模式,即对一部分人实行国家医疗救助,而对一部分人实行医疗保险制度。具体来说,对于在职的雇员实行医疗保险制度,而对于 65 岁以上的老年人、贫困者和严重的残疾人员,实行政府资助的国家医疗救助模式。

(二) 各国的多元医疗保险立法体系

1. 德国的"俾斯麦模式"医疗保险体系

德国拥有全欧洲最早的全民医疗保健保险体系,也被称为"俾斯麦模式"体系,其起源可追溯到俾斯麦的"社会立法"时代,包括了 1883 年的《健康保险条例草案》,1884 年的《意外保险条例草案》,以及 1889 年的《老年人与残障人士保险条例草案》。自 1883 年建立以来,在随后的几十年中,很多国家以之为标杆,设计本国的医疗体系。西欧大陆国家和中欧首先采用该模式,然后是亚洲和拉美一些国家。20 世纪 90 年代以来,随着苏联的解体,德国医疗保险模式的核心元素在很多中欧国家和东欧国家逐渐发挥着重要的作用。

作为一种强制性的健康保险,该保险体系最早仅应用于收入较低的工人阶级及部分政府雇员,但是,渐渐地,它覆盖了全国的大部分人群。该体系主要通过全国各地的私人执业医师给予日间护理,以及由独立的、多数为非营利性的医院负责住院治疗。全国大部分的人口参与了"法定健康保险"计划,而该计划可为参与者提供指定的补偿比例,补偿金则由公共或个人支持的基金提供。投保金额需由雇员、雇主和政府共同支出,而三者的支出比例则由雇员的收入水平决定。一些高收入职业者有时会选择向政府支出一笔税款以退出强制性保险体系,从而去选择私人保险公司。私人保险的保险费用与参保者的收入水平无关,但与其健康状况有关。习惯上,保险公司提供的补偿金的数额由地区医师协会和伤病基金会共同商议决定。

德国的医疗保险体系包含以下共同要素。一是医疗服务由自治性的社团主义机构管理。这里的自治体现在两方面:一方面,疾病基金组织通过其成员和雇主进行自我管理;另一方面,国家授权疾病基金组织和医疗服务供给方(社团主义的各个合作方)在一个宽泛的政策框架下,就细节进行集体性的协商。二是主要筹资渠道为从参保人工资收入、雇主缴纳的保费收入而非税收中提取。

20 世纪 70 年代中期,德国开始改革卫生政策,对当时的医疗结构进行谨慎的修正,以降低成本。改革的具体措施包括限制管理成本,适当地将治疗成本转嫁给患者,以及对当时的监管体系进行微小的修正。在 20 世纪 90 年代初期,大约 90% 的民众参加了法定医疗保险,剩下的 10% 拥有私人保险。法定疾病基金组织成员几乎可以不受限制地获得医疗服务。法定疾病基金只通过成员缴纳保险费进行筹资。保险费率由工资总额的一个百分比确定(对其进行上限设定),保险费在雇员和雇主间等额分配。非在职的配偶和子女(该政策当前仍生效)被视为共同投保人,无需额外付费。90 年代初的监管体系是几种管理方式的复杂混合体。每个部门都有自己的监管体系,包含着国家元素、社团主义元素和自由市场元素。官僚式的层级管理主要盛行在医院部门,社团主义元素主要出现在门诊部门,而竞争元素则主要发生在制药行业。

自 20 世纪 90 年代初以来,OECD 国家的卫生体系便处于转型中,德国也不例外。德国卫生体系改革的速度之快、幅度之大,在几年前是无法想象的。目前的德国卫生体系包含多种制度元素。在德国医疗制度转型过程中,"俾斯麦模式"的核心元素受到了侵蚀。1993 年《卫生结构法案》的实施标志着卫生体系根本性的模式转变的完成。

2. 英国的全民医疗保健和私人医疗保险体系

英国医疗保险体系的组成是全民医疗保健和私人医疗保险。全民医疗保险又称为国民健康服务(简称:NHS),是指由国家用税收来购买医疗服务,覆盖绝大多数的英国人。私人医疗保险是公立医疗服务也就是全民医疗保健服务的补充,其服务对象是收入较高、对医疗服务要求也较高的人群。

英国医疗保险体系建立的历史背景是:社会经济发展路径使得对社会福利问题的政府干预在英国有更好的社会接受性,战争,特别是第二次世界大战直接为 NHS 奠定了基础。其一是战争给英国社会带来巨大的创伤;其二是战争对英国的医疗体系造成了深远的影响。1946 年英国通过并颁布了《国家卫生服务法》,开始实施全民医疗保健制度。1948 年英国制定并颁布了《国家医疗保健服务法》,这一法律的颁布创建了英国国家医疗服务体系。1964 年,英国颁布了《国家卫生服务法》,规定对所有公民提供免费医疗。英国由此成为世界上最早实行全民医疗保健制度的国家。20 世纪 60 年代和 70 年代是 NSH 发展的黄金时期,英国的国民医疗服务框架基本形成。

由于特殊的文化和历史原因,英国社会倾向于利用再分配政策来维护公民的健康权,促进弱势群体对健康的可及性。同时,政府的介入成本又相对低廉,于是,政府便成为社会合意制度的必需要素,这也是政府在英国医疗保险体系中扮演主导角色的关键所在。

英国的全民医疗保险制度的特点是:政府通过税收等筹措医疗卫生经费,按区域人口结合其他因素给国立医疗机构直接拨款,向全体居民提供免费或价格较为低廉的医疗预防保健服务。

3. 新加坡的"保健储蓄计划、健保双全计划和保健储备基金"医疗保险体系

储蓄医疗保险是依据法律规定,强制性地以家庭为单位建立医疗储蓄基金,并逐步积累,用以支付日后患病所需的医疗费用。目前只有少数国家采用这种模式,新加坡就是该医疗保险模式的代表国,其医疗保险体系是由"保健储蓄计划、健保双全计划和保健储备基金"构成的。

(1)保健储蓄(medisave):新加坡1983年立法,1984年制定了"保健储蓄计划"。这是一项全国性的、强制储蓄性的储蓄计划。要求每一个有工作的人,包括个体业主,都要按照法律规定参加保健储蓄。保健储蓄账户存款可以用作支付本人及家庭成员的住院和部分昂贵的门诊检查治疗项目的费用。保健储蓄金由雇员和雇主分摊,保健储蓄金可免缴所得税。自2006年起,新加坡卫生部开始推行允许患者利用保健储蓄分担门诊费用。诊所提供慢性疾病(糖尿病、高血压、血脂失调和脑卒中)治疗。

(2)健保双全和增值保健双全计划:保健储蓄对那些发生一般医疗费用的居民来说已经足够支付,但是对那些患重病或慢性病的人来说,仍可能不够。为了补充保健储蓄方案,新加坡政府于1990年开始实施健保双全计划。健保双全是一项基本的大病保险计划,它的设定是为了帮助参保者支付大病或慢性病的医疗费。新加坡的保健储蓄是强制性的,而健保双全是自愿参加的。

(3)保健基金(MEDI):新加坡的保健基金建于1993年,它是由政府设立的捐赠基金,为不能负担起医疗费用的穷人提供了一个安全网,目的是确保每一个公民都能得到基本的医疗服务。

新加坡的政府补贴、健保双全、保健储蓄和保健基金四位一体、相辅相成,以保证每个公民都能得到基本的医疗服务。

4. 美国的"私立医疗保险、政府医疗照顾和补助计划"医疗保险体系

美国医疗保险体系由多种成分构成,主要可以分为三大类:私立医疗保险、政府医疗照顾和补助计划。美国是目前发达国家中唯一没有实现全民医疗保险的国家,医疗保险实行市场化运作,基本不依赖税收资助。

美国的医疗保险体系有着鲜明的特征,作为经济发达国家,与其他西方福利国家不同,是目前唯一没有实现全民医疗保险的国家。另外,美国也是世界上推行医疗市场化最典型的国家。它的医疗保险主要以"多种私立医疗保险项目为主、政府医疗项目为辅"的模式来实现。这种建立在自由市场经济模式基础上的医疗保险体系与美国的社会、经济、文化等各种因素有关。

美国人的医疗保障主要是通过大部分私立医疗保险和小部分政府医疗计划来实现的,所以,医保体系是由多种非政府私立医疗保险项目、政府对特殊人群医疗照顾和补助项目构成的。私立医疗保险主要由3部分组成:"蓝十字"(Blue Cross)和"蓝盾"(Blue Shield)组织开办的医疗保险;私立或商业性保险公司的医疗保险;健康维持组织(Health Maintenance Organizations)等预付型医疗保险计划。政府对特殊人群医疗照顾和补助的项目,包括老年人医疗照顾、低收入人群医疗补助计划、退伍军人医疗照顾、特殊患者医疗照顾等。

私立医疗保险项目最早可以追溯到1929年创立的"双蓝"计划——蓝十字计划和蓝盾计划。1929年,美国爆发了灾难性的经济大危机,许多人连温饱都有问题,更支付不起医药费用。得克萨斯州达拉斯贝勒大学医院的贾斯廷·福特·金博尔敏锐地发现许多教师付不起医药费的问题,萌发了建立医疗保险的想法。他查算了该校教师作为一个团体在医院的医药费是人均每月15美分。他设立了一个医疗保险项目——贝勒计划。为了确保其安全利润,在贝勒计划中,每个投保的教师每月需缴纳50美分,当患病时就可以享受21天的住院治疗。金博尔的贝勒计划获得了成功,引起了美国医院协会的关注。1931年,美国医院协会要求金博尔出席年会介绍贝勒计划,这种保险模式得到美国医院协会的认可。由于这种保险模式由蓝十字组织管理,所以称为蓝十字计划。蓝十字计划创立以来,推广迅速。到1936年,蓝十字计划已经扩展到了11个州21家医院。20世纪40年代,蓝十字计划发展速度更快,全美国建立了独立的蓝十字计划 56 个,拥有投保客户 600 万户。1945 年蓝十字计划发展到 80 个,拥有 1900 万投保客户。到 20 世纪 50 年代早期,投保客户已经达到 4000 万。蓝盾计划实际上是蓝十字计划的补充。

美国医疗保险体系的特点:私立或商业性保险公司的医疗保险有独立计划和商业保险公司计划。与世界上其他发达国家相比,美国的医疗保险体系有两个显著的特点:一是尽管美国医疗水平高,医疗保障资金雄厚,医疗总费用和人均费用都比其他发达国家高,但并不能把所有国民纳入这个体系,并不是人人拥有医疗保险。二是美国的医疗保险方式纷繁多样,政府控制的能力非常弱小,主要依靠自由经济制度下医疗市场化来调控和运作。

5. 其他国家的医疗保险立法体系

瑞典医疗卫生保健制度始建于 1955 年,其卫生保健体系包括 3 个方面:初级卫生保健服务,市、县议会负担的卫生保健服务,地域性卫生保健服务。该医疗保健制度具有强制性,几乎所有的医疗事业均由地方政府举办。

日本的医疗保险制度始建于 20 世纪初,1927 年正式实施,到 30 年代中期基本趋于完善,1961年日本实现了全民兼医保,1937 年是日本的福利元年,70 岁以上的老人可以免费看病,日本的医疗保险体系由 3 部分构成:被雇佣者保险、国民健康保险及以两者为基础的老人医疗保险制度。

第二节 医疗保险立法理论、原则的国际研究

一、医疗保险法概述

(一) 医疗保险法的内涵

医疗保险法是基于人类健康权的保障而进行的立法,是社会保险法律关系的重要组成部分,它是维护社会稳定和经济发展,调整社会保险人之间权利和义务关系,帮助公民抵御各种风险而制定的各种法律规范的总称。

医疗保险法律制度是通过法律规范医疗保险行为的结果,因此,医疗保险是医疗保险法律制度的规范对象,由于世界各国的文化、政治和经济等的不同,医疗保险又分为广义的医疗保险和狭义的医疗保险,其中,"健康保险"(health insurance),它不仅包括由于疾病给人们带来的直接经济损失,还包括间接的经济损失,同时还对分娩、残疾、死亡等给予了经济补偿。我国的医疗保险,是指国家通过立法规定,使劳动者在因患病而暂时丧失劳动能力的情况下,可以从国家和社会得到一定医疗服务和收入补偿等物质帮助的一种社会保险制度。

医疗保险根据保险性质的不同,可分为社会医疗保险和商业医疗保险,两者之间有着很大的不同。首先,社会医疗保险属于政策性保险,是强制实施的医疗保险,而商业医疗保险公司是为了追求自身利益最大化,靠的是市场机制的运营;社会医疗保险采取强制保险的手段,不论当事人是否愿意,都必须缴纳,而商业医疗保险属于自愿性医疗保险,故其保险的手段不同;其次,承办的主体不同,社会医疗保险是国家统一管理运作的,而商业医疗保险的运作主体是企业法人;最后,社会医疗保险的缴纳是由国家、用人单位和个人按照一定的比例来负担的,而商业医疗保险实行一方负担的原则,更加强调权利与义务的对等,即谁负担谁受益。

医疗保险根据保险层次的不同,可分为基本医疗保险和补充医疗保险。其中,基本医疗保险是医疗保险体系的核心,它是指以社会保险手段来筹集资金,保证公民能够享受到最基本的医疗服务,它是一种以国家调整为主导的,具有法定性、强制性、缴费性和福利性,通过建立社会统筹和个人账

户筹集保险基金,进行医疗费用支付,降低参保人的疾病风险的制度。它主要是保障绝大多数社会成员的基本医疗需求,而补充医疗保险则主要是满足基本医疗保险范围以外的不同的医疗需求。

通常认为,我国的医疗保险是社会保险的一个子项目,是以社会保险形式建立的,是通过国家立法,强制性的由国家、单位、个人集资建立医疗保险基金,当个人因病接受必需的医疗服务时,由社会医疗保险机构提供费用补偿的一种社会医疗保险。因此,我国的医疗保险在保险性质上属于社会医疗保险。我国社会主义初级阶段的国情及其经济发展水平决定了我国现阶段的医疗保障水平只能是保障基本医疗需求,而且新近颁布的《中华人民共和国社会保险法》中使用的是"基本医疗保险"的概念,因此,在保险层次上我国的医疗保险属于基本医疗保险范畴。因此,在提到我国医疗保险时,"医疗保险"、"社会医疗保险"和"基本医疗保险"等概念常在同等意义上被使用。

医疗保险问题不单是一个经济问题,还是一个法律问题。医疗保险制度的内容是经济的,它是对国民收入的再分配,它的表现形式是法律的,它是一种以法律制度的形式,依据法律的强制性实施的,运用经济手段来解决社会问题的制度。

医疗保险法律制度是社会保障法的重要内容之一,是整个医疗保险制度运行的法律依据和准则,它不仅是对医疗保险制度改革成果的法律确认,更是我国医疗保险制度今后发展的基本法律依据和保障。医疗保险法律制度是调整在医疗保险关系中形成的各种社会关系的法律规范的总称。其内容包括:医疗保险制度的基本原则、国家的责任、各主体在医疗保险关系中的定位及其权利和义务、医疗保险项目、承保范围、医疗保险费的征缴、医疗保险基金管理和经办管理、享受医疗保险待遇的条件和法律责任等。医疗保险法律制度的建立旨在国家以法律的形式,通过强制手段对国民收入进行再分配,形成医疗保险基金,保障社会成员患病或非因工受伤时的基本医疗需求。可见,医疗保险法律制度是医疗保险制度内容法律化的结果。

(二) 医疗保险法的特征

由于人类的疾病风险和医疗服务需求的特殊性,医疗保险法具有以下特点。

1. 实质公平性

首先,就医疗保险的筹资情况看,医疗保险待遇的享有与受保人缴费的多少没有直接关系。相反,医疗保险法领域的公平意味着根据人们的支付能力而不是所获得的医疗服务来付费。更具体地说,公平的医疗筹资要求有高水平的风险分担机制。其次,穷人向医疗体系支付的费用应该比富人少。最后,医疗服务的利用和实际病情有关。

2. 医疗保险法涉及的法律关系十分复杂

任何医疗体制都有筹集资源和提供服务两个关键功能,而这两个功能的落实涉及政府、医疗保险机构、医疗服务机构和被保险人,可能还包括用人单位等多方面复杂的权利义务关系。医疗保险制度在现实中要取得立法者欲达到的效果,与公共卫生资源的合理配置、医疗卫生体制、医疗流通体制等紧密相关。医疗方与患者之间的信息不对称,而医疗费用又是第三方社会保险机构给付,这都导致对医疗服务的先天约束不足。

3. 法律规范的强制性

医疗保险法和其他法律一样都是国家强制实施的,但其强制性更明显。医疗保险法类似于税法,不仅具有所有法律都具有的形式上的强制性,而且其强制性还体现在具体内容的规定上。凡是制度覆盖范围内的社会成员都必须参保,医疗保险经办机构有义务接受投保。凡参加医疗保险的社会成员必须按照法律统一规定的保险费率按时缴纳保险费。

(三) 医疗保险法律关系

医疗保险涉及多方主体,因而产生了多对主体之间的权利义务关系。与其他社会保险法律关系相比,医疗保险法律关系具有多重性和复杂性,既涉及宪法性的国家与公民的关系,又涉及社会组织与劳动者间的劳动关系,还涉及卫生事业管理中的行政关系、医疗机构与个体患者间的医患关系。

医疗保险法律关系的主体包括政府、医疗保险机构、医疗服务机构和被保险人,在我国城镇职工基本医疗保险中,还包括用人单位。多对主体之间的权利义务关系构成了医疗保险法律关系的内容,特别是医疗保险机构、医疗服务机构与被保险人三者之间的法律关系构成了医疗保险法律关系的基本内容。

1. 政府

政府承担的医疗保险法上的义务来源于宪法中国家对生存权的保障。作为法定权而存在的现代生存权以国家为基本义务主体,不少国家的宪法明确规定了国家要保障公民生存权的内容,大多数国家通过制定相关法律制度(医疗保险等)、设立医疗保健机构、提供医疗帮助和救助等方式履行自己的义务。

政府在医疗保险中通常负有以下义务:①为医疗保险提供制度性框架,并通过制定法律和政策,为医疗保险的运行提供依据;②监督医疗保险的运行,确保医疗保险在规定的轨道上健康发展;③提供社会医疗救助,发展公共卫生事业,为医疗保险制度提供良好的基础与配套措施;④必要时对医疗保险给予相应的财政支持,以及对医疗服务与医药产品进行计划调节。

2. 医疗保险机构

医疗保险机构是具体经办医疗保险事务并管理医疗保险基金的机构,医疗保险制度的运行必须借助医疗机构才能为参保人员提供医疗服务。

3. 医疗服务机构

我国医疗保险制度中的医疗服务机构被称为定点医疗机构,是指通过劳动保障行政部门资格审查,与社会保险经办机构签订合同,为基本医疗保险参保人员提供医疗服务并承担相应责任的医疗机构,包括医院与药店。

4. 被保险人

被保险人既是享受医疗服务的权利主体,也是承担缴纳医疗保险费的义务主体。因此是医疗保险法律关系的主要主体。上述各主体中,医疗保险机构与社会成员具有完全的主体资格,其他则具有特殊主体资格,它们共同构成了医疗保险法律关系的主体。

5. 用人单位

在我国城镇职工基本医疗保险制度中,用人单位只负有强制性的缴费义务。而在城镇居民基本医疗保险制度中,用人单位并不作为主体而存在。

医疗保险法律关系的客体是指医疗保险法律关系主体之间权利义务所指向的对象,具体来讲主要包括医疗保险法律所规定的各种物质利益和行为。医疗保险法律关系中,物质利益通常表现为与医疗保险有关的医疗费用、医疗器械、药品等有形物。行为则主要包括医疗保险费的缴纳行为、医疗保险经办机构的管理行为和支付行为、约定医疗服务提供者的医疗服务行为等。

(四) 国际上主要的医疗保险模式

医疗保险法是以人们对医疗服务的客观需要为核心产生和发展起来的,因此,医疗服务的需求和供给也就是以筹资模式和服务模式为标准对医疗保险体制进行分类中意义最为突出的。目前国际上主要有 4 种医疗保险模式。

1. 自愿保险模式

自愿保险模式即国家不介入医疗保险的运行,由个人自愿选择医疗保险组织对其提供医疗保险。其中又可分为社区保险和商业保险两类,前者的保险者属非营利组织,而后者的保险者以赚取利润为目的。目前,无论在发达国家还是在发展中国家,社区医疗保险模式仅仅扮演补充性的角色。

我国在改革开放前的农村合作医疗体制就是一种社区保险模式。在发达国家中,以商业保险为医疗保险制度主干的国家唯有美国。而对于 65 岁以上的老年人、贫困者和严重的残疾人员,美国同时还实行了国家出资的医疗救助模式作为补充。

2. 强制性医疗储蓄模式

强制性医疗储蓄模式是指国家通过立法强制劳资双方建立保险储蓄账户,并用以支付个人及家庭成员的医疗费用的一种医疗保险模式。目前主要有新加坡执行。

3. 强制保险模式

强制保险即国家立法规定一定范围的人群必须参加医疗保险,保险费用由雇主和雇员承担,保险费实行现收现付,被保险人的年龄、性别和健康状况与缴费水平无关,享受的医疗待遇也不受缴费多少影响。与前两种模式相比,这种医疗保障制度的抗风险性和公平性得到了极大的增强,低收入者或者没有工作者可能无力或无法参保,但是国家一般通过社会救助体系把弱势群体也纳入全民医疗保险之中。

4. 免费全民医疗保险模式

免费全民医疗保险模式即全体国民无论贫富,均可获得近乎免费的医疗服务。主要以英国、瑞典、爱尔兰、丹麦、芬兰和加拿大等国为代表。

目前,世界大多数转型国家都采纳了德国式社会保险的基本架构,只有中国城镇职工基本医疗保险制度改革在此基础上加上了新加坡模式(即个人账户)的要素。

二、医疗保险立法的基本原则

(一) 医疗保险法基本原则的含义

法律原则是法的本质、精神和目的的体现,具有解释法律规制、弥补法律漏洞、解决法律冲突等功能,"如果法律强调原则和目的,那么就有了一种丰富的资源可用于批判具体规则的权威"。目前,我国正在"国家尊重和保障人权"这一宪法原则的指引下加快农村合作医疗保险立法的步伐。在这一过程中,需要深入探讨和理解我国医疗保险法应当选择并坚守的基本原则,理清我国医疗保险法制体系建设的思路。唯有如此,方可建立起适合我国国情的医疗保险法律体系,即尊重人权的普遍性原则。

医疗保险法的基本原则,是指整个基本医疗保险立法的基本原则,医疗保险法的各个分支部门,在遵循基本原则的前提下,可以根据自己部门的特殊性设立相关的原则。

(二) 医疗保险法基本原则的标准

社会保障法的基本原则在于体现社会保障的意义和思想,社会保障的思想是在一定的社会条件和背景下产生和建立起来的。例如,德国的社会保险立法直接地反映了 19 世纪 70 年代到第一次世界大战期间德国的社会背景。如今我们创建中国的医疗保险法的相关法律体系,大的背景自然是社会主义初级阶段中国特有的情形,不可照搬国外的做法脱离我国的基本国情。

同时,医疗保险法的基本建立应当从节约成本、提高效率和实现我国城乡医疗保险的供需平衡出发。

(三) 确立医疗保险法原则的意义

第一,医疗保险法的原则是医疗保险立法的重要指南方针,是医疗保险立法必须贯彻执行的重要依据;第二,医疗保险法原则是进行法律解释的重要依据,医疗保险法确定并实施后,一定会遇到各种各样的问题,此时,必须依据医疗保险法的原则进行相关的解释,并逐步发现立法的漏洞;第三,在执行医疗保险法的时候,医疗保险原则是其重要实施保障,它是我国社会保障事业的总结,应当正确理解医疗保险立法原则;第四,只有正确地理解医疗保险法的原则,才能更好地把握我国社会保障的性质和特色,从而不断地完善我国的社会保障立法。

然而,我国的医疗保险立法到底应该遵循哪些原则呢? 不同学者有着不同的见解。有的认为应当遵循从我国的国情出发,制定适合我国生产力发展的原则,以及普遍性和选择性相结合的原则;而有的认为应当坚持五原则:充分体现社会主义的优越性、与国民经济发展相适应、全方位统一化、多重保障并举、权利与义务相统一的原则等。不同的研究角度有不同结果,但从总体上看,我国的医疗保险立法从社会保障的角度确立了相关的立法原则,与各学者的见解差距不大。

(四) 医疗保险法的基本原则

1. 医疗保险模式与人口发展相适应的原则

从 20 世纪 70 年代我国实行计划生育国策以来,我国的人口模式已经转变成"低出生、低死亡",但由于中国是一个处于经济高速增长中的人口大国,自 2000 年中国进入人口老龄化社会以来,中国的人口老龄化问题受到国内外许多学者的高度关注。许多研究者的研究结果表明,中国在过去的 30 年里经济的高速增长在很大程度上取决于劳动力的充分供给。由劳动年龄人口份额比重上升和人口扶养比下降所导致的人口结构变迁对中国经济增长的贡献度为 1/6 ~ 1/3。随着人口老龄化形势的日益严峻,中国劳动力无限供给的状况正在不断扭转,在未来数十年时间内,中国的经济增长将面临人口老龄化和劳动力不足的威胁。许多研究表明,人口老龄化将会给未来中国的经济增长带来不利影响。人口的老龄化和高龄化致使医疗保险的任务更加严峻,老年人口带来的最大问题就是患病人口的增加,这致使老年人的医疗费用大幅度上升。人口老龄化已经成为医疗基金的一大难题,也是医疗保险制度发展的最大挑战之一,我国第六次普查结果显示,到 2010 年,我国 65 岁及以上人口占 8.87%,比 2000 年第五次人口普查上升 1.91 个百分点,我国老龄化进程逐步加快。相关专家指出,我国可通过适时调整人口政策、转变发展方式、完善养老制度使我国降低人口红利引发的负面效应。人口老龄化影响医疗保险基金的来源和支出,我国现行的基本医疗保险制度的主要筹资方式是用人单位和职工的缴费,前者缴费率是职工工资总额的 6% 左右,职工个人缴费率是本人工资收入的 2% 左右,离退休职工不再负担医疗保险费。由于老龄化速度加快,一方面,提供医疗保险基金的人数相对于使用这笔资金的人数在大大减少;另一方面,享受医疗保险待遇的人在不断地增长。对于实行新制度时已经退休的老人来说,他们需要的医疗保险基金就构成了一笔隐性债务。人口老龄化造成的医疗保险筹资的有限性和使用的无限性之间的矛盾,给医疗保险基金的可持续发展带来了巨大的压力。

2. 基本医疗保险需求性原则

随着我国老龄化的加快,医疗保险的需求也在不断地增加,同比的医疗保险的成本也在不断地扩大,有研究表明,在医疗服务价格不变的条件下,人口老龄化导致的医疗费用负担每年递增率为 1.54%。为了缓解人口老龄化的压力和迎接这一新的挑战,建议医疗保险基金的处理应当从开源和节流两个方面着手。同时,政府应加大对医疗卫生事业的投入。

3. 基本医疗保险与经济发展相协调的原则

在经济转轨的时期,基本医疗保险需求不断扩张,政府应当设计结构相对合理、水平适度的相关项目,制定一系列兼顾地域水平发展差距且便于操作的制度政策。基本医疗保险发展水平必须符合我国经济发展水平,并且随着经济的发展而发展。如果超过了经济水平所能承受的基本医疗保险,必然会加大政府和企业的财政负担,制约经济的进一步发展,相对而言,水平过低的基本医疗保险也不能够满足人民的基本医疗需求,也无法保障他们的基本健康,更不利于我国经济的发展。

社会保障制度的根本目的就是人人都享受社会保障,尽可能地通过社会保障来再分配国民的收入,缩小贫富差距,实现共同富裕。在我国当前的经济水平下,我国的基本医疗保险已经实现"低水平、广覆盖"的目标,但是与"高水平、广覆盖"的社会保障目标相距甚远,要想提高我国的基本医疗保险水平,必须加快市场经济体制的改革,想方设法把经济水平提高上去,就我国现在的基本医疗保险体制来说,效率固然重要,但更多的是要注重实现公平,这与我国社会主义的基本原则是相一致的。由于我国处于人口众多、经济发展较慢、地区差异较大的这一特殊国情,只能实现与我国经济发展水平相适应、保障社会成员基本医疗保险的这一目标。与发达国家"福利主义"的保障制度相距甚远。所以,我国应当更加注重经济的发展,不断提高政府财政的扶持力度和企业的经济效益,只有这样才能提供更充分的医疗社会保障。同时,应当明确社会保障体现的公平是指从效率中获得公平,而不是平均主义,只有这样,社会保障才是促使社会整体效益提升的一种制度。

4. 个人责任与政府责任相结合的原则

在我国,国家统一管理社会保障事务,这必然会给社会保障的财政工作带来许多问题,从而间接影响社会保障功能的体现和有效的运作发挥。这是我国乃至世界各国共同总结出来的一条经验。在我国,尽管社会保障的责任主体是国家,但这并不意味着个人职责的缺失,我国的社会保障体制虽然不是权利与义务对等,但作为每一位受社会保障的社会成员来说,在有能力履行相应的义务时,就应当尽到相应的责任。世界各国在社会保障的实践过程中,也都意识到了个人责任发挥的重要性,如在实行强制储蓄医疗保险模式的新加坡,它之所以发展到今天仍然没有出现其他国家所面临的社会保障财政危机,根本原因在于新加坡在制定社会保障制度时就充分体现了社会成员的个人责任,从而提高了社会成员医疗保险的缴费意识。因而,在社会保障制度不断改革的今天,政府及其相关部门在制定政策时必须强调将个人责任和政府责任结合起来。我国在相当长的一段时期内,社会保障制度的财政费用几乎都是由政府承担,或者是由政府和企业共同承担,个人基本不用缴费,这就导致社会保障成员享有的权利和履行的义务失去了平衡。国家和企业的财政压力不断加重,从而影响了它们经济的发展,这也导致了参与社会保障的个体漠视社会保障制度的建设,参与社会基本医疗保险的积极性不断下降。现行的社会保障制度就应当是变政府单一或者政府与企业共同承担缴费义务的责任主体为国家、企业和个人三方负担,按比例分摊缴费,确立各自的权利和义务,我国现在已经实施了这一新的制度,它不仅分担了国家和企业的责任风险,也使各方分担了义务,提高了劳动者的自我保障意识,有利于调动三方的积极性。但从现行的运行方式来看,企业和个人负担较重,因此,在实施三方承担责任缴费制度的同时,应当适当减轻企业和个人的经济负担,发展社会力量,筹集社会保障基金。同时,应当不断扩大社会保障基金的筹资渠道。

5. 尊重国情与循序渐进相结合的原则

随着社会经济条件的不断变化,城乡对基本医疗保险的内在需求也在不断增加,基本医疗保险所覆盖的对象在城乡同时存在,即城乡存在结构统一的社会保障体系。在我国现有的城乡二元医疗保险制度体系下,由于城乡经济发展水平的不平衡,在未来相当长的一段时期内,都无法建立城乡水平一体化的基本医疗社会保障体系,而过高的医疗保障水平会加重国家、企业和个人的负担。同时,也不利于经济的长远发展,必须尊重城镇的经济水平和医疗保障水平都高于农村的医疗保障水平这一状况,采取循序渐进的原则,适度调整城乡医疗保障水平差异,不断完善城乡有别的基本医疗保险体系。

制定一套符合我国社会主义初级阶段这一基本国情的医疗保障制度是我国医改的基本方向,它符合我国现有的经济发展水平、政府的财政收入水平和居民的可承受能力。我国实施的采取政府增加投入、社会筹集资金和居民适当支付相结合的居民医疗保障付费制度,不仅是出于经济上的考虑,也是符合我国医疗卫生服务的规律和特点的,必须坚持科学发展,从中国的基本国情出发,保障人人享有健康的基本卫生需求,不断循序渐进,完善我国的基本医疗保险体系。

6. 基本医疗保险与社会全面发展目标相结合的原则

社会发展的物质基础是经济发展,实现社会的全面协调发展和推动社会全面发展进步及人的全面发展是人类社会发展的最终目标。所有的政策法律和制度都必须遵循这一目标。基本医疗保险作为现代社会制度的重要一环,它不是一个孤立的制度,它的改革和完善也是与人类社会发展的最终目标相适应的,如果背离这个原则,必然会导致基本医疗保险偏离社会主义发展的方向,从而影响自身的发展。

7. 基本医疗保险与卫生、医疗体制相配套的原则

仅仅依靠经济乃至 GDP 的增长已经不能适应时代的要求,一个新的、全面的、协调发展的时代已经到来,单纯的经济增长不仅不能自动解决社会问题,而且会导致经济社会的发展不协调。现在的改革是与制度相适应的。现阶段,我们应当加强对基本医疗制度与医疗卫生体制、医药供销体制等相关政策体制的协调与配合,医疗保险制度改革的效应和职工基本医疗需求的实现最终要靠获得一定的医疗服务来体现,医疗保险制度与医疗机构和药品流通体制改革密切相关,不可能单独突破。很多学者都曾把医疗保险筹资比作蓄水池,而把医疗服务的支出形象地比作水龙头,水龙头的开关没有关好,筹再多的钱也不够花,这是整个医疗保险乃至医药卫生体制的问题,医疗保险的制度改革是对卫生事业和市场规范的一种保障,随着医疗服务的市场化,医药卫生事业的健康发展更多的是需要医疗市场的需求和资金来支撑,所以,医疗保险、医疗机构和药品流通体制三者是相辅相成、同步推进的。

第三节　中国医疗保险立法和国际经验借鉴

一、中国医疗保险立法

(一) 我国医疗保险法的建立和发展

1951 年我国劳动保险条例的发布,是我国医疗保险法律体系建设的开端。经过 60 多年的发展,我国初步形成了以政策、法规为主体的医疗保险法律体系,如表 4.1 所示。2010 年发布,2011 年7 月正式实施的《中华人民共和国社会保险法》,标志着我国第一部关于医疗保险法律的建成,具有划时代的意义。

表 4.1　我国医疗保险法的建立和发展

年份	医疗保险法
1951 年	《中华人民共和国劳动保险条例》
1952 年	《关于全国各级人民政府、党派、团体及所属事业单位的国家工作人员实行公费医疗预防的指示》
1953 年	《关于公费医疗的几项规定》
1960 年	《全国农村卫生工作会议的报告》
1979 年	《农村合作医疗章程(试行草案)》
1998 年	《关于建立城镇职工基本医疗保险制度的决定》
2002 年	《关于进一步加强农村卫生工作的决定》
2003 年	《关于建立新型农村合作医疗制度的意见》
2007 年	《关于开展城镇居民基本医疗保险试点的指导意见》
2010 年	《中华人民共和国社会保险法》

医疗保险立法的主要内容包括:阐明医疗保险制度的目的、任务和基本原则;医疗保险法律制度

的调整对象;医疗保险法律的适用范围;医疗保险资金的筹集范围、筹集比例和筹集方法;医疗津贴支付条件、标准和期限,医疗待遇的支付项目、方法和比例;医疗保险管理机构和职责;医疗保险基金的管理规范和监督原则。

(二) 我国医疗保险立法的现状

我国的医疗保障制度,到现在已经经历了 20 多年的改革历程,但是至今尚未有一部完整的医疗保险法以立法的形式规定医疗保险的具体运作,一直都采取投石问路,反复试验的改革途径来制定,以国务院或者地方政府规定的相关的法律法规来执行,我国城镇职工医疗保险制度、新型农村合作医疗保险制度的建立无不是如此操作。1993 年党的十四届三中全会提出了"城镇职工养老和医疗保险金由单位和个人共同负担,实行社会统筹和个人账号相结合"的要求。1994 年,国务院以江苏省镇江市和江西省九江市为试点推行了统账结合的医疗保险,积累了一定经验。1996 年国务院决定在全国 57 个城市扩大试点。1998 年 12 月国务院颁发了《关于建立城镇职工基本医疗保险制度的决定》。迄今为止,我国已经逐步建立起以基本医疗保险为主体,公务员医疗补助、企业补充医疗保险、大额医疗费用补充保险等为辅助的城镇职工多层次医疗保障体系。紧接着 2002 年 10 月,中共中央、国务院下发了以建立适应农村经济发展水平的新型农村合作医疗保险为目标的《关于进一步加强农村卫生工作的决定》。2003 年 1 月,国务院办公厅转发了《关于建立新型农村合作医疗制度的意见》的通知,要求从 2003 年起,各省、自治区、直辖市至少要选择 2～3 个县(市)作为先行试点。而随着 2006 年《关于加快推进新型农村合作医疗试点工作的通知》及一系列有关新型农村合作医疗保险文件的发布,我国新型农村合作医疗保险制度已经逐步建立起来,全国农民的基本医疗问题在制度层面得到了解决。现阶段,我国的医疗保险的有关政策只能依靠分散在《中华人民共和国社会保险法》中的一些零散的条文规定和国务院及其职能部门制定的医疗保险方面的相关法律法规,以及由地方制定的具有地方特色的法律法规,我国至今尚未建立一部完整的医疗保险法,使得医疗保险在各地出现了管理混乱、医保制度差异明显的现象,这已经严重影响了我国城乡居民医保制度的建立和社会医疗保险制度的深化改革和发展。《中华人民共和国社会保险法》不可能对医疗保险的方方面面作出具体的、完善的规定。为了贯彻落实《中华人民共和国社会保险法》,就必须加快制定与医疗保险相关的法律政策,推出一套系统的、权威性较高的医疗保险法。

(三) 我国医疗保险立法存在的问题

医疗保险是国事,是大事,是关系到公民切身利益的要紧事,然而,现实情况下的医疗保险制度主要存在着立法滞后、立法层次较低及立法的内容不完善等一系列的问题,这不仅影响了我国全民医保的实现,而且制约了我国质量医保的构建,医疗保险法的建立,是我国社会经济、政治、文化发展的必要前提和保障,因为我国是社会主义民主国家,人民的利益高于一切,而医疗保障关系到人民最切实的利益,完善医疗保险法也是我国法律制度的要求。完善医疗保险法更意味着我国综合国力的不断提升,任何一项制度的实施必须依靠相应的法律支持才能够使其有法可依,才能历史性地推进其相应的改革,医疗保险立法尚且如此。然而我国医疗保险立法至今仍面临着诸多的问题。

1. 我国医疗保险立法滞后

立法先行是包括医疗保险在内的所有的法律法规建立的必要条件,这是世界所有国家都要求的,医疗保险法涉及医疗保险机构、医疗机构和医务人员、投保人和被保险人、国家、职工所在的单位等一系列的主体,在其运行过程中包括资金的筹集、基金的运营和管理、基金的支付及医疗服务的供给等关系,所有这些都离不开医疗保险法的相关制度和法律法规的建立。

我国对于医疗保险相关制度一贯的做法就是先进行试点试验,然后进行总结归纳,利用政策进行指导或者是通过实施相关的行政命令来运用强制性的手段进行推行,再接着进行行政规范,这里需要强调的是进行的是行政规范而非法律规范。行政规范的主观性和随意性都比较大,由于立法滞后,不论是城镇职工医疗保险还是城镇居民医疗保险亦或是农村合作医疗保险都面临着容易受到宏观政策的影响而不断发生变化、容易受到领导人变更及地方中心工作调整的影响和变化,随意性很大。截至 2011 年,我国以国家权力机关规定的医疗保险法的相关法律文件只有《中华人民共和国社会保险法》第三章的 10 条相关的规定,此外,医疗保险相关的政策制度往往由其所在的地方性的政府进行政策的颁布和章程的实施,被保险人、医疗机构和政府这三者之间没有法律上的关系,当被保险人受到侵害时,常出现申诉无门的情况。此外,由于各个地方的经济、人文和实际情况的差异,在政策的制定和实施上也是不相同的,被保险人在各个省市享受的医疗保险及其应受到的法律保护也是不一样的,这就直接地造成了医疗保险在全国范围内管理的混乱,也在很大程度上破坏了法律应有的权威性和统一性。

2. 我国医疗保险立法层次较低

目前我国医疗保险法的相关法律制度的建立主要依靠的是国家的政策法规、国务院及其行政部门颁发的文件及地方政府出台的地方性的政策措施,这些都导致我国的医疗保险法管理混乱,政策不一致,易使人产生我国的医疗保险立法不是以法律的手段来建立和完善的,而是以行政手段来实施的,究其原因,一方面,可能是我国的医疗保险制度产生的时间较短,研究基础薄弱,医疗保险立法的理论知识和实践经验较少;另一方面,主要归结于我国长期受计划经济的影响,很多地方均规定了其相应的医疗保险的相关的法律法规,但是如此零星分散的政策必然会削弱法律的权威性和统一性。医疗保险立法滞后和立法层次较低的现象与医疗保险在我国所占的举足轻重的地位大相径庭,这严重影响了我国医疗保险制度的发展及其深化改革。

3. 我国医疗保险制度的法律实施机制不健全

只有权利具体、义务清晰和职责到位的医疗保险制度才是真正法律意义上的医疗保险法,才能够以立法的形式,在法律层面上保障我国居民的医疗保险的相关权益,发挥法律应该有的也是必须有的制裁、教育、引导等功能。但是,我国在很长一段时期内对社会医疗保险权利的可诉性存在很大的争议,尽管我国的宪法中明确了"全体公民"的社会保险权利,一些与医疗保险有关的法律法规和一些地方性的规章制度也都对我国公民的医疗保险权利加以确认,但是,必须承认的是所有的制度都不是也不可能是完美无缺的。

我国医疗保险立法长期存在的立法分散、立法滞后及效力层级较低、保险义务主体不明确、保险规则彼此冲突且变化迅速的现象,使得我国医疗保险权益往往处在一种"不确定"状态。

二、国际经验借鉴

(一) 各国医疗保险立法情况

当前国际医疗保险分为社会保险型医疗保险模式、商业型医疗保险模式、储蓄型医疗保险模式、医疗服务型医疗保险模式及医疗保险型医疗保险模式 5 种,不同的医疗保险制度模式由于其所处国家的经济、历史及医疗保障制度本身的发展演变不同,与其相适应的法律法规的差异也是绝对存在的,这些国家在不同的时期建立起各自的医疗保险法(表 4.2)。1927 年的国际劳工大会通过了《工商业工人及家庭佣工疾病保险公约》(第 24 号)和《农业工人疾病保险公约》(第 25 号),1969 年的国际劳工大会对这两项公约(第 24、25 号)进行了修订,通过了《医疗护理与疾病津贴公约》(第 130 号),并将医疗保险的参保对象扩大到所有经济活动人口和居民,这是关于医疗保障的最主要的两项国际劳工公约,也为我国在医疗保险法中制定扩大参保群众的覆盖面提供了借鉴。

表 4.2　各国医疗保险立法情况

国别	最初立法时间	现行立法时间
德国	1883 年《疾病社会保险法》	1989 年 1 月 1 日起生效《社会法典》医疗卫生改革法
英国	1911 年《全国保险法》、1948 年《国家卫生服务法》	1989 年
日本	1922 年《健康保险》、1938 年《国民健康保险》	1922 年《健康保险》、1958 年《国民健康保险》（1968 年、1973 年进一步修订）
美国	1935 年《社会保险法》、1973 年《健康维护组织法》	
新加坡	1955 年《中央公积金法》	

　　我国的医疗保险法的建立必须立足我国国情,深入理解各国医疗保险模式与其立法的相关性,总结和提升本土制度资源。

（二）国际医疗保险立法的启示与借鉴

　　虽然世界各国的医疗保险立法的模式各有不同,但是在全球化的大气候下,在市场经济的大背景下,它们必然存在一定的共性,了解世界各国的医疗保险立法模式及其经验,对于构建适合我国国情的医疗保险立法意义重大。

1. 以法律的强制手段来保障医疗保险法的实施

　　医疗保险立法必须以法律的强制手段来保障实施,以立法的形式来维护医疗保险制度在全国范围的建立和应用,纵观世界各国的医疗保险历史的发展变化,不难看出无论是医疗保险制度的建立还是医疗保险深化改革的发展变化,都不可能脱离法律的强制性来推行和建立,国家立法对于医疗保险立法的进行体现着不可忽视和不可替代的作用。例如,德国颁布的《疾病保险法》及由美国颁布的《社会保障法》,他们分别都以法律的形式确立了本国的医疗保险制度。其他国家的改革及医疗保险制度的颁布亦是如此,都是通过法律的形式来明确政府的法律职能,从而赋予改革的法律权利,再进行相应的医疗保险立法及其改革制度的进行和完善,如德国政府就是通过颁布《疾病费用控制法》、《卫生改革法》及《法定医疗保险现代化法》等一系列的法律改革措施来建立和不断完善德国的医疗保险制度的。

2. 政府在医疗保险立法和制度的建设和完善中要承担主体责任

　　纵观发达国家的医疗保险制度的发展变化及医疗保险立法的构建不难看出,医疗保险立法的构建和医疗保险制度的不断完善都是不能脱离医疗保险法的建立而存在的,也就是说,任何制度的建立及实施都是不能脱离法律的构建而存在。另外,政府在整个医疗保险立法和制度的建设和完善中要承担主体责任。政府在各行各业制度的构建及在各种法律制度的建设和实施中往往都担任着领头羊的作用,它常常作为法律的主体而存在。在医疗保险立法制度的建立过程中,政府的责任是不容忽视的,更是不可取代的,各国无如此,即使是以崇尚自由为主的美国也逐步地意识到了政府职能的缺失对于其医疗保险制度运作带来的困境和危害。在医疗保险立法中,政府的主要职责表现在提供政策的制定、制度安排、提供公共管理服务和相应的财政支持,表现为:①政府作为各项立法的主体,要主动承担制定医疗保险立法的相关法律法规的责任,设计医疗保险规划、制定医疗保险制度方案;②政府要在医疗保险制度的管理和运行中承担相应的行政管理、经办管理、基金管理和监督管理等方面的管理责任;③国家的财政支持是医疗保险制度正常运行的重要的物质保障,在医疗保险基金的筹集、缴付和运作方面,政府的职责是不可替代的,也是无法替代的。

3. 医疗保险立法必须根据我国的基本国情

医疗保险制度的设计及立法的构建必须根据我国处于社会主义初级阶段这一国情,必须考虑到我国的政治建设情况、经济所处状态及文化的构建和历史的发展等一系列的因素,我们可以借鉴发达国家医疗保险立法的经验,但是绝不能照搬,要清楚世界上没有任何一种制度是完全且完美的,适合所有的人民的。医疗保险制度作为可以侧面反映一个国家经济生活水平的重要指标,必须紧紧跟随我国的经济建设的步伐,并不断地随着经济建设的发展,逐步带动医疗保障水平的提高。例如,在1883年德国建立社会保障制度时,其覆盖范围仅仅是工商业和手工业的工人,直到1957年,德国才将农民纳入了医疗保障的范围内。从各国的医疗保险的建设情况不难看出,只有与本国的社会经济水平相适应的医疗保险水平才能够促进本国经济建设和医疗保险水平的提高和完善,任何的低于本国经济建设水平或者高于本国经济建设水平的医疗保险制度的构建都是阻碍经济建设和发展的,同样的,也会阻碍医疗保险水平的提高和医疗保险制度的完善。

4. 多层次混合的医疗保险制度是国际医疗保险立法的发展趋势之一

目前,各国基本上都建立起了符合自己国情的针对本国公民的基本医疗保险立法,并在此基础上将其他的补充医疗保险制度和医疗救助制度作为补充来完善自己的医疗保障,以此来使得各个层次的公民均能够享受到医疗制度带来的实惠。与此同时,我国也要注重不断地完善我国的补充医疗制度建设,制定一套可以相互促进的医疗保险制度体系。

5. 建立多元化的医疗保险筹资机制

医疗保险制度的正常运作是以医疗保险资金的正常运作为基础的,资金的筹资建设可以说是医疗保险制度建立的基础和前提条件,这是医疗保险制度运作中任何一环都无法避免的,世界各国基本上都是以多元化的筹资机制为基础来构建的,不同的筹资机制对于制度运作带来的结果是完全不同的,多元化的筹资机制可以减轻政府的财政压力,更多的是可以提高个人的缴费意识和责任的担负意识,有利于激励个人合理地利用医疗资源,从而达到节约医疗资源和提高医疗保险基金运作效率的目的。

本章思考题

1. 我国多元医疗保险立法体系主要由哪几方面组成,各自有什么特点?
2. 整理国际上关于医疗保险的法律。
3. 医疗保险法的基本原则是什么?
4. 我国医疗保险立法的主要特征有哪些?
5. 医疗保险立法的主要内容有哪些?

【本章案例】

奥巴马医改立法之战

医疗保险体系是美国医疗体系的核心。其构成是以私营医疗保险公司举办的商业性医疗保险为主,这部分的业务量和运营费用占据了整个行业的大部份额。政府开办的社会医疗保险仅针对65岁以上老年人、低收入者和残疾人、退伍军人等群体。此外,还有一种被称为"管理式医疗组织"的由保险人与医疗服务提供者联合提供服务的医疗保险形式。美国医疗保险存在的主要问题:一是覆盖面不足,2010年美国大约有5400万人没有医疗保险;二是医疗费用负担沉重,2009年美国在医疗方面的支出达到2.5万亿美元,人均8160美元,占据GDP的17.6%。此外,医疗体制面临公平缺失、运行效率低下等诸多问题。奥巴马的医疗改革就是力图解决上述问题。医疗改革法案的主要内容如下。

1) 实现医疗保险的全民覆盖,降低医疗费用。借助于政府的适当干预,使医疗保险的覆盖面从目前的85%提高到95%,接近全民医疗保障;调整医疗保险的支出结构,削减不必要的开支,使医疗保险系统的运行效率得到提升。逐步消除美国医疗体系高支出、低效率、欠公平三大积弊。

2) 调整税收政策,扩大救助计划。提高高收入者个人所得税标准,个人年收入在 20 万美元以上,家庭年收入在 25 万美元以上,将税率从原来的 1.45% 提高到 2.35%,提高高额医疗保单消费税标准,个人超过 1.02 万美元的医疗保单和家庭超过 2.75 万美元的医疗保单,消费税提高到 40%。对于中产阶级,提供适当的税收减免。对于低收入者,政府提供医疗保险补贴,以使这一群体的医疗保险覆盖范围得以扩展。补贴的对象是年收入在 43 320 美元以下的个人和年收入在 73 240 美元以下的家庭(三口之家)。

3) 加强对保险商和雇主的监管。禁止保险公司以既往病史为由拒绝投保人入保,或者向投保人收取过高的保险费用;投保人患病后保险公司不可以单方面宣布保险合同的终止;禁止保险公司对投保人设置最高终身保险赔付线等。大公司必须为其员工购买医疗保险。各州建立医疗保险交易所,通过在交易所进行联合议价,使小企业和个人也能享受与大公司雇员或联邦政府雇员同样优惠的医疗保险费率。

4) 加强政府干预。设立专门的费率管理机构,对各保险公司保险费率的调整进行监管;对于保险公司制定的不合理的保险费率上涨计划,政府有否决权。

5) 加强政府的资金支持。增加对社区医疗中心的资金投入,提高其为贫困人口的医疗服务能力。对于为员工购买医疗保险的小企业,政府将减免其税收。

美国的医疗改革涉及面大,几乎影响到每个人的生活。奥巴马医疗改革法案的实施,使那些身患疾病而未能得到医疗保障的人、老年人、受保人子女、企业雇员和个体经营者从中受益,同时强化了政府及医疗保险相关各方(企业雇主、保险公司和医疗服务机构)的责任。由于涉及公众的健康权和切身利益,各方斗争空前激烈。从 20 世纪 30 年代以来,医疗改革一直是历届美国政府欲推进的公共管理事务,但均没有取得太大进展,改革方案无一不以失败而告终,究其原因是医疗保险政策的变化涉及公众利益的调整和再分配。奥巴马这次强力推动医疗改革,几乎使整个美国陷入分裂。医改方案经过了多次大的修改,且非常艰难地在参、众两院投票通过。时至今日,仍有人起诉医改法案违宪,试图推翻。美国这次医疗改革影响面之广和利益纷争之激烈,凸显了医疗保险的重要性。同时表明,医疗保险是十分重要的公共管理事务。

此前,美国有将近 20% 的人没有医疗保险。奥巴马政府之所以能够改写美国“百年医疗改革”史,一个十分重要的原因是其认识到公众对医疗保险公平性的要求。其改革重点不再是引入市场机制,而是强调政府的责任,即通过政府的干预建立一个民众可及的医疗保险体系,以实现全民享有医疗保险。

——《河北学刊》2012 年第 32 卷

思考:

1. 奥巴马医改的目的是什么,与美国之前所运行的医疗保险制度体系有什么区别和联系?(医改法案的主要目标围绕:全民医保、降低成本和削减赤字来回答)

2. 目前美国医疗保险立法体系的主要弊端是什么?(从医疗费用、覆盖面和效率 3 个方面来考虑)

3. 美国医疗保险立法对我国医疗保险立法有什么启示?

拓展阅读

国际上 3 种医疗保障立法模式的比较分析

根据国际上医疗保障制度的筹资方式和支付方式的不同,有学者将医疗保障制度划分为福利型、保险型和自保型。福利型模式以英国为代表,保险型模式以德国为代表,自保型模式以新加坡为代表。

比较这 3 种保障制度,学者认为福利型和保险型的制度注重社会公平的原则,按照“大数法则”原理,通过将全体人口纳入风险集合,在出险与未出险的不同人群中分散风险。根据患者的实际需要提供医疗服务,不考虑其收入与缴费多少。而自保型制度重视实现效率,其筹资依靠纵向的积累而非横向的再分配,同时以范围有限的医疗救助制度为补充。

就法律体系的完整性看,德国的医疗保障立法是最完善的,这是由德国社会保障法律体系本身的广泛程度决定的。德国社会保障确立的指导思想是,把支持经济上的弱者、保障较大的生活风险和致力于社会机会平等看作社会国家有秩序发展的基石,通过社会保障使个人自由和在与人的尊严相应的方式中生活成为可能。在这一指导思想下,德国建立了一张"无所不包"的社会保障网。与"从摇篮到坟墓"的福利国家英国相比较,德国的医疗保障立法完善性还体现在:①立法覆盖全面。在18世纪末到19世纪早期,德国颁布的社会保障法律几乎都和医疗保障有关,如1911年的《职员保险法》、1923年的《帝国矿工保险法》、1927年的《职业介绍和失业保险法》等,这些不同性质、不同范围的社会保障立法几乎都对医疗保障给予了充分的考虑。②立法紧跟卫生系统的变化和要求。20世纪70年代开始德国医疗费用不断上涨,保险基金入不敷出,为此德国政府出台的一系列控制成本的措施几乎都有立法的保障,如1977年的《医疗费用限制法》提高患者自付比例;1993年的《卫生机构改革法》实施总额预付,控制供方过度供给等。③整个立法体系内部的法律之间注意保持衔接。医疗保障法律是整个社会保障法律体系中的一部分,它和诸如养老、工伤、失业及社会救济的法律制度有着密切的联系,这在德国的立法过程中得到体现。例如,《社会护理保险法》得到了《养老金改革法》的支持,后者对护理人给予了充分的保护,即社会护理保险为那些由于从事护理不能工作或者每周工作少于30h的护理人,向法定养老保险机构缴纳养老保险费和向法定事故保险机构缴纳事故保险费。

(来源:练乐尧,王云屏.2008.医疗保障制度立法的国际比较及对我国的启示.卫生经济研究,1:22-23.)

(黄明安　陈曼莉)

第五章
医疗保险管理体制国际比较

内容提要 自 1883 年强制性医疗保险在德国实行以来，现今世界大多数国家都实行了不同形式的医疗保险，而且保险覆盖人群越来越多，许多国家医疗保险已经达到覆盖全民的水平。各国越来越多地通过医疗保险计划分配卫生资源，医疗保险已成为现代国外医疗服务市场越来越重要的经济调节手段。但由于医疗保险制度既要有医疗服务的提供，又要有资金的筹措和管理，涉及医疗卫生、社会保险、社会福利多方面，如何协调各个相关部门之间的关系，建立合理的医疗保险管理体制，一直是各国推行社会医疗保险计划和政策最敏感、最关键的因素，它在很大程度上决定着医疗保险资源的使用效率，决定着受益人所得到医疗服务的数量和质量。本章从医疗保险筹资管理、组织管理、信息管理、监督管理等方面进行国际比较，探索医疗保险的组织管理制度。

第一节　医疗保险管理体制概述

一、医疗保险管理体制的概念

医疗保险管理就是对医疗保险运行系统各要素包括医疗保险费用供方和需方、医疗服务的供方和需方、医疗保险制度运行过程的各个环节所实施的有效的计划、组织、领导和控制，用最有效的方法去实现医疗保险制度的保障和保证目标。医疗保险管理体制就是组织领导医疗保险活动的管理原则、管理制度、管理机构和管理方式的总和。

二、国际医疗保险主要的管理模式

各国的医疗保险管理制度的设计都受到本国政治、经济、文化及历史背景的影响，与其政治制度、经济政策、科学和文化的发展水平密切相关，因此不同国家的医疗保险管理模式及制度多种多样。随着社会经济的不断发展和社会进步，各国医疗保障制度所依赖的背景环境也在不断发生着变化，因此产生了多种新型的医疗保险管理方式。

（一）美国

美国实行的是由商业医疗保险和社会医疗保险共同组成的医疗保险制度，医疗技术水平与其他国家相比被认为是最先进和最发达的。但是作为一个在所有西方工业国家中唯一没有实行全民医疗保险的国家，美国不仅缺乏全国性的医疗保险制度，而且医疗卫生投入与产出呈现出反比关系，医疗费用昂贵。随着美国人口老龄化的加速，医疗诊断水平的提高和治疗技术的复杂化，造成了近 30 年来，美国的医疗保健费用急速上升。然而，美国仍有一些成功的医疗保险管理经验值得我们借鉴。

1. 采用管理式医疗方式

自 20 世纪 80 年代中期以来,美国的很多私人保险计划和政府保险计划开始采用能够节省医疗费用和提高医疗质量的管理式医疗。最初由一些保险人和医疗服务提供者联合组成的医疗保险组织,通过此方式提供医疗保险。在此种模式下,医疗保险机构不再仅仅是医疗行为发生后医疗费用的报销者,而是集医疗服务提供、与医疗服务机构签约时进行谈判、对医疗服务过程严密监督、设计节约医疗成本的方案为一身的医疗费用的控制者。管理式医疗的具体做法有:①对有资格纳入定点医疗服务机构的医院进行严格审查,并且通过对医生的职业资格证明的审查和从业行为的调查来确定其行医水平。②实施医疗保险预付制。医疗保险机构通过定期向医疗服务提供者支付固定的医疗费用,对报销额实行总量和封顶控制。引入市场机制,使分散的投保个体得以借助保险机构和专职护士与医方进行集体式谈判,提高自己在谈判中的地位,最大限度地降低所需支付的医疗费用。③采用激励式薪酬体系,实行薪金制。医疗保险机构对医生的薪酬发放实行固定薪金与浮动薪金相结合的制度。④对初级保健医生的激励。在管理式医疗保险模式下,每位参保者可以选择一位固定的初级保健医生,当参保者患病需要治疗时必须首先经过初级保健医生的诊疗,如果患者需要其他专业性治疗,必须由初级保健医生推荐给专业医生。

管理式医疗通过改革医疗保险费用的付费方式,成功地抑制了医疗保险费用的高涨,采取按病种预付费、按人头预付费等方式控制了医疗服务量,因此目前美国在医疗保险管理中主要使用管理式医疗方式。此方式已逐渐在世界范围内广泛应用。

2. 有效的医疗保险费用控制管理

美国的医疗保险机构在医院的收费标准上,通过市场原理进行调节和控制,并严格规定了偿付医疗费用的标准。在签约医疗服务供方和制定医疗保险支付范围时,医疗保险机构会对医疗服务技术、医疗服务项目、医用药品和医疗服务质量等方面进行费用效果评价,因此对医院的花费起到了很大的抑制作用,促进了医生的服务规范化和标准化。此外,在医疗保险组织和医院之外,法律保障并强制设立了医生同行评议机构和监控部门,对医院进行评议和监督,采用统一标准评价患者入院的合理性。由于大多数就诊患者的疾病经常属于常见病例的范围,因此医生的诊断和处方可以参考相应的费用标准,将常见病例的医疗费用控制在一定范围内,如果医疗机构进行违规操作,医疗保险机构有权拒绝或是减少向医院偿付患者使用的医疗费用。医疗保险机构还可以采取多种方式控制患者的住院费用,如要求患者在急性病的恢复期时转入费用相对低廉的护理院或家庭护理中心、鼓励患者在医生的诊所直接就诊等方式,减少患者的住院天数,从而达到对住院费用的合理控制。

(二) 德国

德国医疗保险基金组织不仅强调运作体系的外部条件,而且注重了基金组织的内部环境,实施多元竞争和自我管理的方式。根据德国社会市场经济理论,政府经办的社会医疗保险基金组织在自我管理、自主经营和自负盈亏的基础上引入了竞争机制,投保人可以根据自己的意愿,自由地选择医疗保险基金组织。同时,将保费的收入作为竞争的主要手段评估基金经营的优劣,鼓励将规模较小的基金组织和一些地方性医疗保险基金组织进行兼并发挥规模优势。

1. 通过采用医疗服务点数控制方式,抑制了医疗服务的过度提供

在德国,由医生联合会向参保人提供法律规定的门诊医疗服务,社会医疗保险机构每年按照一定的预算向医生联合会支付费用。德国门诊医生的大部分或是全部收入由医生联合会计算得出,对每项医疗服务赋予一定的点值,如果门诊医生提供过多不必要的服务项目就会减少相应的点值。因此,医生通过提供过多的医疗检查项目和服务项目也不能增加收入,消除了医生提供过度医疗服务的动机。

2. 在药品经济学的基础上,多种药品使用制度

通过采用平行进口药品、仿制药品和代替使用处方药品等多种制度,有效降低药品费用。例如,鼓励平行进口专利药品和国内生产或销售的相似专利药品之间进行价格竞争,当专利药品的保护期结束后,对仿制药品开展低价销售;药剂师有法定义务主动采用功能相近的低价药品代替医生开立处方中的高价药品。

3. 法定健康保险基金管理费

鉴于管理费用近年增长较快,政府出台了一项管理费用限额政策,规定开展法定健康保险的基金组织,对每名参保人的平均管理费用不得超过全国平均管理费的10%,否则基金将被冻结。

(三) 英国

英国政府与医院之间的内部市场完善,政府通过对医院的服务进行全额补偿从而对市场进行调控。从事社区卫生服务的全科医师作为"守门人",承担着监督医疗质量和医疗费用的责任。英国医疗保险管理的经验主要反映在以下两个方面。

1. 实行全民国家医疗保险制度

英国实行国家预算型医疗保险制度,医疗保险资金由政府直接筹集并进行统一的管理、分配和使用。英国健康保障体系的宗旨是根据英国公民的需要提供全方位的医疗服务,不考虑公民的支付能力,政府通过拨款补偿的方式对医疗提供方进行补偿,需方可以享受免费的医疗服务。英国通过实施普遍责任原则,保证了资源利用的效率和医疗费用的节约,被国际卫生组织评价为全球最佳公用医疗服务系统。

2. 建立内部市场机制,体现效率原则

英国政府通过调整医疗系统的内部关系,完善医生与医院之间的市场环境,形成了有效的医疗市场机制。例如,允许地区卫生局向管辖范围外但能提供低成本医疗服务的医院投放经费,引进私人医院服务为本地区的居民服务;当地段医院具有一定条件和管理水平后,经过地段和地区卫生局的审核,可以独立自主地决定本医院的人事、工资和经济调配等方面。允许居民自由选择、决定和改变注册家庭医生,促进家庭医生间的有效竞争;经卫生局审核,拥有1.1万以上的居民且具备一定技术和设备条件的医院,可在获得政府的批准后向居民提供住院治疗的服务。

三、各国医疗保险管理体制面临的问题

20世纪50年代后,西方各国普遍建立起比较完善的医疗保险制度,对于公平解决国民的医疗保障、促进劳动力的再生产、缓和劳资矛盾、稳定社会环境都起到了积极的作用。但是进入20世纪70年代中期,西方各国出现了通货膨胀、经济增长停滞等一系列问题,使主要靠政府财政支持的社会保障制度,随着经济承受能力的下降出现了一系列问题。特别是80年代以来,西方国家医疗保险制度存在的问题逐渐暴露且日益加深。这些问题主要反映在医疗保险费用的支出过度膨胀、医疗能力和资源浪费严重及医疗服务质量低下等方面。

(一) 医疗保险支出过度膨胀,缺乏有效约束机制

对各国政府来说,这是所有问题中最严重的。从20世纪50年代开始,西方国家普遍推行社会保障扩张政策,导致用于医疗保险的支出成倍增长,在国内生产总值中的比重不断提高。20世纪70~80年代开始,医疗保险费用的增长速度远远超过国民生产总值的增长速度。医疗保险费用的急剧上升,使得各国政府不堪重负。它使政府将越来越多的公共资金用于医疗保险,对经济和其他各项社会事业的发展产生了不利的影响。

造成这一问题的主要原因是医疗需求不断扩大,且标准越来越高。一方面,西方社会人口老龄

化及疾病谱的变化增加了对医疗服务的需求。同时,医学科技的发展,使疾病检查技术、治疗设备和药物日益先进,但费用更加高昂。另一方面,西方国家的失业率一直居高不下,使得以工资收入作为缴费基数的医疗保险费收入减少。而各国的医疗保险管理机构并没有探索到合理有效的机制来遏制医疗保险费用的急剧增长。

(二) 医疗资源配置不合理,存在浪费现象

医疗资源配置不合理在西方各国普遍存在,如病房、各种检查诊断、治疗及辅助设备的闲置和医务人员的过剩,有些国家病床的使用率只有 2/3。而各国政府并没有找到合理的途径对医疗资源进行有效的分配和管理。

(三) 医疗服务效率低下,管理体制落后

例如,在英国的公立医院看病,不但门诊要排队,住院也要排队,而候诊、等待住院和手术的时间过长,等待的人数很多,实际都表现为此类患者获取医疗服务的时间可及性和公正性的下降,他们的病情有可能被延误,即降低了患者治疗的得益;甚至有些患者由于怕麻烦而干脆放弃治疗;而有的则被迫自掏腰包去私立医院就诊或动手术,归根结底,是效率的损失。从等待的时间来看:看全科医生(初级医疗)一般需要 1~2 天,也许更长;甚至连事故或急诊的治疗也要等待 3~4h,甚至还要长;而在医院等待手术时间则更长,一般要 18 个月左右。

四、医疗保险管理体制的改革与发展趋势

随着社会经济的发展及人们对健康需求的逐步提高,社会医疗保险管理体制面临新的问题,目前世界各国都在进行改革和探索,寻求新的管理经营机制和措施,以提高社会医疗保险的公平和效率。目前国外医疗保险管理体制的改革与发展趋势可以概括为以下几点。

(一) 筹资渠道的多元化

1. 由中央财政筹资为主转向以地方财政筹资为主

实施社会医疗保险的国家存在这样一个问题:中央集权化的卫生政策与补偿机制缺乏对医院降低医疗成本和提高医疗服务质量的激励作用。因此,地方政府与医院有脱离中央政府独立管理和经营卫生服务的倾向,即所谓的地方化。

如今,瑞典、丹麦和加拿大等国家的社会医疗保险的资金筹集主要是地方政府(省或县政府),中央政府提供的资金不到一半。瑞典中央政府主要负责制定社会医疗保险的法规,以此规范地方政府的行为,而地方政府则提供社会医疗保险所需的大部分资金。加拿大在 70 年代开始采用医疗照顾政策,中央政府提供的保险基金占 50%,其余部分由地方政府提供,而患者不需要承担医疗费用,但是随着医疗费用的上升,中央政府也开始逐渐降低其基金承担的比例。

2. 由政府筹资转向社会与个人相结合的筹资

筹资渠道多元化的另一个特点是逐步减少中央财政筹资,转向和加强社会筹资,即由政府筹资转向社会与个人相结合的筹资。在法国、德国、日本、荷兰等国家,卫生保健制度的财政支持与管理以社会保险为主要方式,由社会保险机构负责经营,政府仅在发生重大危机时才开始干预,医疗服务的供方也具有较大的独立性。美国医疗保险基金主要由雇主和雇员承担,大多数的医疗保险费用由雇主提供,其中有的雇主提供全部保险费,有的雇主提供部分保险费;另外对于一些小型企业,雇主不提供医疗保险,由雇员自己承担全部费用。由政府负责提供保险基金的社会医疗保险主要有两种:以贫困人群为对象的医疗救助制度,资金来源于联邦政府和地方政府(州政府),并由地方政府负责管理;以老年人和残疾人为对象的医疗照顾制度,直接由中央政府资助并统一管理。

（二）支付方式的多样化

与筹资渠道的多元化对应,医疗保险的服务支付方式也呈现多样化发展趋势。长期以来,大多数西方国家对医院的支付方式是总额预付制,如瑞典、丹麦、英国、加拿大等国家。预算资金主要来自政府,但由于医疗费用上涨、人口老龄化及政府拨款不足,医院难以保证医疗服务的质量。美国、德国和法国过去长期主要采用按床日付费方式,这虽然有利于保证医疗服务质量,但容易刺激医院延长患者住院时间,导致医疗费用的迅速上涨。

因此,美国首先在医疗照顾制度中采用了按病种付费方式,瑞典和德国也随之效仿。加拿大、丹麦和新西兰也不同程度地选择了这种支付方式。按病种付费方式的主要优点是有利于提高医院的工作效率,但也存在缺点,即可能出现医院推诿病情严重患者的现象;另外,医院为了省钱,往往不等患者完全康复,就要求患者尽快出院,因而有可能导致病情的恶化。事实上,任何支付方式都有其特定的适合条件和对象,关键是如何将它们有机地组合起来,因地制宜地采用综合支付方式。

（三）引入市场竞争机制

市场竞争机制的引入有利于降低成本,提高产品(包括服务性产品)的质量。由于决策者希望通过卫生领域的竞争提高卫生服务的效率,目前,已有许多国家将市场机制引入卫生系统,也包括医疗保险市场。

在国外,医疗服务机构往往通过提高医疗服务质量、降低医疗费用等来吸引更多的参保患者或保险机构。例如,德国,根据法律规定,社会医疗保险基金组织均属于受国家法律制约的私人公司,它们必须依照法律规定自主经营、自我管理、自负盈亏,政府不给予任何补贴。基金组织的管理体制具有企业的特点,最高决策机构是董事会,成员分别来自雇主和雇员。董事会向参加基金组织的参保人和被保险人负责。除此以外,德国法律还规定,医疗保险基金组织不得以营利为目的,只能收取规定比例的管理费,所以基金组织往往会更积极主动地代表需方(患者)去加强对供方(医院)的费用控制,以较低的保费吸引更多的参保人。在英国,全科医生的收入与医生签约的患者的数量直接相关。获得登记的患者(居民)越多,收入就越高;患者少,收入就少。这样就促使全科医生经常评估和改进自己的业务,以获得患者的信任,争取到较多的居民注册或患者就诊。在美国,商业医疗保险组织之间的竞争更加激烈。这种竞争不仅能制约医疗服务供方的市场价格,还能促使医疗保险机构以积极的行动和创新手段控制医疗费用。

（四）医疗保险与社区卫生服务的互动发展

在德国,保险制度明确规定常见病患者必须在社区卫生服务机构就诊。疾病基金会与供需双方签订合同,将社区卫生服务的项目纳入医疗保险支付的范畴,建立严格的转诊体系,调节供需双方的行为,使患者首先利用社区卫生服务。德国的法定长期护理保险,为患者的私人护理、上门服务、住院护理提供费用。这有利于鼓励居民选择家庭护理,也激励社区卫生服务机构提供多种形式的保健服务。在日本,社区卫生服务机构虽然以私营为主,但是由于有全民健康保险制度的支持,社区卫生服务井然有序,不仅居民能获得适当的保健服务,而且卫生机构能从提供社区卫生服务得到应有的补偿。英国实行国家卫生服务制度,医疗保险与社区卫生服务的互动作用更为明显,近年来实行"经费跟随患者走"的政策,确保了社区卫生服务的连续性和责任性。居民在异地暂时居住,可以以临时患者形式登记注册当地的全科医生;如果外出时间短,可以先自付就医,回家后在当地卫生部门或其他国家保健服务组织报销。在社区卫生服务体系和功能较为完备的国家,不同程度地推行家庭医生首诊制,该制度的实现在很大程度上得益于医疗保险制度。

第二节　医疗保险的筹资与支付

一、医疗保险管理机构及其管理内容

（一）医疗保险管理机构

医疗保险管理机构是指在医疗保险活动过程中具体负责承办医疗保险费用的筹集、管理和支付等医疗保险业务的机构和组织，即医疗保险系统中的保险人。

医疗保险管理机构在医疗保险系统中处于主导地位，主要体现在：①医疗保险管理机构是医疗保险资金的控制者。在医疗保险系统中，医疗保险机构负责资金的筹集和支付，是资金流动的控制者，因此，医疗保险机构经营状况和管理水平的好坏，直接关系到资金乃至整个系统的安全。②医疗保险管理机构是医疗保险活动的监督管理者。医疗保险机构通过对医疗服务提供者和被保险人进行监督和管理，避免或尽可能减少违规行为的发生，从而可以保证医疗保险基金的收支平衡，保障医疗保险系统的正常运行。

根据医疗保险管理机构独立经营程度的高低，大体可以分为3类。

1. 政府机构型

这类医疗保险机构的运行基本按政府计划规定行事，主要目标是保证政府计划的落实，少有独立经营的余地，可以视为政府的派出机构。其机构成员类似于国家公务员，经营活动几乎没有风险，经营效果主要依赖于行政管理水平。这类医疗保险机构在各国医疗保险机构中较少见到，只见于加拿大等国。

2. 独立经营型

这类医疗保险机构在经营方面基本独立，包括组织人事、财务安排、经营决策等都可自行决定，只是在总体上按照政府有关医疗保险的法规行事，并接受国家有关部门的监督。这类医疗保险机构在财务经营方面自负盈亏，可以发展，也可能倒闭。商业保险公司经办的医疗保险多属此类。这类医疗保险机构也不普遍，可见于美国、荷兰等国。

3. 中间型

世界多数国家的医疗保险机构属此类型。这类机构一方面接受政府统一的计划安排，另一方面又有相对独立的经营权，如在决定保险范围、保险费率和经营方式方面拥有一定程度的自主权。因此，这种类型的医疗保险机构既可以在实施医疗保险过程中保证社会公益性，又可以通过保险机构间的竞争保持较好的效率和效益，是一种较为合理的机构形式。

（二）医疗保险机构的管理内容

医疗保险机构的管理内容主要是按照国家的有关法规，在一定的区域和人群中合理有效地开展医疗保险业务，为促进居民健康提供经费保证。

1. 参与制定政府医疗保险的法规、政策和计划

由于医疗保险活动是一种专业性很强的活动，在政府制定有关政策法规和计划时，需要有医疗保险机构的参与。医疗保险机构根据自身掌握的第一手资料，主动为政府制定医疗保险政策法规和计划，提供合理依据和建议，也是保证有效开展医疗保险业务的前提。

2. 筹集医疗保险资金

其工作包括对医疗保险市场的调查研究；医疗保险主要指标的预测和测算；对所在地区居民和

单位进行参加医疗保险知识的宣传教育;选择有效方式组织交纳保险费等。

3. 保证医疗服务的提供

医疗保险机构一般并不直接为参保人提供医疗服务。然而,为了提高医疗保险的效率和效益,保险机构有必要负责选择和组织适当的医疗机构提供合理适宜的医疗服务,包括:选择适当的医疗服务提供机构和提供者(医疗保险定点医疗机构);选择和确定适宜的医疗服务范围、技术和服务方式;组织一些直接医疗保健服务,如疾病预防、被保险人的健康检查、健康教育和健康促进等活动。

4. 支付被保险人的医疗服务费用

这是医疗保险机构最基本的日常工作。主要包括选择合适的保险支付方式、检查和审核医疗服务的提供情况和大量日常财务会计工作。

5. 对医疗服务提供方和被保险方的监督和控制

对违反医疗保险法规和制度行为的监控是开展正常医疗保险业务不可缺少的重要工作。与其他保险业务不同的是,医疗保险机构必须同时监控医疗服务提供方和被保险方的行为。其工作范围包括:按有关规定对医疗服务范围、种类的监控;对服务价格和收费的监控;对所提供医疗服务的水平和质量的监控;对被保险人违反保险条例的欺诈行为的监控等。

6. 医疗保险基金的管理

尽管医疗保险基金相对于其他保险基金而言,有周转较快、沉积时间较短的特殊性,但仍有相当的资金沉积。为了保证沉积的保险基金的保值和增值,提高抗风险能力,保险基金的管理是医疗保险机构的一项重要工作。其主要工作包括对基金的核算、分配、分析和沉积基金的开发利用。

二、医疗保险事务管理

(一) 概述

医疗保险区别于其他社会保险的一个显著特点,就是保险经办机构不能直接向参保人提供保险服务,而必须借助于医疗机构提供医疗服务。由于双方存在利益上的冲突,医疗服务机构可能会出现损害医疗保险部门利益的行为。目前,医疗保险在全球范围内遇到了诸多问题,如医疗资源严重匮乏、医疗费用居高不下、国家财政和企业不堪重负、医疗质量不高等,影响了患者的需求。各国都试图设计适合本国国情的医疗保险制度,以对医疗保险事业开展有效的事务管理。

(二) 医疗保险事务管理国际比较

1. 美国的医疗保险制度设计与事务管理

美国是世界上推行医疗保险市场化最具代表性的国家,形成了以私营医疗保险为主体,社会医疗保险和管理式医疗组织为补充的多层次医疗保障体系。

私营医疗保险在美国医疗保险中扮演着重要角色,是参保人数占总人数比例最多的一类险种。美国近一半医疗费用来源于私营医疗保险计划,而且私营医疗保险公司负责和执行政府绝大多数医疗保险的操作工作。这些公司主要分为两类,即非营利性健康保险公司和营利性商业保险公司。其中,非营利性健康保险公司是以蓝盾和蓝十字为典型代表。"双蓝"计划是由医生和其他民间机构自发组织的,给予投保者门诊和住院服务保险,历史悠久、规模最大。其覆盖范围遍布全国,并且形成了一个松散的网络,参保人数近1亿人。管理式医疗组织,则是一种由保险人与医疗服务提供者提供医疗服务的一体化医疗保险形式。其中最有代表性的是健康维持组织(HMO)、点服务计划(POS)、专有提供者组织(EPO)和优先服务提供者组织(PPO)等。经过实践证明,管理式医疗组织由于其在降低医疗费用和提高医疗服务质量方面的成效,已成为美国占主导地位的医疗保险形式。尽管只有5000万人被这类医疗保险组织所覆盖,但其他的私人保险、政府医疗保险计划中都大量采用这种医疗管理方式。

社会医疗保险由联邦政府、州及地方政府举办,依据一定的法律法规,主要针对弱势人群提供强制性的医疗保险计划。老人医疗保险制度(medicaid)主要以 65 岁以上的老年人为覆盖对象,未满 65 岁的主要以慢性肾脏病需要肾移植的患者或长期人工透析治疗者为对象,是一种有限制的社会医疗保险制度。低收入者医疗帮困救助制度(medicaid)是美国另一种社会医疗保障制度,它是一项接受联邦政府补助,由州政府实施的低收入者医疗帮困救助制度。此制度以抚养儿童的低收入者家庭与贫困线以下的对象为主,除此以外,此制度还认可根据各州自行规定低收入阶层的另外一些人群医疗帮困救助对象。

2. 德国的医疗保险制度设计与事务管理

德国医疗保险制度主要由法定医疗保险和私人医疗保险两大体系共同构成。月收入较高的人(大多是自由职业者或高收入者)可以选择参加私人医疗保险。每个参加社会保险的人都可以购买私人医疗保险,可以享受单人病房及牙科等专项服务。其中以法定医疗保险为主,私人医疗保险为辅,前者涵盖的范围非常广泛,包括预防医疗药品康复等。除了公务员和自由职业者等人群外,凡是收入低于法定界限(2011 年为年收入 49 500 欧元)的德国公民必须投保法定医疗保险,没有收入来源的家属可以免费共同保险,缴费率为 15.5%,由雇主和雇员各承担 7.3% 和 8.2%。患者不论缴费多少都可享受同等的医疗待遇,后者提供的医疗服务要比前者更为全面。私人医疗保险缴费比例由保险机构决定,德国公民可以根据自己的收入和偏好,选择适合自己的医疗保险体系。至 2012 年,德国拥有法定医疗保险公司 600 余家,覆盖德国人口的近 90%。加上覆盖德国人口 9% 的私人医疗保险机构,99% 的德国公民基本上都能享受到医疗保障。此外,疾病基金主要由独立的、自治性的疾病基金会和私人保险基金会筹集。这些法定的疾病基金组织是非营利的,但受法律委托,在财务上自给自足,在管理上强调通过成员代表民主控制、自我管理。在各个社会保险基金组织之间有一个风险均衡的政策,主要是解决不同保险组织的参保人群因为年龄、性别和健康状况不同而造成的基金风险差异。

3. 英国的医疗保险制度设计与事务管理

英国实行基于税收的全民医疗保健制度,医疗保障的运行机制为:国家卫生部负责医疗保障立法及医疗保障覆盖面、医疗服务质量监管;英国全民医疗服务体系分别独立履行全民医疗保障行政职能,与卫生部不相隶属。英国城乡人口无差别免费医疗实行按诊疗付费、按人头付费,每个人只能登记一个全科医生、只能有一份病历,可选择转诊医疗机构。英国医保的基本特点如下:一是财政投入逐年增加,2010 年英国政府对全国医疗保障的财政投入分别达到 GDP 的 9%。英国全民医疗保健所需资金由税收支付,公民享受免费基本医疗,初级卫生保健由全科医生负责,转诊需经全科医生同意并提前预约,转诊等待时间最长不超过 18 周。二是建立公众意见反馈机制。英国全民医疗服务体系利用公众反馈的意见,在制定和完善全民医疗服务政策时作参考,以改进全民医疗服务工作,降低全民医疗服务费用,提高全民医疗服务质量。三是严格的医疗费用审核机制。英国有 100 家医疗服务数据收集审计机构,建立了癌症患者手术率、5 年存活率等不同病种的数据库,并通过对不同医院、不同地区的同一病种进行全国性的诊疗审计比对,减少不合理医疗支出。

4. 新加坡的医疗保险制度设计与事务管理

新加坡的医疗保险制度包含 3 个层次,即全民保健储蓄计划、健保双全计划及保健基金计划。整个制度强调以个人责任为基础,并且对所有国民实行统一的医疗保健。保健储蓄计划设立于 1984 年,是一项强制性的全国储蓄计划,也是新加坡医保体系的基础。所有雇员包括自雇人员,都必须将每月收入的 6% ~ 8% 存入设在公积金局的个人保健储蓄账户,用于支付本人及家庭成员的住院费用和部分昂贵的门诊检查治疗项目的费用,直至退休,每月的缴费由雇主和个人各承担一半。1990 年推出的健保双全计划,专门帮助国民支付大病或长期慢性疾病的医药开销,由个人自愿投保,政府指定的商业保险公司承办,保费从个人保健储蓄中扣除,缴费标准随年龄逐渐递增。由于这一计划保费合理、保额可观,目前的覆盖率已经超过 90%,而那些无力支付医疗费的贫困人群,则可以申请 1993 年创立的保健基金计划,从而确保每一个公民都能得到基本医疗服务。3 个计划以储蓄为基础,将个人积累与社会统筹相结合,在加强个人责任的同时,辅以其他保险形式,发挥社会共济、风险分担的作用。与其他医疗保障制度相比,新加坡模式的最明显特点就是建立了一套有效的资金筹集和运用体制。主要特点是:①筹集医疗保险基金是根据法律规定,强制性地把个人消费的一部分以储蓄个人公积金的方式转化为保健基金。②它以个人责任为基础、政府分担部分费用,国家设立中央公积金。③雇员的保健储蓄金由雇主和雇员分摊。④实施保健基金计划,政府拨款建立保健信托基金,扶助贫困国民的保健费用的支付。⑤所有国民都执行统一的医疗保健制度,政府高级官员和一般雇员享受同样的医疗保健服务。

三、医疗保险筹资管理

(一) 概述

医疗保险基金作为医疗保险制度的经济基础,在整个医疗保险事业中占有举足轻重的地位,而医疗保险基金筹集与管理是医疗保险基金运行的起点和基础,是整个医疗保险工作的核心环节,是医疗保险基金筹集对象、水平、渠道和方式的总称。

(二) 医疗保险的筹资对象

从世界各国总的情况来看,其筹资对象包括国家、雇主和受保人。而由于各国经济、政治和社会保障价值理念的差异,其具体对象又有不同,概括起来有如下几种。

1. 单方负担型

单方负担型主要以国家单方负担为典型,如新西兰规定政府从税收中提供全部医疗保险费用,受保人与雇主不缴纳医疗保险费用。其次为雇主单方负担型,这种负担类型为爱沙尼亚等国所采用。

2. 双方负担型

双方负担型又分为国家与雇主双方负担型,如加拿大、波兰;雇主与受保人双方负担型,如阿根廷;国家与受保人双方共同承担,如澳大利亚、智利、瑞士。

3. 三方负担型

三方负担型即医疗保险基金由国家、雇主和受保人三方共同筹集,为英国、法国、新加坡、美国等世界上绝大多数国家和地区所采纳的医疗保险基金筹集制度。在三方负担型中,国家负担医疗费用的方式各不相同,有的由国家财政直接承担一定比例的医疗保险费用,如英国、瑞典、法国等国;而一些国家的财政仅给予一定形式的补助,如新加坡;另一些国家的财政则仅负担特定人员的医疗保险费,如美国,其国家财政仅负担某些未受保老人的住院费用。

当然,世界各国根据本国的不同情况可能采取两种或两种以上的筹资方式。例如,日本,对于国民健康保险实行受保人与政府双方负担型筹资,而对于雇员健康保险则实行受保人、雇主和政府三方负担型筹资。

(三) 医疗保险筹资管理的国际比较

目前,各国医疗保险筹资大致有国家税收式、强制缴费式、储蓄账户式和自由投保式四大途径,其代表性国家分别是英国、德国、新加坡和美国。下面就根据各国的具体情况来分析比较每种模式的特点。

1. 美国的自由投保式

美国医疗保险的筹资以私人缴纳为主要方式。保险主要是由雇主购买团体险,雇主承担大部分医疗保险费用。无雇主单位的,个人自由选择是否购买。其筹资具有灵活性,受到的保障水平取决于缴纳保险费的数量,多投多保,少投少保,不投不保。这种方式的好处是能够适应科学的进步,可以提供多样化的服务以满足消费者对不同层次的医疗服务需求。社会医疗保险主要是由雇主、雇员缴纳工资税、个体业主税,用于支付65周岁以上老年人的医疗保险。税款分别由雇主和雇员按照一定的税率平均负担,国家以税收的形式强制征收。税款成为联邦住院保险信托基金。全部医疗费及管理费用都用此基金支付。针对低收入和缺乏生活来源的个人及家庭补助医疗和少数民族免费医疗,美国政府提供了一种医疗帮助的措施,其资金主要由政府筹集,联邦政府和州政府各负担50%。

2. 德国的强制缴费式

德国是社会保险制度的发源地,经过一百多年的发展与完善,形成了自身独具特色的社会保险模式。德国的医疗保险费用由企业和个人分担,各负责50%,对于收入低于一定限度的职员,医疗保险费用则由企业支付。另外,保险费的缴纳依据个人收入,高收入者多缴,低收入者少缴,实行"封顶、保底"。

3. 英国的国家税收式

英国在1948年通过并颁布了《国家卫生服务法》,医疗保险范围扩大到全体公民,实施全民医疗保险制。这一制度又称全民医疗服务,其医疗经费主要来源于中央财政收入,约占全部国民保健费用的90%以上。其余的由人们缴纳的国民保险费、看病处方费、受益人为享受及时的较高档次的医疗服务而支付的费用来弥补。筹资方式是现收现付式。

享受全民医疗服务的条件是,国民每人每月交纳一定的费用作为医疗保健费,即可包括其家庭在内享受国家统一规定的免费医疗待遇。由于医疗费用上涨过猛,为遏制浪费,规定每张处方个人需交一定的手续费,还有一些其他收费项目。除此之外,部分患者收入较高,愿意自费享受更高质量的服务,因此在国立医院设有自费床位。另外,有些企业为了吸引人才,为员工购买私人保险,以便企业员工能够享受更好的医疗服务。

4. 新加坡的储蓄账户式

新加坡实行的是典型的强制储蓄型保障计划。医疗保险制度主要分为强制性医疗保健储蓄、社会医疗保险和社会医疗救助3个部分。医疗保健储蓄是强制性质的中央公积金制度的组成部分,它要求所有在职员工,按照一定收入比例定期交纳公积金并根据不同年龄确定不同的缴费率。在新加坡,每个居民都有自己的医疗保健储蓄账户,该账户只限于支付住院费用和少数昂贵的门诊费用,并有严格的启动和提取限额。新加坡的保健储蓄是建立在公积金制度的基础上的,每个有工作的劳动者都被强制参加医疗保健储蓄。对于这种保健储蓄,还有以下3个方面的规定:总额封顶,即政府对储户足以应付一生中有病时住基本床位的需要进行测算,定出最高限额数;最低限额,即当储户的年龄达5岁时,医疗储蓄的总额只要保持一个最低限额,超过部分可以提取;余额继承,即当储户本人去世后,医疗储蓄的余款可以作为遗产由家属继承,而且免交遗产税。这种筹资方式与其他方式的最大区别在于它是以一代人或几代人的医疗储蓄来抵御疾病风险,即通过足够长的时间来纵向分担疾病风险。而其他方式是通过大量人群来横向分担疾病风险。

四、医疗保险支付管理

(一)医疗保险支付概念

医疗保险的支付方式是指医疗保险费用拨付的途径和方法。不同的医疗保险模式,其费用拨付的途径和方法各不相同。医疗保险支付方式是医疗保险制度的核心内容之一,它对费用控制、资源配置、规范和引导供方的医疗行为等方面具有很强的导向作用,关系着医疗保险的平稳运行,是医疗保险过程中涉及各方经济利益的最直接、最敏感的环节。如何设计医疗保险的支付管理方式,关系到医疗服务供给者、医疗服务需求者及医疗基金经营者之间不同的制约关系的形成。目前国外医疗保险支付方式有以下几种。①按服务项目付费制。②按服务单元付费:西欧各国广泛采用这种办法,但各国的费用标准与计算方法不尽相同。③按人头付费制:英国、丹麦、荷兰等国家最早采用该法,美国健康维护组织也广泛使用按人头付费方式。④总额预算制:法国对医疗费用实行总量控制,层层承包的总额预算制费用支付办法。⑤工资制:这种费用支付方式广泛应用于芬兰、瑞典、西班牙、葡萄牙、希腊、土耳其、印度、以色列等国家。实行全民医疗保险的国家,如英国、加拿大和美国的健康维护组织等也使用此方法。⑥按病种付费制:采用此种支付制度的主要以欧美国家为主,如美国、挪威、法国、比利时、英国、荷兰、瑞士、意大利、德国等。

(二) 医疗保险支付管理国际比较

1. 美国的医疗保险支付方式

美国是商业保险为主的国家,其支付方式为:①承保人以不同的标准按服务项目付费。②费用共付制。费用共付制是指由第三者和消费者共同支付费用的制度。在美国实现共付制的具体方法多种多样。③对医院实行预付制。美国的医疗保险支付方式中以预付费为主是为了避免按项目付费制下医生过度医疗、导致卫生费用不合理上涨的现象。④对医生以相对价值为尺度实现补偿。对医生付费的传统方式是按服务项目付费,在医疗服务市场上,服务提供者处于垄断地位,第三方付费又会加剧服务提供者过度提供服务的行为。1989 年,美国国会倡导用“按资源投入为基础的相对价值费用率”制订的价目表给医生付费,该方法把医生提供医疗服务所需的资源投入定为 3 种:每项服务中医生的劳动投入总量、医疗成本(含治疗失当保险费)和专科训练成本。综合这 3 种因素,估算出某一特定医疗服务的按资源投入为基准的相对价值。由此制定医师服务及工资标准,使医生服务收费相对合理。

2. 德国的医疗保险支付方式

德国是实行社会医疗保险的国家,其医疗保险的支付方式为:①医疗费用实行总额预算。德国政府在宏观上实行医疗保险费用预算制,每年度给出医疗支出总预算及各类医生协会费用预算,特别是在医院照顾、药品供应、贵重设备等方面严格控制预算。②对医生实行按“点数”付费制度。总费用移交医学会后,各医学会按“点数”付费给医生。在此制度下,每一单项服务被规定为若干“点”,某一类医疗费用预算除以某一协会的所有医生在一年中的“点数”的总和,就是每一“点”的点值,如果每个医生都追求“点数”而提供过量服务的话,到年终他们就会发现“点值”下降了,其“点数”服务的增加与其收入增加不成正比。③医生、医院与患者之间没有现金流通,医生的报酬由疾病基金支付。

3. 英国的医疗保险支付方式

英国全民保健项目由社会保障主管机构将医疗费直接付给提供服务的医院和药品供应者。患病的被保险人与医院之间不发生直接的财务关系。这种免费医疗服务方式通常是由政府机关、企业或医疗保险主管机构,医生与医院或药品供应者分别签订契约,按照服务项目、类别、承治人数等,规定相应的报酬或发给固定薪金,对于医药费用则按规定实报实销。英国的医疗服务对象是全体英国公民,不参加社会保险的只享有医疗权,但无权领取现金补偿。

最近,英国还出现了类似美国按病种诊断付费的医院费用补偿方式,此类偿付方式又被称为按疾病诊断分类定额预付制,即根据疾病分类法,将住院患者按疾病诊断分为若干组,每组又根据疾病的轻重程度及有无并发症分为若干级,对每一组不同级别分别制定费用偿付标准,并按该偿付标准向医院一次性支付。

4. 新加坡的医疗保险支付方式

新加坡的医疗储蓄保险可以用来支付本人及其家属(配偶、子女、父母)在公立医院或注册的私人医院的住院费,但只能限于这些医院的三等床位住院费。三等床位以上的住院费的差额由患者自己负担。保健储蓄款不能支付门诊费用(某些昂贵门诊治疗项目有另外规定)。

第三节　医疗保险信息与监管体系

一、医疗保险财务管理

(一) 医疗保险财务管理概念

医疗保险财务管理是指按照国家统一的财务制度和社会保险政策、法令及社会保险机构财务目标,通过核算、控制和监督等手段,合理组织社会保险基金的筹集、支付、调节和储备等财务活动。医疗保险财务管理是医疗保险机构一项重要的管理工作。

(二) 医疗保险财务管理国际比较

1. 美国医疗保险财务管理

在美国,由政府直接管理的基金只限于政府责任的联邦医疗保险,这部分基金由联邦政府纳入财政专户直接管理,在政府预算外单独管理,对于补充保险及其他个人所有的医疗保险基金,政府只是制定相关财税政策和安全监管,并不直接管理。以财政部为管理主体:在美国虽然社会医疗保险基金收入由税务部门征收,支付由社会保障署负责,但是整个社会基本医疗保险基金收支全部经国库流动,基金结余以购买政府债券为主,其管理主体是财政部,在整个基金收支过程中,部门责任明晰、基金流程简洁。信息披露监管规范:有专门的信托基金管理委员会向国会报告及国民披露的基金信息,既有当期的基金运行情况,又有基于保险精算的未来中长期基金预测报告。

2. 英国医疗保险财务管理

英国医疗保险体系具有覆盖面广、国民待遇公平、成本低等特点,按照统一标准缴费、统一标准给付,医疗对象就医时基本不用支付费用,是典型的全民福利型医疗保险。在此模式下,政府参与到医疗保险的所有方面,医疗保险资金主要通过国家税收筹集,再采取预算拨款形式给国立医疗机构,绝大部分医疗保险基金源于财政预算拨款,必须以雄厚的国家财力作为后盾。该模式的突出缺点在于:微观上医疗机构缺乏活力,难以满足国民不断增长的医疗需求;宏观上财政预算对福利医疗费用难堪重负。

二、医疗保险信息管理

(一) 医疗保险信息管理的重要性

完善医疗保险管理需要以全面、及时、准确的统计数据为基础,随着按病种付费方式的普遍推行,测算各类病种的诊疗费用需要大量统计数据,对疾病信息管理的要求越来越高。而且按病种付费的管理、监督、审查也相对复杂,这也是社会医疗保险信息化建设的难点。随着医疗保险的发展,参保人群增多,需要掌握的信息量增加并且日趋复杂,信息化管理是必然趋势。

(二) 医疗保险信息管理国际比较

美国对社会医疗保险的信息非常重视,各个保险机构都有直属于总裁的信息部门,配备专业人员,还有一整套从信息收集、输送、存储到应用的工作程序和方法。保险公司非常重视信息的拥有和积累,信息积累的历史和数量常常是公司实力和财富的象征。美国的医疗保险管理信息系统主要由软件公司开发,它能实现医疗保险全过程的数字化管理,而且该系统能与医疗机构的信息系统连接、沟通和交换信息。该系统一般分成3类:应用报告系统、数据库管理系统和决策支持系统。它除了常规的收费和支付管理,还具有许多有效的管理功能,如医疗服务质量的监督与改善,费用控制及生产效率的管理,医疗服务利用的控制与改善,医疗保险需求分析,医疗保险计划的评估,医疗服务滥用和医疗保险欺诈行为的预留和控制等。

泰国健康保险卡制度的顺利推行也归功于信息化管理。泰国健康保险卡制度被世界卫生组织称为"市场经济条件下实现人人享有卫生保健改的新思路"。对居民的基本医疗保障和社区卫生服务的开展起着重要作用,尤其在保障小、低收入阶层的基本医疗需求方面至关重要。然而,该制度的实施必须有充足的信息支持。首先是卫生服务网络,尤其是社区医院信息系统,而且还必须建立健康档案。健康档案是社区卫生信息的核心内容,是社区卫生信息工作的主要方面。城市社区卫生服务中心的健康档案实行计算机管理,各种记录卡统一格式,信息记录比较规范。

三、医疗保险监督体系

(一) 概述

监管也称管制或规制,是政府(或第三方)依据一定的规则,对个人和经济主体具有的负外部性或负内部性的活动进行限制的行为。监管制度的构成应该包括监管主体(谁来管)、监管对象(管谁)、监管内容(管什么)、监管工具及处理措施等主要要素。医疗保险监督管理是指政府行政管理部门依据医疗保险的法律、法规和由此制定的各项规章制度,运用科学管理手段,对供方医院、需方参保单位和个人及其他组织遵守医疗保险法律、法规的情况进行监督检查,对违法行为追究法律责任的一种行政活动,是一种政府行为。医疗保险监督管理具有4个功能。一是规范功能。通过对医院督查,促使医院规范医疗行为,保证医疗费用使用的合理性。二是制约功能。通过对整个医疗过程及涉及医疗保险事务中偏差的纠正,减少和制止违法行为的发生。三是预防功能。通过事前监督和事中监督,防止在医疗服务过程中可能发生的违法和不合理行为,防患于未然。四是促进功能,通过医疗保险监督,加强医疗机构内部管理,保证医疗保险各项政策的贯彻实施,促进医疗保险改革的顺利开展。

(二) 医疗保险监督体系国际比较

从监管主体来看,目前对医疗机构违规行为的监管主要来自政府部门、保险机构和行业协会,各方对违规行为的监管都有不同的目的性和侧重点,如卫生部门更注重质量、安全,保险部门更注重费用和效率。从各国监管主体的权利配置来看,分为两种类型:一类是集权式监管,如日本;另一类是分权式监管,如荷兰、英国、加拿大、美国、新加坡。在集权式监管中,监管权主要集中在政府部门,如日本医疗保险的监管主体是厚生劳动省;在分权式监管中,监管主体呈现出多元化的特征,一般中央政府主要制定相关的监管政策,而其监管的主体呈现多样化。例如,荷兰、英国、美国、新加坡等国家的医疗保险监管工作主要由健康福利与运动部委托给第三方专业组织来具体实施,而加拿大医疗服务和保险监管主体可以分为联邦、省、领地,政府间组织和行业组织4个部分,4类主体负有不同的监管职能。

从监管对象来看,主要是对医疗保险定点医疗机构和医生进行监管。从监管内容来看,不同监管主体负责不同的监管内容。例如,中央政府卫生和保险行政部门主要负责政策制定,对相关保险和卫生法律的执行情况、保险资金的运行情况等进行审核和监管;而地方行政部门、行业协会、第三方专业组织等主要对医疗机构运行情况、医疗质量安全、费用情况、相关违法违规行为等进行监管。从监管的方式和工具来看,按时间和流程分为事前监管、事中监管、事后监管。事前监管中,建立"守门人"制度、支付制度改革和建立谈判机制是不同体制国家都普遍通用的制度工具。"守门人"制度使全科医生在一定程度上避免了道德风险、合理分流病源、控制不必要支出,有利于促使医疗费用向基层医疗机构流动;支付制度改革是目前各国控制医药费用不合理上涨的有效经济杠杆,通过建立以按病种付费、按人头付费和总额预付为主的混合支付方式,可以控制医药费用,规范诊疗行为,减少因道德损害和诱导需求而造成的欺诈问题。建立多方谈判机制是引入市场机制,控制费用,减少欺诈行为的一种有效监管工具。引入谈判机制后,服务购买方可以对医疗质量、费用等提出一定的要求,三方激励相容,从而做到互相监督制约。除此之外,各国根据各自卫生体制特点采取不同的措施,对医疗机构违规行为进行事前监管。例如,英国通过建立内部市场对医院加强监管;美国分别制定针对医生、供应商的教育和培训方案,并对其进行避免欺诈和滥用职权的培训等。事中监管方面,各国主要采用对医疗机构进行评议审核、建立信息反馈机制、公众参与举报等方式。事后监管方面,主要是通过事后检查账目、审核账单和诊疗流程等,对违规行为拒绝支付或进行惩罚。

从监管依据来看,大部分国家都出台了《社会保险法》或《健康保障法》等,以此为基础或上位法案,有些国家还出台了专门针对医疗保险的反欺诈法案。几个典型国家在医疗保险相关违规行为监管方面的主要情况如表 5.1 所示。

表 5.1　4 国对医疗机构违规行为监管情况

国家	卫生体制	监管主体	监管权力	监管内容	监管方式	监管依据
日本	社会医疗保险	各级卫生部门	集中	1. 保险医疗项目的运行 2. 审查医院、诊所和药店的保险偿付请求 3. 监管医疗保险基金运行	1. 事前监管,医疗保险支付范围的确定、支付方式的改革、政府主导下的集体谈判 2. 事中监管,对医疗行为的监督、账单审查 3. 事后监管,对骗保等行为的惩罚	《医疗服务法案》《健康保险法案》
英国	国家卫生服务	卫生部总体监管,同时委托专业机构(反欺诈工作部)进行监管	分散	1. 对 NHS 预算进行独立审计 2. 计算由工资单欺诈或资质造假获得就业或伪造就业经历和其他欺诈造成的损失 3. 欺诈防范	1. 事前监管,建立内部市场加强监督、严格的"守门人"制度、医疗服务费用支付方式、公费医疗偿付范围的界定 2. 事中监管,契约管理、药品信息反馈机制 3. 事后监管,监管医生的行为	《社会保障法》《联邦医疗保险和医疗救助法案》《医疗保险转移和责任办法》《负担得起的保健法》《社会保障管理(欺诈)法案》《公共利益披露法案》《社会保障反欺诈法案》
美国	商业保险	政府实施宏观调控,第三方组织实施行业监管	分散	1. 非法回扣 2. 供方欺诈、滥用和浪费	1. 事前监管,家庭医生承担"守门人责任"、医疗服务支付方式、制定行医指南,规范诊疗行为 2. 事中监管,信息披露 3. 事后监管,就医记录的审查	《社会保障法》《联邦医疗保险和医疗救助法案》《全国医疗规划和资源发展法案》《社会保障补充法案》《医疗保险转移和责任办法》《联邦医保处方药品法案》等

续表

国家	卫生体制	监管主体	监管权力	监管内容	监管方式	监管依据
新加坡	医疗储蓄	中央政府委托保健公司等第三保险机构实施监管	分散	1. 诊疗项目的合理性 2. 供方滥用与浪费	1. 事前监管,社区医疗服务系统、医疗服务支付方式、对医疗服务供给者的控制 2. 事中监管,公开医疗服务价格 3. 事后监管,对违法行为的惩罚	《临床指南》、《临床药师职业行为指南》、《护士行为指南》、《新加坡医生注册法》、《西医注册法》、《药师注册法》、《中医职业者法》《新加坡私立医院和诊所法》、《预示医疗指示法》等

资料来源:马晓静《医疗机构医保相关违规行为监管的国际经验与启示》

本章思考题

1. 何为医疗保险管理体制?
2. 什么是"管理式医疗"?
3. 简述国外医疗保险改革与发展的趋势。
4. 国外医疗保险支付管理的模式有哪几种?

【本章案例】

德国医疗保险组织体制的发展历程

1. 萌芽与建立:中世纪至 19 世纪 80 年代

德国社会医疗保险经办机构又称为法定疾病保险基金,起源于欧洲中世纪基尔特设置的救助基金,是一种小型的、非正式的、自愿性协会组织。19 世纪,新兴的产业工人阶级在沿袭基尔特组织基本原则的基础上,建立了自愿、自助、自我管理型的缴费型基金。同时,企业和社区也纷纷建立了各种地方性基金以帮助贫困阶层。1849 年,德意志最大的邦国普鲁士正式实施了面向矿业工人的强制性医疗保险。19 世纪中后期,快速的工业化进程带来了经济危机,为了阻止以工会组织为主要力量的社会主义运动,议会于 1876 年通过了全国性的医疗保险最低缴费和受益标准。1881 年,《皇帝宪章》正式赋予了穷人享有社会福利的基本权利,且俾斯麦首次提出了建立全国性的医疗服务体制。1883 年《疾病保险法》最终得以通过。法案规定,医疗保险组织以原有的地方基金和职业基金为基础,定位为非营利机构,由按出资比例选举的工人代表和雇主代表共同组成的委员会进行自治管理。议会和政府仅限于制定监管框架和法律标准,并对医疗保险组织进行监管。

2. 发展和完善:20 世纪初期至 20 世纪 80 年代末

20 世纪初期,随着工伤保险法案、老年和残疾社会保险法案等其他社会保险法案相继颁布,德国社会保险立法逐渐成熟,并最终整合成为了一部简明的社会保险综合法。1911 年,德国颁布《社会保险法典》。1919 年,该法案进行修订,正式将德国境内的 8500 个社区疾病保险组织转为了地方疾病保险基金,并建立起了农业工人疾病保险基金。该法典还规范了医疗保险机构的管理程序,规定各种保险机构的主席应由雇主与雇员选举产生,各种保险机构实行统一化。法西斯政府一度取消了德国社会保险自治管理体制,但在战后,这一体制迅速得到了恢复和重建。第二次世界大战结束后,德国分裂成联邦德国和民主德国,在不同政治体制下,医疗保险组织体制也发生了分离。联邦德国基本维持了传统的社会医疗保险组织体制,并于 1951 年通过《社会保障自治管理法》,将社会保障管理重新恢复为各种社会保险协会的自我管理,以被保险人与雇主代表合作为管理原则。1989 年,《社会法典》颁布,取代《社会保险法典》成为了联邦德国强制性医疗保险的法律基础。《社会法典》对社会医疗保险的基本原则、筹资、服务供给、组织结构及监管等各方面都进行了详细的规定。

民主德国则仿效苏联建立了国家卫生服务体制,在这一体制下,分散化的组织体制却被集中化组织体制所代替,两个大型的疾病基金分别覆盖了民主德国的劳工和其他就业人口(如农业合作社工人、艺术家和自雇者)。1990年,柏林墙倒塌宣告了两德的统一,原民主德国地区的国家卫生体制被废除,社会医疗保险系统重新建立。这一时期,德国虽然经历了两次世界大战及国家分裂的巨大政治变动,但由于战后经济的繁荣和民主政治的推动,西方福利制度得以蓬勃发展。在此背景之下,社会医疗保险组织体制形成了较为稳定和统一的管理模式。

3. 调整和改革:20世纪90年代初至今

伴随着国家的重新统一,德国社会医疗保险制度于20世纪90年代初期进入了改革的快车道。1993年《卫生改革结构法案》的实施被认为是德国卫生系统的开创性结构变革。其重点在于两方面,一是于引入疾病基金之间的竞争机制,允许被保险人自由选择疾病基金;二是建立风险结构补偿计划,以调整疾病基金之间的风险结构。此后的十多年,虽然经历了多次政府更迭,颁布了多部卫生系统改革法案,但这些法案的重点仍在于加强成本约束,并未对医疗保险组织体制产生实质性影响。2005年德国大联合政府形成,并于2007年颁布了《加强法定医疗保险竞争法案》。虽然这一法案在多个领域承袭了渐变的发展模式,但也带来了深刻的变革,一是建立了全国性的健康基金,为医疗保险融资;二是引入医疗保险机构之间的面向疾病状况的风险结构平衡机制;三是统一缴费率,即费率的厘定权将由疾病基金转移给政府。20世纪90年代初至今,德国社会医疗保险组织体制一直处于调整和改革时期。虽然改革政策由于不同政党之间的价值取向和利益冲突有所差异,但总的改革标仍在于加强成本控制,增加竞争以提高技术效率,并避免逆向选择给制度公平性和服务质量带来的消极影响。其中,医疗保险竞争机制和风险补偿机制的引入及国家健康基金的建立,更是为医疗保险组织体制带来了根本性的变革。

(来源:王婉《德国社会医疗保险组织体制的发展与变革》)

思考:德国医疗保险组织体制的发展历程经历了哪几个阶段,是如何一步步完善起来的?

拓展阅读

医疗保险管理体制的制度环境

由于西方民主国家政府机构中的信任已经下滑,有关医疗保险领域的管理已经侧重于似乎非政府或非政治化的机制。因此,美国现在强调社会资本、新公共管理、第三方,甚至在社会互助存在着坚实基础的国家也是如此。问题是非政治对社会互助是有益还是有害。

大家已经认识到向竞争方向前进(如在内部或公共市场上)需要新的政府管制。这些机制(尤其是在卫生系统中)不可能仅建立在价格的技术控制、产出的测量上。在某些领域,管制需要看起来更像管理。例如,建立医疗保险的优先权,决定保障的内容不仅需要创建在复杂的技术方法上来估计医疗保险干预的效用,而且要创建公开审议这些难题的机制。国家政府尝试躲避这些遵从共济性原则的讨论,但是需要提供这些讨论进行的"庇护伞"。如果医疗保险体制选择这种政府管理,就可以依靠有组织的协商的传统来为这些协商提供制度环境。这是社会与政治资本相互推动的好例子。有趣的是,以色列一项调查表明,公众对政府卫生机构信任比一般的政府部门的信任要高得多。此外,以色列人对疾病基金会信任很高。如果别的国家也是这样的话,这些信任是社会和政治资本的源泉,我们必须把它作为卫生管理体系的一种资源来仔细思考。

　　然而,在欧洲国家,政府不仅面临着把这个角色转给别人的可能性,而且面临着服从欧盟新职权的可能性。例如,欧盟通过解决多方医疗问题来参与覆盖面的问题,使医疗保健政策更偏离社会医疗保险体制社会资本的根基。这使国家政府能否拥有政治资本来保持医疗保健的社会互助这个问题更为突出。医疗保险体制有责任提供一个全球参与者在难题、价值问题上有组织的协商技术。但问题是欧盟关注的筹资及寻求法律解决医疗保险覆盖面问题能否允许整个欧洲采用政府机制、自我管制等这些医疗保险体制传统特征的东西。

（任建萍　李林蔚）

第六章
几个典型国家的医疗保险介绍

内容提要　　　国家间医疗保险制度的典型案例比较是全面了解医疗保险在不同的国家制度呈现的现实。本章根据地域、制度、经济和文化等相近的特征对医疗保障在各国的实践进行了案例分析。重点从医疗保障制度体系、筹融资与管理模式、服务提供、医疗保障制度的改革与发展等方面进行了比较,以观察不同的制度特点和运行情况,以从中发现他们的特色和异同,为制度的全面比较提供更多的参考。

第一节　德国与英国

一、德国的医疗保险

(一) 德国医疗保险制度背景

德国是世界上最早建立社会医疗保障制度的国家。19世纪下半叶,德国相继完成两次工业革命,迅速步入现代化工业国家行列,这为德国医疗保险制度的产生奠定了经济基础。与此同时,马克思主义在德国迅速传播开来,力量不断壮大的产业工人为维护自身劳动权益,一方面要求政府出台政策保护劳动者权益,另一方面又自发组织民间救济组织。1883年德国立法通过了《疾病社会保险法》,标志着社会医疗保险制度的正式建立。

(二) 德国法定医疗保险制度的内容

德国法律规定工资在一定收入水平内的就业人员必须强制性参加医疗保险,又称法定医疗保险。法定医疗保险覆盖了90%的德国居民。法定医疗保险的保障项目主要为:疾病的预防和早期诊断;疾病的治疗;病愈后的身体康复;生病期间的护理;丧葬待遇;妇女孕期及哺乳期间的有关待遇。

1. 法定医疗保险的管理体制

德国法定医疗保险的管理体制采用官办民治的方法,即国家负责制定法定医疗保险的法律、法规,医疗保险机构在法律框架内对医疗保险事务进行自我管理。在德国,联邦卫生部负责制定法定医疗保险的法律、法规,对法定医疗保险机构进行总体监督。联邦州政府负责贯彻联邦法规,具体监督医疗保险机构。德国的疾病基金会按照地区、行业进行划分,主要包括以下7类:普通地方疾病基金会、企业疾病基金会、手工业疾病基金会、替代性疾病基金会、海员疾病基金会、联邦农业疾病基金会和联邦矿工联合会。所有的基金会拥有独立自主权,与国家机关没有任何行政关系,自主管理。德国健康保险的架构见图6.1。

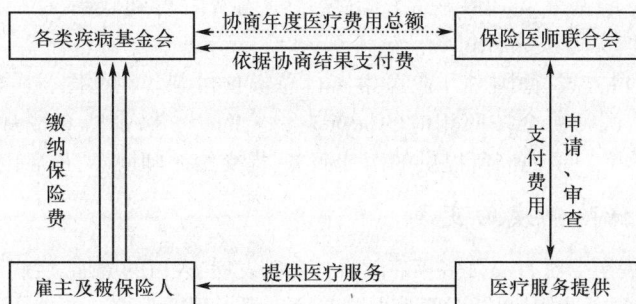

图 6.1　德国健康保险架构示意图

2. 法定医疗保险资金的筹集

德国法定医疗保险资金主要来源于雇主和雇员缴纳的保险费;少部分来源于政府预算;此外,还有极少部分来源于患者按比例共付药品等费用。法定医疗保险基金会负责资金的筹集和管理。它主要由董事会和管理委员会组成,董事会负责处理日常事务,管理委员会由雇主和投保人组成并负责制定组织章程、任命董事会成员等。各基金会在政府的授权下,根据自己前一年的收支情况确定费率,除了留有一定"储备金"外,各个基金会不可以营利。基金会在财政上具有自主权,政府不能干涉其具体运作。随着人口老龄化问题的加重,各疾病基金会将面临沉重的财政负担,为避免各基金会大幅提高费率,德国政府于 2009 年启动了国家层面"卫生基金会"。国家卫生基金会的建立,使法定疾病基金会的独立财政权消失了,但也加强了医疗保险基金在全国的流通,增强了疾病基金会的互济能力。德国医疗保险资金来源及构成情况见表 6.1。

表 6.1　德国医疗保险资金来源及构成情况(1990~2003 年部分年份)　　　　(单位:%)

资金来源	1990 年	1995 年	1998 年	2000 年	2003 年
公共	76.4	78.2	75.3	75.5	74.6
法定保险	65.4	68.2	66.4	67.7	66.8
政府税收	10.8	10.0	8.9	7.8	7.8
私人	23.7	21.8	25.2	24.5	25.4
个人自费	11.1	100.8	11.0	12.2	12.3
私人保险	7.2	6.6	7.7	8.2	8.6
其他	5.4	4.4	6.5	4.1	4.5

3. 法定医疗服务的提供

德国法定医疗服务体系的特点主要表现为主体多元化,政府一般不直接提供医疗服务。医疗服务的提供主要包括:开业医师提供的初级医疗服务和次级门诊医疗服务,医院提供的住院医疗服务。在德国,初级医疗服务和次级门诊医疗服务与医院医疗服务存在严格分离的现象。初级医疗服务和次级门诊医疗服务一般由开业医生和牙医负责提供。绝大多数开业医生拥有自己的诊所,几乎提供所有专科服务。此外,他们还提供健康咨询、转诊证明等服务。在德国,除了少数教学医院设有门诊部外,其他医院大多数注重提供住院服务。但少数医院的科主任也有权在一定时间内提供少量的门急诊服务。

4. 法定医疗保险费用的支付

(1)医院的支付方式:德国对医院实行按病种付费制度。20 世纪末,德国开始致力于对医院实行按病种付费的尝试,并于 2003 年开始对住院费用引入按病种付费体系。按病种付费,根据患者的年龄、性别、住院天数、临床诊断、疾病严重程度及并发症等将患者分给相关诊断组,然后决定对医院的补偿额。在这种体系下,患者可以在规定的治疗范围内及时得到救治。在德国,除了精神病与心理疾病,住院医疗服务均实行按病种付费。

（2）开业医生的支付方式:德国对开业医生实行总额预付制。在德国,社会医疗保险基金会将保险基金支付给医师协会,医师协会按照相应的标准支付给医生。医师协会按月付给开业医生一定报酬,并且由开业医生按季度记录他们所提供的医疗服务,提交给医师协会,最后由医师协会进行结算。

（三）德国医疗保险制度的变革

德国的医疗保险发展至今已有一百多年。随着社会的发展、人口的增加、疾病谱的改变等多方面的影响与冲击,德国也有效控制了费用增长,对医疗保险制度进行了积极改革。主要分为以下3个阶段。

第一阶段:1987~2002年,主要是改革医疗保障体系结构。改革的目的是控制医疗保险支出的增长,保持医疗保险支出与缴费率的持续稳定。1988年,德国颁布了《医疗保障体系结构性改革法》,旨在创建一个对法定医疗保险体系各方均有效的激励机制,增强资源节约意识和个人责任意识。在1992年《医疗保险结构法》中,对全额报销的医疗制度进行了调整,使保险机构和参保人员按照一定比例承担医疗费用。1996年《健康保险费豁免条例》对住院及康复治疗进行了改革,提高个人自付比例。改革的效果是大体上控制了医疗保险基金的过度支出,稳定了缴费率。但不可忽视的是,并非所有医疗保险基金都充分削减缴费率,将来竞争或许更激烈。

第二阶段:2003~2005年,主要是减少法定医疗保险覆盖的项目,增加参保人责任。主要内容包括:一是降低缴费率。降低个人法定医疗保险占净收入的比例。二是减少法定医疗保险覆盖项目。包括镶牙、购买非处方药等,并取消了每4年申请一次的为期3周的疗养计划。这些措施产生的费用在改革后就不再由医疗保险承担。三是取消病假补贴。改革前因病暂时失去劳动能力的人可以向医疗保险机构领取长达6周的工资,此后可以领取18个月的病假补贴。病假补贴的保险费用由雇主和雇员共同承担,而改革方案规定到2007年后免除雇主所承担的部分,雇员将独立承担全部的保险费用。四是额外付款。改革规定参保人必须支付额外费用,如挂号费,即投保人每次看病需要支付10欧元的挂号费;药费,即参保人在药房购买药品时,个人要至少承担药费的10%,且每盒药品自付部分不少于5欧元,也不高于10欧元;住院费,投保人每天支付住院费用由9欧元增加到10欧元,住院费每年最多支付的天数也由14天增加到28天以上,该费用由医疗保险支付。2003年改革取得了一定预期成果,医疗保险费用支出达到了在一年后降低3.3%的目标。此外,2004年250家法定医疗保险公司开始扭亏为盈,大大改善了医疗保险制度入不敷出的状况。

第三阶段:2006年至今,主要是保持法定医疗保险体系融资的稳定。进入21世纪后,由于人口老龄化问题加重,高结构性失业导致缴费人群减少。疾病谱从急性流行病转向慢性病,医疗器械、医疗技术的不断完善与进步需要医疗成本的高投入。公众对自身健康的关注度也不断增强,刺激了医疗消费需求,增大了医疗费用。这些都对医疗保险资金稳定筹集发起了挑战。主要内容包括:计划2009年建立健康基金会统一管理、调配医疗保险资金;建立"资金风险平衡机制"等。健康基金的提出和建立体现了德国医疗保险制度从现收现付向基金积累过渡的趋势和决心。每人每月所应缴纳的保险金将由法律规定,雇主和雇员维持现有的缴费比例,所有保险机构从该基金中获取相同的金额。但这是一个漫长且复杂的过程,各医疗机构之间的协调及基金的增值任务使得要真正实施这项医疗保险改革变得困难重重。同时该计划遭到了65%的德国公民的反对。在众多压力下,原定于2007年1月1日开始实施的医疗改革推迟到了2007年4月1日。从2009年开始,新的法定医疗保险基金筹集和分配的主体——国家卫生基金开始实施。

（四）德国医疗保险面临的挑战及改革方向

在长期的发展实践中,德国模式也面临着一些挑战:①德国人口老龄化问题加重,造成医疗费用上涨;此外德国的医疗保险资金采用的是现收现付制,在人口逐渐老龄化的情况下,代际矛盾突出,年青一代负担加重。②商业医疗保险的发展诱导一部分高收入者可能放弃法定医疗保险而选择商业医疗保险,从而不利于保险金的筹集。③近年来德国的失业率上升导致法定投保人下降,医疗保险资金减少。改革的方向大致为:①完善国家层面的疾病基金会,实现资金的统一管理,强化风险平衡;②调整私人医疗保险政策,鼓励高收入人群参加法定医疗保险,增加法定医疗保险资金;③政府逐步增加对医疗保险的财政投入,如从 2008 年开始政府财政支出覆盖儿童医疗保险。

二、英国国家卫生服务制度

(一) 英国医疗保险制度背景

英国是最早实行全民医疗保健制度的国家。受 20 世纪 30 年代世界经济危机及第二次世界大战的影响,英国对社会保障显示了迫切需求。与此同时,二战扩大了政府的职能,由限制政府的职能转变为发挥政府在社会保障领域的干预作用。1946 年,英国政府在《贝弗里奇报告》的影响下正式颁布了《国家健康服务法》,实行全民免费医疗制度,政府直接建立国家卫生服务体系。该法案于 1948 年正式实施,标志着英国全民医疗保险制度的正式建立。

(二) 英国医疗保险制度的内容

英国是政府直接举办医疗保障事业,通过国家税收拨款的方式将医疗保险金分配给医疗保险机构,向居民提供免费或者低价的医疗服务,亦称国家卫生服务制度。

1. 国家卫生服务的管理体系

英国医疗保险的管理体制实行的是政府统一管理下的三级管理结构模式。卫生部是英国医疗卫生体系的最高权力机构,负责制定政策及分配资源,管理区域战略卫生署。区域战略卫生署成立于 2002 年,起初有 28 个机构,于 2006 年缩减为 10 个。其职责主要包括制订计划;改善并提高当地医疗服务质量,为居民提供更多医疗服务;保证国家优先项目融入地方医疗服务计划。信托机构职责主要为负责当地国民卫生服务的提供及运作。它又分为初级卫生保健信托机构和医院信托机构,并分别负责初级卫生保健和管辖下的医院卫生保健服务。

2. 国家卫生服务资金的筹集

英国国民卫生服务的资金主要来源于政府财政税收,每年有超过 80% 的保险预算资金来源于国家直接税收。小部分来源于国民保险金,主要是由雇主缴纳的社会保险费中用于医疗保险开支的部分;还有一些来自患者的处方费用及享受高级医疗服务而支付的费用。在政府的直接领导下,由英国卫生部和财政部承担基金的管理职能,向初级卫生保健信托机构分配资金及部分政府预算。初级卫生保健信托机构是国家卫生服务制度的关键环节,掌握多达 80% 的国家卫生服务体系的预算资金。英国卫生保健支出资金来源情况见表 6.2。

表 6.2　1997~2008 年英国卫生保健支出资金来源情况

年份	卫生保健支出资金/亿英镑				资金各来源所占比例/%		
	公共	个人国民保险缴费	私人医疗保险	总计	公共	个人国民保险缴费	私人医疗保险
1997	442	108	20	570	77.5	18.9	3.5
1999	518	125	22	665	77.9	18.8	3.3
2001	594	149	27	770	77.1	19.4	3.5
2003	711	177	30	918	77.5	19.3	3.3
2005	848	188	31	1067	79.5	17.6	2.9
2007	967	213	34	1214	79.7	17.5	2.8
2008	1036	218	36	1290	80.3	16.9	2.8

资料来源:OECD 数据库

3. 国家卫生服务的提供

英国的国民卫生服务体系主要分为两级结构,即初级卫生保健和二级保健。初级医疗服务是国民卫生服务体系的第一道防线,主要由全科诊所和全科医生提供。全科诊所和全科医生不属于任何政府部门,政府按区域对其进行管理。英国政府还规定,每位参加国民卫生服务体系的居民应签约一名全科医生作为家庭医生,负责日常健康活动。在全科医生的指导下,合理使用卫生资源。当患者需要接受转诊治疗时,必须持有全科医生的转诊证明才能转到上一级医院,即接受二级保健。二级保健主要由国民健康服务体系的医院负责提供,如专科服务、手术服务等。此外,还有一些教学医院等承担跨区域和更高层次的诊疗。

4. 国家卫生服务费用的支付

(1) 医院的支付方式:2003 年以前,英国对医院的支付主要采用的是总额预付制,即政府按照双方签订的合同支付给医院一定数额的资金,医院为其管辖范围内的居民提供相应的医疗服务。但是医院服务的实际效果好坏并不影响医院的收入,总额预付制不能对医院起到激励作用。2002 年10 月英国政府推出对医院的支付使用"按结果付费"的制度。这种制度主要指由初级卫生保健信托机构和医院进行协商,确定服务的数量而不是价格,然后按照医院服务的数量对医院进行支付。按结果付费的制度逐渐得到了推广,但是仍有一部分服务尚未包括进去,如精神卫生服务、紧急护理和社区卫生服务等。

(2) 专科医生的支付方式:专科医生是国民卫生服务制度的领薪雇员。他们按照年龄、等级等领取固定工资,此外还包括项目津贴、及时服务津贴等收入,有些地区还实行绩效奖金。为了提高专科医生的积极性等,2003 年英国引入了"按服务收费"的支付制度。改革后他们的工资收入包括基本工资、加班工资、随叫随到补贴、绩效津贴和其他酬劳及津贴。

(3) 全科医生的支付方式:全科医生是英国国民卫生服务独立合约的雇员。与专科医生不同,全科医生不领取工资,他们按照合同规定提供服务并获得相应报酬。目前主要分为通用医药服务合同和个人医药服务合同。通用医药服务合同覆盖 50% 的全科医生,主要由初级卫生保健信托机构和全科医生个人签订合同,并依据"成本加成"原则对全科医生进行报酬支付。个人医药服务合同覆盖 45% 的全科医生,主要由初级卫生保健信托机构和全科医生开业者签订地方合同,以满足当地卫生服务的需要。

(三) 英国国家卫生服务制度改革

英国国民卫生服务制度发展至今已有六十多年。随着社会的发展,这一制度的弊端逐渐暴露,为了控制医疗费用的快速上涨,调动医护人员的积极性,提高服务效率,英国政府进行了积极的改革。主要分为以下 3 个阶段。

第一阶段:1990~1996 年,主要是引入"内部市场"。1989 年,英国保守党发布了《为患者服务》的白皮书,主张对国民卫生服务制度进行根本性变革。1990 年英国通过《国家卫生保健服务和社区保健法》,并于 1991 年对卫生服务体系进行了根本性变革,引入了"内部市场"的概念。主要包括以下几点:①医疗卫生服务的买办分离。卫生局的职能由原来的管理医院和提供服务转变为卫生保健服务的购买者。②发展全科医生基金持有制度。即允许符合条件的全科医生申请成为基金持有者,代表患者向医院或其他卫生服务机构购买卫生服务。③建立以患者为中心的医疗费用偿付机制。患者可以自由选择医生,实现"钱跟患者走"。④完善初级卫生保健制度,建立医院信托机制。

第二阶段:1997~2010 年,主要是建立现代化国家卫生服务制度。1997 年英国新一届政府发布了《国民健康服务新体系》白皮书,揭开了国家卫生服务制度改革的序幕。主要表现在:①取消全科医生基金持有制度,建立初级卫生保健信托机构,强化初级卫生保健信托机构在资源分配上的作用。

全科医生成为基层医疗保健的中坚力量,这样不仅有利于全科医生集中力量发挥自己的技术特长,而且可以防止少数全科医生为争夺医疗基金支配权而进行不良竞争。②简化管理层级,强调地方管理职责。建立卫生部、战略卫生署和初级卫生保健信托机构三级管理结构。卫生部负责政策和标准的制定;战略卫生署负责区域内的卫生规划等工作;初级卫生保健信托机构负责管理地区的具体事务。③增加投入,提高卫生服务的可及性。通过增加政府财政收入、鼓励私人资本投资等方式来增加卫生服务的提供。开设便捷的门诊服务,24h 电话热线等确保卫生服务的可及性。④改变政府的财政投入方式。改变以往国家预算层层下拨的分配方式,由卫生部将国家卫生服务预算的 80% 拨给初级卫生保健信托机构。

第三阶段:2011 年至今,主要是继续沿着"内部市场"方向,在医疗费用支付方面实行管办分离,建立全科医师联盟来管理医疗费用。2010 年《公平和优秀:解放 NHS》的发布标志着英国新一轮国家卫生服务制度的改革即将开始。随后,《健康和社会保健法案》被提出并经过多次修改,于 2012 年正式成为法律。该法案对国家卫生服务制度的组织管理结构进行了改革,撤销初级卫生保健信托机构和地区战略卫生署,建立国家卫生服务制度的理事会和全科医生联盟。此外,政府还准备在 2014 年前将信托医院全都转变成基金信托医院。目前,改革正在实施中。

(四) 英国国家卫生服务制度面临的挑战及改革方向

在长期的改革实践中,英国模式也面临着许多挑战。①私营医院的发展,外资及先进技术的引进,竞争越来越激烈。但是公立医院的经费仍然由政府控制,在一定程度上限制了医院发展,使其在竞争中处于不利地位。②对初级医保机构的监督和管理是英国改革的一大挑战。③电子预诊系统的建立方便群众就医,但是其医疗服务质量的评估标准还未完善,不利于医疗服务市场的发展。改革的大体趋势是:①在引入市场机制的同时,进行公立医院改革,加大公立医院的人事和财政自主权;②加强对初级医保团的监督和管理,增强基层活力;③增强患者选择的权利,加强自我保健意识。

21 世纪,英国在提高医疗服务体系的效率等方面又开始了很多新的改革,但是英国的国家医疗服务制度的基本框架并没有动摇。2000 年 7 月,布莱尔发布了 NHS 现代化改革的五年计划,承诺要使 NHS 成为以患者为核心的服务体系、真正有效率的 21 世纪医疗服务,要"再次成为全世界羡慕的对象"。一方面扩大投资,2000~2008 年,政府计划用于 NHS 的资金年递增近 10%,如 2003 年是 681 亿英镑,2004 年为 749 亿,2008 年将增加到 1094 亿英镑,占 GDP 的 9.4%。但工党政府连续两年增加国民保险税的做法已引起反对党的指责和纳税人的不满。另一方面,为解决效率问题,对 NHS 进行了规模庞大的机构重组,充实一级保健,新建了快速就诊中心和 24h 医疗热线电话,增加患者就医的选择性,并做出提高服务效率的具体承诺。例如,2004 年的目标为:患者能够在 48h 内见到医生;医院加上基础保健与社区设施,一年能接待 400 万门诊患者;在医院急诊部的等候时间减少到平均 75min。到 2005 年年底,常规门诊预约的等候时间从 6 个月缩短到 3 个月,住院手术的等候时间从 18 个月减少到 6 个月等。

21 世纪初的英国医疗保险行业在对外开放市场的同时,积极引进、利用国外先进的医疗技术、护理技术和管理技术,以弥补英国整体医疗资源的不足,实现了英国医疗资源总量的集约型增长。其后的英国医疗保险体制改革以患者为中心,调整 NHS 与私人部门的关系。具体表现为:①高度重视社区初级医保团和初级医保信托的建设。②通过用合同管理取代事实上的身份管理,使全科医生成为英国基层医疗保健体系的中坚力量。英国的全科医生身份既是自雇佣者又是政府订单对象,受政府监督,可开展竞争,接收患者选择,提高了服务积极性。仅全科医生就处理了 90% 的健康问题,有效控制了医疗费开支。

2011 年 1 月 19 日,英国政府向议会提交《卫生及社会保障法》,NHS 改革进程正式开始。这一法案提出了重要的改革措施:增强家庭医师(GP)的作用,加强竞争,以及缩减初级保健信托机构等。

2011 年 9 月 7 日:英国新医改草案经过反复讨论和修改后在议会下院以 316 票比 251 票的表决结果获得通过。2011 年 12 月 5 日,卡梅伦宣布了国家医疗服务体系的改革计划,改革包括将 NHS 的患者资料库向受许可的私人研究机构和企业开放等具有争议的条款。

英国新医改旨在减少对 NHS 的行政干预,让患者可以得到更多资源和最大限度的救助。新的改革大大增加了家庭医师(GP)的权力,遭到许多批评。按照新方案,家庭医生未来将掌控国民保健服务 1000 亿英镑预算中的大部分,新组成的委员会将监管家庭医生。工会和卫生政策专家警告新的改革将危害医疗服务,改革幅度太大,速度太快。但英国政府辩护说,新的改革将改善医疗品质,提高公费医疗的可信赖程度。

现行的医疗风险完全由英国政府直接承担,改革后的医疗风险移交给全科医生(GP)。全科医生可以组成"全科医生联盟",由全科医生代表患者购买所有的医疗服务。这一点与美国的医生公司(医疗团队)运行模式相似,不同的是在美国,支付方含保险公司,英国则由政府与其签约。目前英国政府负责的 152 家初级卫生信托机构将被取消,由全科医生联盟来发挥这些机构的作用;所有公立医院和社区医疗机构将变成独立的组织,其公有制性质保留不变,但这些医疗服务组织将不再直接受英国卫生部领导;社区医疗服务机构将成为非营利性的社会机构,机构的工作人员将不再是国民健康服务体系的公务员。2013 年 4 月 1 日,法案中的新安排将开始生效,新的管理机构将开始担负全责。成效有待观察。

从英国新医改的内容可见,其主要举措是通过打破政府对医疗资源的高度行政管理垄断,推进管办分开,提高医疗服务效率。首先,英国这种分离医疗服务供求双方的改革,在某种程度上可以达到管办分开的目的,但管办分开还不彻底,政府卫生部门还在相当程度上限制和控制着公立医院的管理权限。因此,目前提出的医改步骤,只是在医疗经费支付方面推进管办分开,将医疗经费直接交给家庭全科医生来掌握,由他们来代表患者,而不再由政府行政部门掌握。

其次,成立全科医生联盟,由全科家庭医生代表患者掌握医疗经费,将极大地增强全科医生的支配权,加强基础医疗的地位,也有利于提高医疗服务的系统管理质量和节省医疗费用。这从理念上讲是一个正确的选择,但从操作层面上看,还有一系列实际问题需要解决,包括要考虑由多大规模的全科医生组成一个联盟组织,由谁来提供联盟需要的专业管理知识和管理技术的支持,如何与医院谈判,如何管理资金风险等。许多全科医生并没有相应的专业知识和管理技能,一些全科医生本身也担心,在这种新的组织形式下,自己将被迫承担控制医疗费用的角色,这可能与患者的利益发生冲突。

最后,通过转变社区医疗机构及其工作人员身份的方式来增加社会办医力量,涉及面太广,处理方式单一,并且没有照顾到原有机构和人员的收益保障,难免引发社会不满。

三、两国医疗保险制度的比较

(一)两国医疗保险制度的相同点

1. 都体现社会共济的特点

德国和英国都是西方资本主义国家,两国的医疗保险制度都是根据本国国情制定的,在保障国民健康方面都起到了积极作用。德国医疗保险资金由雇主和雇员按照工资一定比例缴纳,这样高收入者缴纳较多保费,而低收入者则缴纳较少的保费。因此,可以实现大多数的保障水平相同,实现高收入者帮助低收入者,充分体现社会共济的原则。英国医疗保险由国家财政统一支付,免费或者低价提供给全体国民,也充分体现了社会共济的特点。

2. 面临着相同的挑战

随着社会和医疗技术的进步,人均期望寿命不断提高,随之而来的人口老龄化问题加重,这成为德国、英国共同面临的问题。人口老龄化的发展使得老年人慢性病的发病率提高,进而对医疗服务的需求增加,这对保费采用现收现付制的医疗保险制度提出了挑战,是两国不得不面对的一大难题。

3. 控制需方就医行为

德国法定医疗保险制度在不断地改革中,增加患者的个人责任并提高个人自付比例,如患者在接受门诊医疗服务时需自付 10% 的成本费和 10 欧元的处方费等。英国建立了严格的"守门人"制度,即由全科医生提供基层医疗服务,并决定患者是否需要转诊到上一级医院。

(二) 两国医疗保险制度的不同点

1. 医疗保险制度价值取向的比较

德国法定医疗保险制度体现了社会市场经济理论的思想。社会市场经济理论主要以国家实行强制性医疗保险为特点,强调优先的国家干预和有限的市场调节相结合,主张国家责任、社会责任与个人责任的平衡。德国通过国家立法强制让收入在一定范围的就业人员参加法定医疗保险,由雇主和雇员按照工资的一定比例承担保费的缴纳。由作为"第三方"的法定医疗保险基金会负责资金的筹集和管理,政府起监督作用。

英国国家卫生服务制度体现了平等主义的思想。平等主义思想认为医疗卫生资源应该按需分配而不是根据人们的收入高低,医疗服务应该由政府提供,医疗费用的筹集应该以公共筹集为主。英国的国家卫生服务制度覆盖全体居民。国家通过财政税收的形式筹集保费,然后通过国家预算拨款给医疗保险机构,向居民提供免费或低价的医疗卫生服务。

2. 医疗保险保障范围的比较

社会保险模式的特点是强制让收入低于一定水平的大多数工人参加医疗保险。在德国,法定医疗保险强制要求参保的对象包括:工资超过最低限额的雇员、农民、家庭手工业者、失业者、残疾人及大学生和退休人员、投保人配偶及子女,条件是他们的收入不超过最低限额。公务员及自由职业者等不在法定医疗保险范围内。

国家卫生服务模式的保障范围原则上适用全国居民。英国的医疗保险模式规定,凡是居住在英国的人,不需要获得任何保险资格,一律可以享受医疗保健服务。它的目的是让每位社会成员公平地享受到免费或者低价的医疗卫生服务。

3. 医疗保险筹资方式的比较

社会医疗保险模式筹资常见办法是雇主和雇员按照工资的一定比例共同缴纳保险费。德国的医疗保险基金主要来源于雇主和雇员。法律强制规定让收入在一定水平内的雇员和雇主按照工资一定比例承担缴纳保险基金的责任。

国家卫生服务模式下,保险资金主要来源于国家税收,全部或者大部分由国家财政支付。英国保险资金大部分来源于国家财政,约占全部国民保健费用的 80% 以上。其余则由人们缴纳的国民保险费,看病处方费,享受更高医疗服务支付的费用等弥补。

4. 医疗保险资金的支付方式的比较

德国法定医疗保险基金主要由医疗保险基金会负责筹集和管理,并由基金会与医院和医师协会协商确定服务提供标准和费用支付标准,主要包括对医院实行按病种付费和对开业医生实行总额预付制度。

英国国家卫生服务的资金主要由国家统一筹集,统一管理。英国医疗卫生最高权力机构卫生部负责资金的管理与分配,然后将医疗保险费分配给政府举办的医疗机构和药品供应者。主要包括对医院实行按结果付费、对专科医生实行按工资付费及对全科医生实行按服务付费的方式。

5. 医疗服务管理体制的比较

德国的法定医疗保险制度采用官办民治的管理体制,即国家负责宏观调控,由各医疗保险机构实现自我管理。联邦政府负责法律法规的制定,医疗保险基金会负责资金的筹集和管理,联邦政府对有财政困难的基金会进行调整。

英国的国家卫生服务模式采用的中央集权式管理,即在政府的统一管理下进行三级结构的管理,主要分为卫生部、区域战略卫生署和信托机构三级,分别负责总体资源的分配、区域卫生服务的提供和基层医疗卫生服务的提供。

综上所述,两国的医疗保险制度各有其特点,主要概括见表 6.3。

表 6.3　德国、英国医疗保险制度比较

国家	医疗保险制度	价值取向	保障范围	筹资方式	支付方式	管理体制
德国	法定医疗保险制度	社会市场理论	一般收入人群	保险费	第三方付费	官办民治
英国	国家卫生服务制度	平等主义思想	全体居民	国家税收	政府统一支付	中央集权管理

第二节　日本与韩国

一、日本的医疗保险

日本是亚洲唯一的高度发展的国家,自明治维新以来,采取君主立宪,其医学教育及医疗制度仿效德国,采用社会保险[即俾斯麦模式(Bismarck model)]。而韩国与我国台湾相同,医学教育及医疗制度早期受日本殖民影响较深,第二次世界大战后,即同受美国的影响。然而由于文化差异性,日本、韩国、我国台湾的健保制度与德国在基本精神上仍有相当的差异性。

(一)人口、经济与健康状况

日本地狭人稠,人口 1.276 亿,属高度工业化,人均 GDP 为 46 716 美元(2012 年),是高收入经合组织国家,每年人均医疗支出 4752 美元(2012 年)。日本原在军国主义下,一向注重强民强种,在 20 世纪初(1922 年)即仿照德国针对受雇者办理医疗保险,第二次世界大战后,逐步扩展对象,自 1961 年起,建成国民健康保险。

日本是当今世界上健康指标最好的健康国家之一(另一国为瑞典),人民享有世界上最高的平均期望寿命,男性 81,女性 83 岁(2012 年),因此,在日本 70 岁者死亡算是早夭,而孩童死亡率千分之 3.5,是世界孩童死亡率最低的国家之一。每人平均医疗费用为 2244 美元,占 GDP 的 7.9%(2003 年)。

(二)医疗服务体系

日本每千人口有 2.0 名医师、7.8 名护士,卫生人力并不特别充裕,但病床设施十分充沛,每千人口 13.5 病床(WHO,2007),每百万人口各种高科技设施(如 CT、MRI、ESWL 等),与美国相当,属世界之冠。

相比于其他欧美国家,日本卫生人力并不特别充裕(如前述),但病床设施甚为充裕,病床多的原因为 2000 年之前,急慢性病床不分,平均住院日特别长。

如前述,日本仿照德国,于 1922 年制定健康保险法,以受雇者为对象。其健康照护的发展由 1938 年制定国民健康保险法,扩展至以自营作业者及农民为对象,1950～1956 年制定各类共济组合(国家公务员、地方公务员、私校教师等共济组合),1961 年将其余的地区人口由市、町、村为保险人,纳入国民健康保险,达到全民健康照理,1983 年为适应人口老龄化发展,制定了老人保健法,1997 年制定长期照护法,并于 2000 年实施。日本的健康保险,总体上区分为受雇者保险及地域保险组织,如图 6.2 所示。

日本健保制度表面上师承德国,但详细加以考察会发现,政府介入较德国深。上述各类保险中,只有组合健康保险是由劳资双方自主管理的(人口的 24.1%),其他如中小企业及各类共济组合多由厚生省(目前改组为厚生劳动省)管理(28.3%),国民健康保险由地方政府办理(占人口的 39.7%)。

医疗支付标准则由厚生劳动省召集包括学者在内的各方人士,组成中央社会保险医疗协会审议通过,而实际上由厚生劳动省主导,而非德国模式由基金会联合会与保险医师工会联合会协商订定。

医疗费用申报与审查,受雇者保险则为自立设立"社舍保险支付"办理,地域保险(国民保险)为"国民健康保险团体联合会"办理(市、町、村保险人的联合舍),这与德国由医疗服务提供者组成的报信医师工会联合会审查有很大的不同。日本各类健康保险示意图见图 6.2。

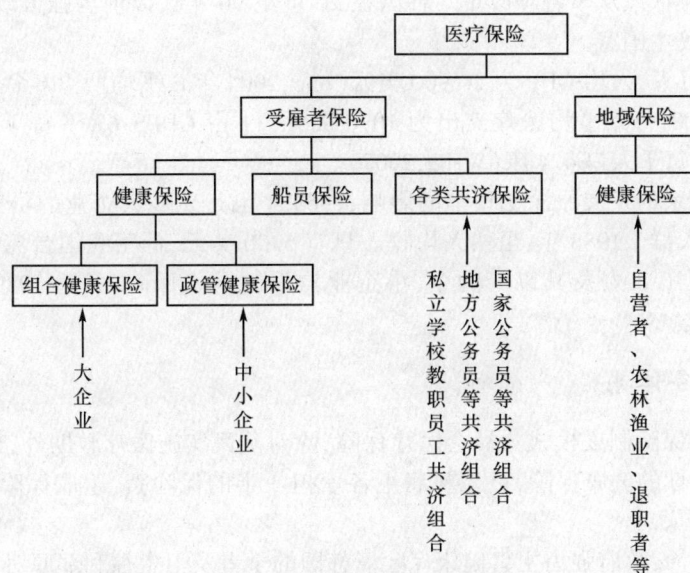

图 6.2　日本各类健康保险示意图

(三) 筹融资与管理模式

日本是多元保险人,因此各个组合的保险费率不相同,政府掌管组合(中、小企业)为 8.2%(2004 年);组合掌管为 3.0%~9.5%(在 2003 年平均为 7.5%)。受雇者保险费用负担原则上为劳、雇各半;受雇者保险,特别是组合掌管者,会员收入高、保费低,且组合的财务良好。国民健康保险则相对财务困难。财政补助主要在国民健康保险及老人的医疗照顾上。

日本虽然保险制度分歧,保险人众多,但民众享有的健康照护相同,不论何种保险,医疗服务提供者得到的支付标准也相同,审核的单位(如前述)与标准也相同,因此,也视为单一支付制度及单一支付者(single payer)。支付制度以按项目付费为主,近年(2004 年)开始实施 DRG 制度。

(四) 服务提供

日本的健康保险除提供医疗给付外均与德国相同,并另外提供各种疾病、死亡、生育等现金给付。医疗支付主要采用按项目支付,药品则制定药价基准。

基层医疗(门诊)由私人的开业医师提供[日本的私人诊所称为"医院"(clinic),而主要提供住院的机构称为"病院"(hospital)]。病院以私人非营利为主,但厚生省下的各都、道、府、县及国立大学医学院以下均设有公立病院。日本原来的医疗制度缺乏守门人(gate keeper)及转诊制度,医药不分业、医院不分级且没有专科医师及评审制度,这与欧美国家有很大的不同。

日本近年的改革,主要为医药分业,具有部分成效,增加转诊及减低病员门诊诱因,改革公立病院提升管理绩效、实施病院评审、区分急慢性医疗及专科医师制度、试办 DRG 支付制度等。

二、韩国的医疗保险

(一) 人口、经济与健康状况

韩国与我国台湾相同,于第二次世界大战前受日本殖民,二战后则深受美国的影响。韩国人民积极进取,民性强悍,凡事"争第一",勇往直前,在健康照护体系上亦是如此。即使条件不是十分成熟,仍决定办理全民健保或从事各项改革。韩国在 20 世纪 90 年代以前为强人政治,近年来民主制度逐渐落实,属新舆民主国家。

韩国人口 4780 万人,人均 GDP 为 20 900 美元(ppp,2004 年),平均期望寿命男性 73 岁、女性 80 岁,孩童死亡率 6/1000,每人平均医疗支出为 1070 美元,11 占 GDPS.6%。每千人口医师数为 1.6 名、护理人员 2.5 名,每千人口 4.4 床(WHO,2007)。

韩国健康照护体系的发展原深受日本的影响,1963 年也是先从大企业的员工开始办理健康保险,逐步扩充至其他人群。1988 年,虽然人均收入只有 5200 美元,低于我国台湾的 7000 美元,但其毅然将农村人口与员工 5 人及其以上的中、小企业均强制纳入保险,并于 1989 年完成全民健康照护。

(二) 医疗服务体系

韩国实施的健康保险制度模式为社会医疗保险,除对贫民实施医疗救助外,1963 年先对大型企业受雇开始办理强制性的健康保险,员工与雇主各承担一半的保险费,组成保险公团(似德国的疾病基金会),作为保险人。

韩国原为强人政治,政府强力主事健康保险。韩国的学者及卫生福利部原对保险体制有两派意见,争论甚为激烈。一派主张维持多元保险人,理由为促进竞争;另一派则认为社会保险间缺乏竞争的空间(给付内容相同,支付标准相同),多元保险人反而导致行政费用高昂及保险费率的不公平。韩国总统一向权力甚大,金大中为总统时,又掌握议会多数,可遂行其意志,并对健保改革特别重视,强力主事。韩国曾派高层人员至我国台湾考察全民健保实施的单一保险人制度,于 1998 年先将以地区人口为对象的保险公团及公教人员的保险公团整合,更于 2000 年再将以大企业为对象的原多保险人(原 374 个)合并为全国单一的"国民健康保险公团"(National Health Insurance Corporation,NHIC)。

如前述,韩国每千人口医师数 1.6 名、护理人员 2.5 名。韩医(韩国传统医疗)发达,纳入保险给付,韩国由于公共部门投入少,又缺乏严谨的医疗网计划,不仅城乡医疗资源差距大,而且医疗资源以营利性的医院为主,占 70%。

韩国近年的三大改革为组织体制(单一保险人)、医药分业及 DRG 支付制度,除组织体制外,另外两个至目前乏善可陈。

(三) 筹融资与管理模式

韩国主要的财源为保险费及自付。韩国由于在国民所得 5000 美元时即实施全民健保,因此费率偏低,且因政府高度介入,政府承担财务责任,调整费率必然容易受到强大民意反对。由于筹资难,政府财源投入少,因此部分负担高。医学中心的门诊部分负担高达60%,住院50%,总体医疗支出中,个人负担高达50%。大众缴交保费,富人才有能力就医(付得起部分负担及自费项目)。由于高额负担的部分,韩国的健保制度评价不高,不如日本及我国台湾。

(四) 服务提供

韩国医疗服务与我国台湾相近,但公立医院只8.5%(我国台湾则为30%),非营利性的财团法人医院只占14.5%,77.0%则属营利性的医院(我国台湾大型医院则为公立或财团法人医院)。另外,韩国没有严谨的区域医疗网规划(我国台湾自1985年起实施医疗网计划,目前进入第六期),医疗资源城乡差距大,形成农村地区有保险但无医疗的困境。韩国与日本、我国台湾相同,原医药不分业,于1994年立法,2000年实施,引发大规模的抗争,甚至导致医师罢工,最后只得提高医师的诊查费,扩大医师用药范围及提高药师的调剂费,保险支出增加,但民众权益保障及医疗品质提升有限。

韩国的医疗给付包括韩医(韩国的传统医学),颇似我国中医,普遍受到民众利用。另外韩国的健保不给付项目多,CT、MRI直至近年才纳入健保给付。

韩国的医疗支付到目前为止仍以按项目付费为主,目前则逐步实施韩国版DRG制度(KDRG),但受到医界的强力反弹与杯葛。

(五) 监管方式

日本与韩国的健康照护制度均属俾斯麦模式(Bismarck model),也都是单一支付制度,其政府强力介入,而非如德国的医患双方(购买及提供医疗服务的双方)自组团体,自主管理、相互协商与制衡,韩国几乎的政府主导。

日、韩均尝试医药分业及建立转诊制度,日本尚有若干绩效,而韩国政府强力导入,医界反弹,效果不佳,甚至可以说就是失败。

日本经济发达,政治及社会稳定,目前从事医药分业、转诊制度、支付制度与医院评审分级、公立医院体制改革、实施长期护理保险等,稳定发展,但人口快速老龄化,医疗费用高涨,属重大挑战。

韩国则在条件不甚成熟下实施全民健康保险,面临不少困境,但决策较日本积极,如实施单一保险制,但医药分野与支付改革面临甚多困难,更甚者,自付额太高,民众就医可近性不佳则为最大的挑战。

第三节　美国与加拿大

一、美国的医疗保险

(一) 基本概况

美国在医疗保险制度建设方面无疑是个后来者,虽然在经济上富裕,在医疗技术上非常先进,但是医疗资源的分配不尽合理,有近5000万人没有医疗保险,难以负担昂贵的医疗费用。一直以来,美国民众对此都非常不满,医疗保险改革也一直是历届政府的核心议题。从1912年西奥多·罗斯福提出"全民医保"的竞选主张到奥巴马医疗法案的通过,改革已历经百年。

美国的医疗保障体系主要由三大部分组成。一是社会医疗保险。是由联邦政府和地方政府举办,帮助特殊和弱势人群的医疗保险计划。主要包括:医疗照顾制度、医疗补助制度、工伤补偿保险、少数民族免费医疗和军人医疗计划。二是私营医疗保险。美国一半的医疗费用来自私营医疗保险计划,而且政府医疗保险计划很多也是由私营医疗保险公司去执行。80%以上的公务员和74%的企业雇员都是参加私营医疗保险,通过供职机构或自行购买医疗保险,生病后到医疗服务机构就医,医疗费用则由医疗保险公司支付。三是管理式医疗组织。这是一种由保险人与医疗服务提供者联合提供服务的医疗保险形式。其种类比较复杂,其中最有代表性的是健康维持组织(HMO)、优先服务提供者组织(PPO)和点服务计划(POS)。经过多年实践,管理式医疗组织由于在节省医疗费用和提高医疗质量方面的成效,已成为美国占主导地位的医疗保险形式。

上述三大医疗保险计划均自成体系,相互独立、相互补充、相互促进。除社会医疗保险是由政府主持外,其余均为私有计划,分别由雇主和个人自由选择、各自负责。由此可见,美国整个医疗保障体系的市场化程度是相当高的。

(二) 特点

与世界上其他发达国家相比,美国的医疗保险体系有两个显著的特点:一是尽管美国医疗水平高,医疗保障资金雄厚,医疗总费用和人均费用都比其他发达国家高,但并不能把所有国民都纳入这个体系,并不是人人拥有医疗保险。二是美国的医疗保险方式纷繁多样,政府控制的能力非常弱小,主要依靠自由经济制度下医疗市场化来调控和运作。

20世纪以来,美国的经济发展迅速,人民的生活水平提高很快。随着医学科学的发展,医生业务水平的提高,美国在医疗保健方面的花费高出其他发达国家,1965年美国的医疗卫生服务费占国民生产总值的6%,1975年为8.4%,1987年为11.2%,2010年为17.8%,而且还在持续上升。美国的医疗总费用如此之高,为什么许多人还不能进入这个体系,得到甚至是最基本的医疗保障?原因是多方面的。美国的医疗保险有私立和政府提供两大类,但无论哪种都有资格限制。他们有的必须通过他们的雇主提供医疗保险,有的有政府的医疗计划覆盖,有的自己购买保险,有的能够私人支付医疗服务费,除此之外者就是没有医疗保险的人。美国自由市场经济发展模式下的医疗保险市场化,决定了政府对医疗保险方面干预力度的弱小。自由主义和个人主义是美国人价值观的一个重要标志,正是由于自由主义和个人主义长期以来支配着美国人在自由平等、政府的责任和公民的权利义务方面的认识,"大社会小政府"的观念已经根深蒂固,他们普遍认为政府的干预是对个人自由的妨碍。在享受医疗保障方面,美国人的观念也与其他西方国家的不同。"当美国人面临选择建立以税收资助为基础的人人享受医疗保险制度,还是让无保险的自找出路时,他们会选择后者"。所以,为什么20世纪80~90年代以来美国多次有关建立国家医疗服务改革的提议都遭失败,就是因为美国人依靠个人奋斗获得不同程度的福利是他们追求的目标,平等的公共福利除非绝对必要(大萧条时期),否则是行不通的。不同经济收入、不同工作环境、不同年龄段、不同健康程度的人群,他们对医疗保险的需求也是不同的。这种市场供求关系形成了美国特有的医疗保险体系模式。不同类型、不同层次和不同性质的医疗保险计划可供美国人选择,他们根据自己的实际需要和能力可以选择参加一个或几个医疗保险项目。这种供求关系的自由化充分体现了资本主义制度下的经济市场化。在医疗保险市场化的运行中,政府的作用只是一小部分。

第二次世界大战后,美国医疗卫生服务费用的资金来源越来越社会化,超过80%的资金来源于私有个人、私有保险公司,其余20%来源于政府、慈善机构和其他社会资源。自由主义和个人主义在一定程度上限制了美国国家政府权力的承担。结果,政府被限制在私人医疗保险企业出现漏洞时充当填补的角色。当然,政府医疗照顾和医疗补助计划虽然覆盖面较小,但对于保障弱势群体的健康起到了决定性的作用,并已成为现代美国医疗保险体系中的基石。美国医疗保险体系模式的主要优点是促进了自由医疗市场的发展,比其他发达国家更少地涉及政府的力量,医疗保障基本不依赖税收的资助。

（三）历史、现状与挑战

1. 美国医疗保险改革的历程

美国医疗改革的首倡者是担任过两届共和党总统的西奥多·罗斯福。他在 1912 年总统候选人竞选纲领中首次提出建立全国性医疗保险制度的主张,虽然掀起一场医疗保险改革的热潮,但只是昙花一现,此后的继任者大多是保守派,医保改革一度被搁置了 20 年之久。20 世纪 30 年代医疗问题变得严重起来,再加上经济大萧条导致的失业增加、财富缩水,为了恢复经济和缓和社会矛盾,富兰克林·罗斯福实施了一系列经济社会政策,被称为罗斯福"新政"。"新政"的一项重要内容是 1935 年通过的《社会保障法》,主要是确立了养老和失业保险制度。本来这项法案中还包含医疗保险的内容,但是医疗保险政策遭到强烈反对。之后,杜鲁门总统积极推动包括医疗保险、公共卫生等内容的医疗改革,提出全民医疗保险制度的设想,但也遭到强烈批判而未能成功。1961 年,肯尼迪总统考虑到全民医疗保险计划实施难度太大,曾向国会提出给予老年人医疗保险的建议。1965 年是美国医疗保险制度建设的一个里程碑。这一年,通过约翰逊总统的努力,国会通过了《社会保障法》修正案,决定设立服务老年人和残疾人的医疗照顾计划(medicare)和服务低收入人群的医疗补助计划(medicaid),7 月 30 日修正案经总统签署成为法律。约翰逊还先后使国会通过其他 40 多个医疗法案,从而完成了自 1935 年《社会保障法》以来美国最重大的一次社会改革。

1980 年共和党人里根当选总统,执政期间奉行保守主义理念,终结了自罗斯福"新政"以来社会保障不断扩张的历史,开始大刀阔斧削减社会保障支出、减少联邦政府的干预。在医疗领域中里根无意推行全民医疗保险制度,只是为了控制医疗费用,1983 年在老年医疗照顾制度中实行预付制度。为了解决穷人看病问题,1986 年通过了急诊医疗法,但政策效果都不明显。乔治·布什步里根后尘,在长达 12 年的共和党执政期间医疗改革归于沉寂,医疗问题日益积累。主要体现在:一是很多人没有医疗保险,据 1991 年的人口普查统计,当时约有 3700 万人没有任何医疗保险,占总人口的 15%;二是医疗费用高,1992 年美国医疗总费用占到 GDP 的 14%,而且有不断增长的趋势。1993 年克林顿上台后重新将医疗保险改革作为施政重点,并专门筹建了"全国医疗改革特别小组",负责起草医疗改革计划。1993 年 10 月,克林顿正式向国会递交了长达 1342 页的《医疗保障法案》(Health Security Act),其涉及内容主要有:一是扩展医保覆盖范围。强制雇主补助员工购买商业医疗保险,保险费由雇主承担 80%、员工缴纳 20%。政府对小企业、失业者和穷人提供医疗补贴。二是健康同盟。这是患者和医生间的非营利性中介组织,加入健康同盟必须缴纳一定的保险费,同盟则为成员提供各种医疗保险方案的信息,帮助成员选择优质、经济的保险方案,并替他们付款。组建健康同盟的目的是将以往分散的单个患者联合起来,在与保险公司、医院和医生进行价格谈判时,可以发挥整体优势,从而降低医疗费用,提高医疗质量。虽然改革的呼声很高,但是不同利益群体对改革方案缺乏共识,最终克林顿的医保方案也没有通过。但克林顿政府推动了一些力所能及的立法,包括 1996 年的《健康保险可携带性与责任法》和 1997 年的《州儿童健康保险计划》。这被认为是自医疗照顾和医疗援助制度实施以来美国在医疗保险改革方面取得的最大进步。

2. 现状

2009 年 1 月奥巴马入主白宫之时,美国的医疗难题依然未获解决,反而更加严重。一是费用高昂。2009 年人均医疗费用 8160 美元,医疗卫生支出已经占到 GDP 的 17.6%。若不能采取有效控制措施,还将继续增长。二是缺乏医疗保险的人数有增无减。2009 年约有 5070 万人没有医疗保险,还有很多人保险不足或面临失去保险的风险。奥巴马上台之后,将医疗改革列入议事日程,展开雄心勃勃的改革计划。

奥巴马总统吸取了 20 世纪 90 年代克林顿总统医改功亏一篑的教训,历经多方权衡和政治谈判,法案内容多次修改,改变了原来建立单一支付机制的全民医疗保险模式的构想。他的方案仍建立在雇佣关系的保险合同基础上,但要保证公司或者雇主为雇员购买保险,奥巴马方的对策是"强制医保",也称"最低基本保额条款",要求每个公民从 2014 年开始购买最低限度的医疗保险,否则将罚缴滞纳金 95 美金,若仍不购买保险,罚金将于 2015 年升至 325 美金,2016 年升至 695 美金。强制医保条款是医改计划的核心,根据分摊原理,只有所有民众加入医疗保险,才能将费用保险降至最低。医改法的其他条款,如通过扩大医疗救助项目覆盖更多的穷人,有效控制医疗费用,加强对私营保险公司管理,促进保险公司的竞争,在州层面建立保险公司和政府的保险合作社来增加保险选择等都要依靠更多人享有保险来完成。但是,善意强制却激怒了大批美国人,反对者声称该计划是医疗领域的"政府接管"。

2009 年 4 月 8 日,奥巴马在白宫设立医疗改革办公室。同年 9 月 9 日,奥巴马宣布其医疗改革计划包括 3 个目标:一是给已有保险的人提供更多的安全保障;二是给没有保险的人提供在他们经济支付能力范围内的选择;三是缓解医疗保健体系给家庭、企业和政府带来的开支增长压力。其目的则是要解决长期困扰美国医疗保健体系的三大难题:遏制医疗费用过快增长趋势,减轻政府、企业和国民的经济负担;实现医疗保险覆盖全民,杜绝私营医疗保险公司对投保人的各种歧视性规定;全面提高医疗保健水平,改善服务质量。

2010 年 3 月 21 日,在国会两院中历史性地通过了参议院 H. R. 3590 号议案(《患者保护与平价医疗保健法》)和众议院 H. R. 4872 议案(对前述参议院议案的修正案),两者合为众所周知的"奥巴马医改法案"(奥巴马于当年 3 月 23 日签署)。奥巴马医改法案的通过,预示着从 2014 年 1 月 1 日起,全美医疗保险覆盖率将由 85% 提高到 95%,3200 万无医保人口及 1400 万未被纳入医保的低收入(其标准是四口之家年收入在 2.2 万美元以下)人群将获得政府补贴,同时在 10 年内(2010～2019年)减少联邦赤字 1430 亿美元,改革的总成本约为 9400 亿美元。奥巴马医改法案最突出的内容是对私营医保行业与公共医保项目进行改革,即扩大政府的作用,创建一个由政府主办的公共医疗保险计划,通过它与私营医疗保险计划的竞争降低保险费用,让更多的人获得医疗保障,从而基本实现全民医保。

然而,当奥巴马医改法案获得通过后,全美相继有 26 个州提出了"医改违宪"诉讼,遍布全国的地方性反医改集会甚至大规模的抗议活动不时出现。在法庭上争议的焦点是联邦政府是否有权强制个人购买医疗保险。美国法律规定,如果医改法案在一州被裁定违宪,就要交由负责司法解释的最高法院进行裁决。在数次涉险过关后,2011 年 8 月,设在亚特兰大的联邦第十一巡回上诉法院裁定医改法案违宪,令医改法案最终被提交给最高法院。2012 年 3 月,最高法院连续 3 天就医改法案举行听证会。奥巴马政府曾提出,医改法案要到 2014 年才会生效,在此之前高法无权对其作出裁决,但这一观点随即遭到驳回,听证会如期举行。在听证过程中上演了一场惊心动魄的"攻防战"。最后,6 月 28 日美国最高法院裁定,总统奥巴马的医疗保险改革大部分条款合乎宪法,该医改法案终于涉险通过。

3. 挑战

联邦政府的医疗保险费用已经入不敷出。2010 年通过的奥巴马医改法案期待把大部分无医保人群纳入政府医保体系,但对其他方面存在的根本问题没有触及,其效果有待检验。

1) 卫生支出大幅攀升。过去几十年来,美国的卫生支出大幅攀升,从 1960 年的人均 148 美元增加到 2011 年的 8508 美元,增幅达 56.5 倍;2010 年美国的卫生支出为 2.6 万亿美元,占当年美国 GDP 的 17.8%;根据 2011 年经济合作与发展组织(OECD)的资料,美国的年人均卫生支出是 OECD 国家的 2.5 倍。由于导致卫生费用上涨的各种因素继续存在,人口老龄化的发展,再加上奥巴马医改将 3000 多万无保险人纳入政府医保,据预测在未来 10 年内美国的卫生支出还会继续上涨,年均增长率将达到 6.7%,到 2021 年人均卫生支出将达到 1.4 万美元,为 2011 年的 1.6 倍。

2) 存在卫生不公平现象,医疗服务利用不足与过度并存。美国是世界发达国家中唯一没有实现全民医保覆盖的国家。普通居民只能自愿购买私人健康保险。奥巴马医改只能把约一半的无保险人群纳入国家医保。同时,美国存在严重的过度医疗现象,这包括两个方面,即医疗保险过度和医疗服务利用过度。在拥有医保的人群中约20%以上的人群持有两份医疗保险,因而可以享受很多的医疗服务甚至过度消费。同时,现代医学技术过度滥用导致医疗费用不断上涨。美国使用MRI和CT检查的次数为OECD国家的2.1倍。

3) 健康效益较差,健康水平低于大多数发达国家。2011年在OECD的34个国家中,尽管美国个人年均支出为8508美元,高于任何其他国家,但居民人均期望寿命为78.7岁,位于倒数第九位;而日本的人均卫生支出为3387美元,仅为美国的40%,但居民人均期望寿命达82.7岁;美国的妇女和儿童健康水平等多项指标也都落后于大多数发达国家。

4) 基层医疗机构全科医生数量明显不足。在大多数医疗技术比较先进的国家,基层医疗机构的全科医生数量占医生总数的50%以上。美国基层医疗机构全科医生占比1960年以前达到50%~80%,但随着专科医生和全科医生收入比例明显拉大,全科医生的数量在不断减少,目前约占30%,家庭医生降至12%。随着美国社会老龄化的不断加剧,如果这一发展趋势不能得到有效干预,2025年美国全科医生缺口将达到5.2万人,美国的医疗成本会继续上涨,进而影响卫生服务质量。

(四) 改革的方向

美国是商业医疗保险模式,尽管奥巴马新医改也让美国进入全民医保时代,但政府增加了开支,且仍保有原来的医保特点,商业保险公司作用突出。退休老人的医护费用来自公共基金,这是全部医疗费用中的大头。改革中实行管理式保健,降低患者医疗费用。管理式保健是指通过第三方介入医疗行为,以收入激励和直接控制方式,使患者能够从医疗服务提供者那里获得受控的、合适的、有所值的医疗服务。管理式医疗的另外一个特征是保险机构和医生及医疗机构通过协议共担风险。例如,"按人头包干":就是在管理式医疗计划中,参保人需要在保险机构指定的网络内找到一个家庭医生,一旦确定,保险机构会支付一笔固定的、事先在协议中约定的保费给家庭医生,而该医生则负责满足这个参保人在协议里规定的医疗保健需要。这样的话,医生就接受和承担了相当大的一部分经济风险,防止他过度医疗。

管理式医疗也采用健康管理,即从参保人的角度出发,通过降低他们的疾病发生率来控制赔款,从源头上堵住医疗费用。主要的措施包括对参保人的健康教育和预防保健等。例如,体检就被列为保险机构和家庭医生之间协议中的医疗项目之一。医生也非常希望参保人每年体检一次,原因很简单,对大多数疾病来说,发现得越早,诊断和治疗要花费的医疗费用越少,对医生更有利。

1. 加强成本控制

也许奥巴马医改所面临的最为困难的长期挑战在于成本控制。《患者保护与平价医疗保健法》确实包括在医疗保险计划上的巨额节约,但是在其他开销上的限制则较为薄弱。法案在医疗服务交付和支付改革上发起了一系列广泛的试验,但其成功性是高度不确定的。根据预测,如果不进行改革,美国国民健康支出占国内生产总值的比例将从2010年的17.8%增加到2019年的20.8%;如果进行改革,其值将从2010年的17.8%增加到2019年的21.0%,奥巴马医改对这一指标的影响并不大。尽管《患者保护与平价医疗保健法》被废除的可能性已经逐渐从议程上消失,但是仍然会有很多重要的政治斗争将会侵蚀奥巴马医改的未来。在有关保险补贴和福利、成本与融资、医疗救助计划及许多其他条款上的斗争结果将决定《患者保护与平价医疗保健法》到底能否继续、扩展或是被破坏。

2. 提高医疗保险覆盖率

奥巴马医改会提升美国医疗保障的覆盖率。如果不进行改革,美国无医保人口将从2010年的4830万人增加到2019年的5690万人,而有医保者占美国人口的比例将从2010年的84.4%降低到

2019 年的 83.0%。

3. 仍以私营医疗保险为主体

奥巴马医疗保障制度改革是基于特定时期的经济、政治和社会环境来开展的。奥巴马医改方案并不会改变美国以私营医疗保险为主体的医保模式。尽管他主张加强对医保体系的政府干预程度，但其医改法案仍然体现了有限干预的思维，这与美国的历史传统紧密相关。奥巴马医改方案可在较大幅度提高医保覆盖率的同时，使国民健康支出的绝对规模和相对规模均保持大体不变，这意味着这一改革有助于优化美国医疗保障制度体系。这同时亦表明，保险公司、医院和医生的利益将在这一改革过程中受到损害，它们必然会对奥巴马改革的顺利实施进行阻挠。奥巴马医改的前景如何值得深入研究。

二、加拿大的医疗保险

（一）基本概况

加拿大是实行全民医疗保险制度的国家，全民医疗保险制度作为加拿大最主要的一项社会福利，为该国的经济社会发展作出了重要贡献。加拿大是西方七大工业化国家之一，政治体制是联邦议会制，经济发达，1972 年正式建立了覆盖全国 10 个省和 3 个自治区的全民医疗保健体系，1984 年出台了具有历史意义的《加拿大卫生法案》(Canada Health Act)，该法案承诺要为所有加拿大人提供各种必要的门诊和住院服务。在工业化国家中，人均期望寿命和婴儿死亡率都处于比较好的水平，据经济合作与发展组织(OECD)2008 年发布的卫生报告，加拿大 2005 年平均期望寿命为 80.4 岁，婴儿死亡率为 5.4‰。加拿大的医疗保障体制，实际上是一个全民参与的公共集资系统，也可以说是一个由 10 个省与 3 个自治区的医疗保险计划组成的连锁体系。加拿大的医疗保障体系强调的是以人为本的医疗保障理念，它完全以患者病情为诊治的出发点，而不考虑其经济承受能力，体现了全体公民人人平等与权力一致的价值观。在加拿大全民医疗保健体系下，其医疗服务的提供者主要包括两个部分：基层医疗服务和二级医疗服务。基层医疗服务的提供者主要包括：家庭医生、注册护士、执业护士、药剂师等，以家庭医生为主。二级医疗服务包括医院专科服务、长期护理机构和社区服务机构。

（二）特点

加拿大全民医疗保险制度是在国家的强力干预下建立和运作的。联邦政府依据《加拿大卫生法案》制定全国通用的国民卫生医疗保障制度，并为各省、自治区提供财力支持。联邦政府通过"加拿大医疗拨款"向各省、自治区拨出用于医疗保障的资金，同时对医疗服务体系实行公共管理。在加拿大，全体国民都可以享受免费的基本医疗服务。无论其经济状况如何，在个人缴纳规定比例的保险费后，均可自动成为投保者和保险享受者。就个人缴纳保险费用的方法和比例而言，加拿大各省不尽相同。一些国家将个人保险金缴纳的多少与其享受的医疗保险程度挂钩。但在加拿大，两者并无相关关系。丧失经济能力的弱势人群可以申请全面或者部分减免保险费。而 65 岁以上老人则不论其经济能力如何，均可自动成为免费医疗保险的享受者，享受基本医疗保障服务。不仅如此，加拿大医保的内容及基本医疗服务范围非常广泛，包括医院服务、医生服务及牙科服务等。患者可以选择医生，免费获得医疗保险提供的规定基本卫生服务。在享有国家医保的同时，个人还可以参加私人医保或雇主资助的医保。

1984 年《加拿大卫生法案》(Canada Health Act) 在巩固 1957 年的《医院保险和诊断服务行动》和 1966 年的《医疗保健法案》的基础上，最终出台。这部法案确立了加拿大医疗卫生政策的基本目标："保护、促进和恢复加拿大居民的身体和精神健康，使其很容易地享有合理的健康服务，没有财政或其他方面的任何障碍。"并在原有的 4 个准则基础上增加了可及性准则(accessibility),这样现行加拿大医疗卫生政策的 5 个准则就形成了。

1) 公共管理(public administration)。该准则适用于省级和地方医疗保险计划,其目的是省和地方医疗保险计划必须由一个公共权威机构在非营利基础上进行管理和经营。

2) 综合性(comprehensiveness)。该准则要求省或地方的医疗保险计划必须包括由医院和医生提供的所有受保的医疗服务。

3) 普遍性(universality)。根据这一准则,所有受保的省或地方居民都必须拥有在同一标准和条件下享有由省或地方医疗保险计划所提供的受保医疗服务。

4) 便携性(portability)。该准则要求省或地方的受保人在全国各地(如迁居、国内旅行等)都能享有医疗服务;在国外同样享有医疗保险服务,当然这对医疗保险项目和条件有具体要求和限制。

5) 可及性(accessibility)。该准则的目的是确保所有省或地方的受保人在同样条件下享有合理、同等的受保医疗服务。规定受保人不管经济条件或年龄、健康状况等如何,都要一视同仁,不得区别对待。

(三) 历史、现状与挑战

1. 加拿大全民医保的历史进程

1867 年颁布的《英属北美法案》,对联邦和省政府的权力有了初步的划分。例如,法案的第 92 条规定:医院、收容所、慈善机构和救济机构由省级政府负责,而联邦政府负责国际卫生检疫,照顾生病的海员、土著居民和军队人员及麻醉药品的控制等。自 1867 年《英属北美法案》颁布之后,加拿大医疗卫生事业有了一些新的发展。第一个省级卫生部门于 1882 年在安大略省成立,新斯科舍省在继承了早期中央卫生部门的基础上,于 1904 年成立了卫生部门。新不伦瑞克省在 1918 年设立了内阁卫生部部长的职位,并成为其他一些省份效仿的范例。在省级政府的压力下,1919 年,加拿大成立了联邦卫生部。1914 年,加拿大首个医疗保险制度——"都市医生计划"在萨斯喀斯川省(Saskatchewan)成立。但是到此为止,加拿大还远远没有建立起全民覆盖的基本医疗卫生服务。

一直到 20 世纪 40 年代以前,加拿大的医院和医疗服务大部分都是由私人出资的,并且许多医院都是宗教或者志愿组织经营的,患者自己支付医生费用,这样个人的支付能力就直接影响了就诊的可能性。20 世纪 30 年代的经济危机和第二次世界大战对西方国家社会福利制度的建立产生了深远影响,加拿大也不例外。最重要的是,二战对联邦政府的角色和加拿大人接受政府在经济和社会事务方面的深层干预产生了深远影响。联邦政府的作用开始得到加强。这期间对加拿大的医疗卫生政策产生直接影响的是《希格蒂报告》(Heagerty Report)。1943 年,关于医疗保险和公共卫生的《希格蒂报告》公布于世,是 1942 年早期在联邦政府要求下关于战后重建的一部分。这一报告的具体建议是呼吁实施一个联邦—省联合医疗保险计划,这一保险包括由省级政府提供的医疗保险、公共卫生条款及联邦政府提供资金援助和制定标准与技术咨询方面的帮助。1947 年,萨斯喀斯川省建立了加拿大首个省级住院保险计划。之后,大约过了 10 年,加拿大联邦政府筹资的全民医疗保险计划才真正建立起来,主要是通过两项立法:1957 年的《医院保险和诊断服务法案》(the Hospital Insurance and Diagnostic Services Act)和 1966 年的《医疗保健法案》(the Medical Care Act)。这两项立法不仅确立了联邦政府与省政府的费用分担机制,而且确立了加拿大医疗卫生服务的普遍性、便携性、综合性、公共管理性 4 个准则。这样,联邦政府首次通过立法的形式强行介入了医疗卫生领域。

1979 年,应加拿大联邦政府的请求,法官埃米特·豪尔着手评估加拿大全国的医疗服务状况。在报告中,他认为加拿大的医疗服务处在世界最佳之列,但是他也警告医生的额外收费(extra-billing)和医院强索的使用者付费(user fee)正导致形成一个威胁医疗保健全民可及性(universal accessibility)的双层制度(two-tiered system)。根据这一报告,为克服上述弊端,1984 年《加拿大卫生法案》(Canada Health Act)最终出台。

2. 现状

《加拿大卫生法案》合并了1957年和1966年两个联邦立法并加以更新,成为加拿大医疗体制发展中最重要的里程碑。因此,《加拿大卫生法案》实际上成为指导全国医疗体系建设和发展的根本大法。

《加拿大卫生法案》巩固了以前的立法,并使原先普遍存在的"额外收费"(extra-billing)和使用者付费(user fee)都变成了非法行为,对直接向患者收费的其他形式也进行了更多限制。该法强调,不管公民是否具有支付能力,享有医疗服务是他们的权利。加拿大政府明确宣布,政府在医疗领域的工作目标就是,让加拿大成为世界上人口最健康的国家之一。国家目标的主要作用是为医疗体系树立主导观念或国民共识。而根据这个目标制定的原则和条件在于,指导国家医疗体系应如何处理及应对为公民健康提供服务、筹措经费、医疗服务范围等基本医疗保险问题。

加拿大卫生保健制度是根据联邦政府的《加拿大卫生法案》制定的,并由加拿大13个省级行政区的政府部门制定具体实施法案和组织实施的。公共卫生保健制度是加拿大医疗保障制度最基本的(或主体)制度,也称为全民医疗保险制度或国家医疗保险制度。公共卫生保健制度覆盖了加拿大绝大多数的居民,并免费提供医疗服务。公共卫生保健制度的资金来源于联邦和省两级政府的财政预算,目前联邦承担1/3,省级行政区承担2/3。资金一般采取年度预算拨款的方式直接支付给医疗机构,一部分按服务项目付费的方式支付给医生。公共卫生保健的服务项目包括全科医生提供的社区医疗服务,需要的住院医疗服务及由医院提供的护理、检查和诊断、放疗和理疗服务等全面的医疗保健服务,但不包括药品及相应的费用。

加拿大全民医疗体系的运作原则体现了国家目标的价值观,其核心就是平等,即在医疗面前人人平等。该价值观代表了社会主流意识。正因如此,富人不能因为富有而拥有更多的生存机会,也不可以将穷人的生命价值降低。

3. 挑战

加拿大的医疗保健制度曾被誉为世界上最好的社会医疗保健制度,其本国公民也引以为豪。该制度的最大特点就是强调了公平和人权的原则。以加拿大的卫生法为标志建立的全民医疗保险力图保证公民不因各种原因失去对卫生保健的可及性。但是国家单一支付的保险体制,也导致了很多问题的出现。

1)加拿大现行的医疗保险制度使国家财政负担过重,影响医疗服务质量的提高。加拿大医院根据患者量向政府报预算,但政府预算有限,如果医院入不敷出,则有关门的可能。因为经济的增长速度远远低于人民对医疗保健需求的增长速度,会使医院的服务和管理水平下降。

2)医疗费用问题。据2007年加拿大卫生信息研究所的数据显示,加拿大的人均卫生支出在过去20年中攀升速度很快。1985~2006年,总的卫生支出增加了1000亿加元,整个卫生总费用2006年达到1480亿加元,比2005年增加了5.8%,人均卫生支出为4548加元。由于省级和地区政府对医院采用总额预付,在一定程度上是利于费用控制的,但是由于医生是以项目收费的方式获取收入,而患者在服务中不需自付任何费用,因此医患双方均缺乏费用意识,导致医疗费用上升。为了控制费用,加拿大的卫生部门采取了一些改革措施,如减少医院床位,关闭一些医疗机构,严格控制医疗技术的引进和使用,加强全科医生的守门人作用,强化社区卫生服务和家庭及预防保健服务,减少住院服务等。

3)服务效率问题。医疗费用控制的结果,也进一步导致了该国卫生系统的另外一个严重问题,即服务效率问题。在加拿大,全民医疗保险体系对公立医院的支付采用总额预付制,即在一个年度对每一家医院支付一笔固定的费用,超支自理,结余归己。总额预付制固然可以有效地遏制费用的增长并增加财务的可预测性,但是其负面后果就是诱使医院减少服务量,从而加剧了患者排队时间过长,而且也没有创造一种激励机制,促使医院改善服务品质、提高服务效率。事实上,排队时间过长是加拿大医疗体系的最大弊端,民众的不满经常见诸报端;而医护人员也心有不满,尤其是家庭医生,普遍抱怨健保机构的支付水平太低。有些省份为了应对这一局面,干脆与美国的医疗机构签订合同,以便分流大排长龙的患者。总体来说,加拿大的医疗资源本来就不够丰沛,优秀的医生还有极大的可能被美国吸走,这是民众看病治病大排长龙的一个重要原因,而医保付费机制对医疗服务的激励结构有所欠缺,使得医疗服务短缺的问题雪上加霜。

(四) 改革的方向

加拿大医疗保险的实施和运行效果基本是令人满意的,这一医疗保障模式也受到了该国绝大多数居民的支持。但毋庸讳言,该国医疗保险制度仍存在着一些不足之处和弊端。如何进一步完善医疗保险政策,改革医疗保险体系,提高医疗服务效率,合理配置和利用卫生资源,控制医疗费用的增长,已成为该国政府极为关注的一个问题。本着公平、效率及卫生服务提供者自主性的原则,需要采取一系列改革举措,以消除卫生保健系统中存在的一些弊端,使加拿大国民能获得更高质量的卫生保健服务。

1. 加强宏观调控,完善医疗保险政策

加拿大卫生改革目标,主要是在保持该国医疗卫生事业正常运行的前提下,进一步有效控制卫生投入总量。在保证医疗服务质量前提下,提高医疗保险体制的运行效率和宏观效益。控制优先、兼顾发展,效率优先、兼顾质量,进一步完善公共医疗保险政策,加大国家对医疗卫生服务的宏观调控力度。以控制供方为重点、控制需方为补充,提高医疗机构和医务人员的服务效率。控制医疗保险范围、调整费用支付方式和政策,在有效控制医疗保险费用的基础上提高医疗保障的水平。加拿大政府在1984年的《加拿大卫生法案》中确定了《固定拨款法案》。20世纪90年代后,又针对该国人口老龄化趋势加快和医疗服务效率低下等问题,建立了以社区保健服务代替医院服务,以疾病预防和自我保健代替临床治疗的医疗模式。同时加强对医疗机构的管理、加强医疗监督、改革对医生的补偿办法。加拿大政府对某些低效率、高成本、机构设置重复或非必需的医疗机构采取了关闭、合并等措施,改革对医院的支付方式,提高卫生服务的效率。政府在宏观层面上调整和完善医疗保险相关政策,通过经济补偿手段控制医院业务总量,调整和规定医院的发展速度及方向,以保障卫生服务的公平性、可及性,并有效地控制医疗费用的过度上涨。在微观层面则放开搞活,通过预算安排、审核批准和自主管理,给医疗机构更多的经营自主权,以提高卫生资源的配置和卫生服务供给的效率。

2. 改革补偿机制,强化费用控制机制

加拿大医疗服务中供需双方缺乏成本意识,从而造成卫生资源的浪费和医疗费用的持续增长。首先,加拿大政府应加强对医疗费用支出的监督管理,改革不合理的支付管理制度。设立相关审议机构,对医院处方进行审核,对诊疗合理性进行必要的审议,对不合理的处方予以处罚,对各种医疗新技术进行评价和审核。其次,强化对供方的费用控制,医生只能通过调整医疗服务提供的数量来实现其收入水准。为防止医生过度提供医疗服务,对医疗服务费用设立上限。改革医务人员工资支付办法,把对医生酬金的支付逐步改变为按服务人头支付,并实行费用封顶,限定医生年收入的增长率。再次,加强需方费用的控制,适度提高患者医疗费用的自付比例,通过调整经济利益的手段,增强患者的费用意识,以达到控制医疗费用的目的。同时,还可以采取提高药品费用自付金额,规定不同药品的不同自付比例,减少或取消部分特殊服务的免费照顾等措施,加强患者的费用意识。

3. 加强卫生资源的合理配置,实行总额预算控制

推广和实行医院总额预算控制。加拿大各省级政府在与医院协会商谈医院预算总额时,根据各医院的服务人口的构成和需求水平,决定各家医院的预算总额,同时对预算超支不予补偿。优化卫

生资源配置,加强卫生资源的合理使用。加拿大政府采取一系列措施,优化卫生资源的配置,进一步提高该国医疗服务的公平性,有效地增加了资源的数量和可得性。例如,积极推行区域卫生规划,针对不同地区卫生健康状况及寿命的差异,尤其是部分边远地区及农村地区存在的缺医少药问题,该国采取一系列激励机制和措施,鼓励医务人员到农村去服务,到医疗需求较大的边远地区去服务。

第四节 新加坡与泰国

一、新加坡的医疗保险

(一) 基本概况

新加坡,全称新加坡共和国,位于东南亚,总面积为 $710km^2$。2014 年新加坡人口总数为 547 万。根据 2012 年世界卫生组织的统计数据,新加坡的人均预期寿命为 82 岁(女性为 85 岁,男性为 80 岁),15~60 岁男女死亡率(每 1000 人)分别为 68 和 42。

世界银行数据显示,新加坡是一个高收入国家,2013 年国内生产总值为 2979 亿美元,人均国民收入为 54 040 美元。2012 年卫生总花费占国内生产总值的 4.7%。

新加坡的医疗保险制度是典型的储蓄社会医疗保险模式,它由保健储蓄计划(medisave)、健保双全计划(medishield)和保健基金计划(medifund)组成,简称 3M 计划。以上保险计划分别由新加坡卫生部、中央公积金局(Central Provident Fund Board)和新加坡金融管理局(Monetary Authority of Singapore)负责管理。

(二) 特点

1. 保健储蓄计划

保险储蓄计划始建于 1984 年,它是一个面向所有受雇佣的新加坡公民和具有新加坡永久居住权的居民的国家性医疗储蓄账户系统,是整个新加坡医疗保障体系的基础。这个计划要求每个参保人员每月将自己工资的 7%~9.5%(具体比例视年龄而定)作为公积金(central provident fund,CPF)存入自己的保健储蓄账户(medisave account)中,用于支付个人及其直系亲属以后的住院费、当日外科手术费及部分门诊费用。此外,如果患有糖尿病、高血压、脂代谢紊乱和脑卒中这 4 种慢性病,他们还可以提取账户内的资金用于支付部分慢性病的住院费用和门诊费用。保健储蓄计划可以避免公民对于医疗保险的过分依赖,激励公民保持个人健康,尽量减少不必要的医疗花费。

医疗卫生服务的提供者分为综合诊所和医院两级。综合诊所的经费主要来自于政府补贴,负责辖区内医疗、预防保健并负责向医院转诊患者。医院向由综合门诊转诊而来的患者提供医疗服务。

2. 健保双全计划

由于保健储蓄计划不足以支付重大疾病患者的医疗费用,新加坡政府于 1990 年建立了健保双全计划。健保双全计划是一个低收费的医疗保险计划,主要作为保健储蓄计划的补充。该保险计划意在帮助保险储蓄计划账户余额不足的身患重大疾病的患者,支付其入住 B2 或 C 级病房期间产生的高额住院费用。健保双全计划是一项自愿退出计划,换而言之,除非主动选择退出,否则年满 16 周岁的新加坡人或永久居民在其首次缴纳公积金时便自动投保健保双全计划,从 2007 年 12 月 1 日起,所有新生婴儿自动投保健保双全计划。健保双全计划从参保者的保健储蓄账户中提取少量保险费,具体保险费用根据年龄的不同而定,30 岁以下的公民每年需交纳大约 26 美元,而 84~85 岁的公民每年需交纳大约 880 美元,健保双全计划不许 85 岁以上的公民加入。截至 2012 年,大约有 339 万人加入了健保双全计划。

为了避免过度消费医疗卫生服务,健保双全计划采用共付比的方式支付高额的住院费用,其中患者个人先行支付 10% ~ 20% 的费用(可通过保健储蓄计划账户支付该部分),随后健保双全计划将支付剩余的 80% ~ 90% 的费用(具体的实际赔付比例要视住院费用和索赔限额而定)。

3. 保健基金计划

保健基金计划是新加坡政府为大约 10% 无力支付医疗费用的新加坡公民所建立的一项保险计划。该计划建立于 1993 年,创立时基金总额为 2 亿美元,该基金来源于财政盈余,截至 2012 年,该基金总额已达到 23.5 亿美元。另外,保健基金计划接受社会各界的捐款。

无力支付医疗费用的患者可以通过所在的社区申请保险基金,只需要通过保健基金计划批准机构(Medifund-approved Institution)的审批,就可获得资助。

(三) 新加坡医疗保险的改革

新加坡通过近 20 年的医疗改革,明确了政府角色,实行管办分离,医疗保障筹资机制多元化,按功能分流建立医疗服务体系,逐步实现了以政府较低投入为每个国民提供基本医疗保健的目标。市场竞争机制使服务水准得以保证,而价格却降低了,平均每次门诊费用仅 10 ~ 15 新元(包含药费)。2008 年,新加坡为医疗服务支出约 10.2 亿新元,占国内生产总值的 3.9%,为卫生服务支出 2.7 亿新元,占 GDP 的 1%。维持卫生医疗支出占 GDP 比例不足 4% 的较低水平使政府在整个国际社会都甚感自豪。当然,在个人负担部分资金的基础上引入社会融资机制也功不可没。

新加坡实行医疗保障资金以个人负担为主,由个人(保健储蓄)、社会(医疗保险)和政府(医疗津贴)共同分担的模式。通过混合融资体系,利用市场机制来促进竞争,扩大透明度,新加坡实现了医保全民覆盖,形成了医院医疗、保健储蓄、健保双全和医疗基金构成的多层次保护。特别是第一层保护值得称道,政府提供公立医院急性病房总费用的 80%,所有国民均可享受这一补贴。公共部门占主导地位的急症护理部门提供了 80% 的护理服务。私营部门提供了 80% 的基层医疗服务。而在支援护理领域(如养老院、社区医院和收容所),则主要由志愿福利机构提供服务,其中大部分机构都得到了政府资助。总体上,两级依照不同功能建立的医疗服务体系及公私双轨制的实行减轻了公立医院的负担,提高了医院的人力、设备资源的有效利用和工作效率。

但是,新加坡的医疗改革亦面临着挑战。首先,医疗保健费用持续上升快于一般消费物价指数。在过去 10 年中,每年的消费物价指数平均升幅为 1.5%,但每年的医保费用通胀则是 2.9%。因此,国民医疗保健支出不会停留在 GDP 4% 的水平,随着人口老龄化,将进一步上升。其次,更多的医生并没有导致医疗价格下降,虽然政府和国民的医疗开支越来越多,但国民似乎并没有因此获得更好的健康;相反,患者的期望却不断上升。另外雇主和纳税人都不愿再为医疗保健"埋单"。因此,新加坡的医疗体系虽然目前适应本国发展,但还需应对可能出现的挑战。

二、泰国的医疗保险

(一) 基本情况

泰国,全称泰王国,位于东南亚,首都曼谷,总面积为 51.3 万 km²。2014 年泰国人口总数为 6701 万。

根据 2012 年世界卫生组织的统计数据,泰国的人均预期寿命为 75 岁(女性为 79 岁,男性为 71 岁),15 ~ 60 岁男女死亡率(每 1000 人)分别为 182 和 90。

世界银行数据显示,泰国是一个中高收入国家,2013 年国内生产总值为 3873 亿美元,人均国民收入为 5340 美元。2012 年卫生总花费占国内生产总值的 3.9%。

泰国的医疗保险制度是融合了国家卫生服务模式和社会医疗保险模式,根据受益对象的不同可以分为公务员保险计划(civil servant medical benefit scheme)、社会保险计划(social security scheme)和全民覆盖计划(又称 30 泰铢计划,universal coverage scheme)。

(二) 特点

1. 公务员保险计划

公务员保险计划是泰国最早的医疗保障制度,它创立于 1978 年,它的前身最早可以追溯到拉玛五世国王期间。该保险计划向泰国的公务员、国有企业员工及他们的配偶、子女和父母提供免费的医疗服务,这个保险计划大约覆盖了泰国 8.5% 的人口。该保险计划现在由泰国财政部负责管理,其通过税收的方式进行资金的筹集。

公务员保险计划提供全面的医疗卫生服务,包括住院服务、门诊服务、急诊服务、口腔服务、药物和特殊病房等。以上服务均由公立医院提供给参保者,私立医院只向参保者提供急诊服务。泰国财政部采用不同的支付方式向医疗服务提供方支付医疗费用,如门诊服务采用按项目付费(fee for service),住院服务采用疾病诊断组付费(DRG)。参保者就诊时无需交纳任何费用。

2. 社会保险计划

社会保险计划建立于 1990 年,它由泰国劳动部下属的社会保障办公室(Social Security Office)负责管理。该保险计划向私营企业员工提供医疗服务,截至 2011 年,大约覆盖了 9 790 206 人(约 15.8% 的人口)。它的资金来源于政府、雇主和雇员三方,三方各支付雇工工资的 1.5%。社会保险计划向参保人提供 7 种保障:子女津贴、养老金、失业津贴、医疗服务补偿、孕妇补贴、残疾补贴和死亡补偿。

就医疗服务补偿而言,社会保险计划提供全面的医疗卫生服务,它包含住院服务、门诊服务、急诊服务、口腔服务、药物(国家基本药物目录之内的药物)、健康教育项目和健康促进项目等。以上服务由与社会保障办公室签约的公立医院和私立医院提供给参保者,社会保障办公室采用不同的支付方式向医疗服务提供方支付医疗费用,如门诊和住院医疗服务采用按人头付费(capitation),慢性病治疗采用风险矫正人头付费(risk adjusted capitation)。参保者每次就诊时无需交纳任何费用。

3. 全民覆盖计划

全民覆盖计划(30 泰铢计划)是泰国最年轻的保险制度,它建立于 2001 年,但该保险计划覆盖了泰国 4700 万人口,约占泰国总人口的 73%。凡是泰国公民,其没有参加公务员保险计划和社会保险计划者均可以注册参加全民覆盖计划。卫生部下属的国家卫生保障办公室(National Health Security Office)负责管理全民覆盖计划,该保险计划的资金来源于税收和患者每次就诊所支付的 30 泰铢(约合人民币 6 元)。

全民覆盖计划提供全面的医疗卫生服务,它包含住院服务、门诊服务、急诊服务、口腔服务、药物(国家基本药物目录之内的药物)、健康教育项目和健康促进项目等。以上服务由与国家卫生保障办公室签约的公立医院和私立医院提供给参保者,国家卫生保障办公室采用不同的支付方式向医疗服务提供方支付医疗费用,如门诊医疗服务采用按人头付费(capitation),住院医疗服务采用疾病诊断组付费(DRG)。参保者就诊只需支付 30 泰铢就可以免费享受医疗服务。

三、历史、现状与挑战

(一) 新加坡

新加坡政府于 1955 年开始实施中央公积金制度,并专门为此成立了中央公积金局(Central

Provident Fund Board),负责整个公积金的管理工作。中央公积金制度建立之初主要是为了解决新加坡公民的养老问题,但是,随着社会经济的发展和人民生活水平的提高,中央公积金制度逐渐演化成为了一个集养老、医疗和住房为一体的公积金制度。1984年4月,保健储蓄计划正式建立;1990年,健保双全计划正式建立;1993年4月,保健基金计划正式建立。

如今新加坡已经形成了一个以政府财政补贴公立医疗机构、一个强制设立保健账户的保险计划(保健储蓄计划)、一个避免灾难性卫生支出的保险计划(健保双全计划)和一个经济救助保险计划(保健基金计划)所组成的 subsidy+3M 框架。

目前,新加坡的医疗保险制度主要面临着以下挑战:首先,卫生筹资问题,由于新加坡实施政府补贴公立医院,在医疗卫生费用快速增长的今天,对政府的财政造成了压力。其次,人口老龄化与慢性病管理,新加坡是一个快速进入老龄化社会的国家,预计2030年,65岁以上人口将占总人口的18.7%。随着老龄人口的增加,慢性病的患病率也逐渐增加,其中高血压、糖尿病和血脂异常的患病率分别为24.9%、8.2%和18.7%。众所周知,随着人口结构和流行病学特征的改变,医疗费用的支出势必将大幅增加。最后,卫生人力资源短缺,目前,新加坡存在专科医生和护士短缺的问题,其中,每千人专科医生的比为0.57,而每千人护士的比为4.3。卫生人力的短缺将影响医疗服务的供给。

(二) 泰国

泰国政府从20世纪70年代就开始设计和实施了多种医疗保险计划。1975年,医疗福利计划(medical welfare scheme)正式实施,它向贫困居民提供免费的医疗服务。1978年,泰国政府正式启动了公务员保险计划(civil servant medical benefit scheme),它是以税收为基金来源并为广大泰国公务员提供免费医疗服务的保险计划。1983年,健康卡计划(voluntary health card scheme)实施,它是一种针对农民和非正式部门员工的自愿性的社区健康保险制度。1990年,社会保险计划(social security scheme)开始实施,它为所有正式部门的员工提供免费的医疗服务。虽然多种多样的医疗保险在泰国得以实施,但是到2000年,仍有40%的泰国居民没有任何的医疗保险保障。直到2001年国家选举,泰爱泰党在竞选中提出了在泰国实施全民免费医疗这一口号,当泰爱泰党赢得选举之后,总理他信信守承诺,迅速地在泰国实施了全民覆盖计划(universal coverage scheme)。至此,泰国最终实现了全面免费医疗覆盖。

如今泰国已经形成了一个覆盖政府公务员、正式和非正式部门员工和农民的医疗保险体系。

目前,泰国医疗保险制度主要面临以下问题:首先,3种保险间存在着受益不平等现象,其中公务员保险计划待遇最好,而全民覆盖计划待遇较低。其次,由于医疗费用的过快增长,导致财政压力的增大。最后,筹资体系不统一,公务员保险计划和全民覆盖计划的资金来源于税收,而社会保险计划的资金来源于雇主和雇员。

四、改革方向

(一) 新加坡

首先,一定要平衡医疗服务可负担性、可及性和高质量性三者之间的关系,在可及和可负担的前提下,尽量提高医疗服务的质量。其次,着重解决卫生人力短缺的问题,短期而言,可以积极从周边国家引进相应的人才;长期而言,应重视医学教育,扩大医学生的招生数量。最后,开展健康教育和健康促进活动,尽量解决人口老龄化和慢性病高发所导致的医疗费用增长过快的问题。

（二）泰国

泰国目前正积极筹划公务员医疗保险计划、社会保险计划和全民覆盖计划三者的统一,以此来解决 3 种保险差别待遇及筹资体系不统一的问题。

本章思考题

1. 如何对一个国家的医疗保险制度进行描述?
2. 日本与韩国医疗保险制度有何异同?
3. 美国与加拿大的医疗保险体系的构建有何区别?
4. 美、加两国截然不同的医保体系对我国的医疗保险体制改革有什么借鉴意义?

【本章案例】

人民日报谈英国医保困境:免费医疗成沉重包袱

英国政府近日证实,将在今年 4 月完成立法,要求在国家医疗服务系统工作的外籍医生具备"必要英语技能",该举措针对 5 年前一起医疗事故。2008 年 2 月,尼日利亚出生的德国籍医生丹尼尔·乌巴尼,因语言障碍给患者开了过量 10 倍的止痛药,导致一位 70 岁老人死亡。

同 14 家医院造成上万不必要死亡病例的"夺命丑闻"一样,"止痛药事件"直指英国"国家骄傲"的困境。为何初衷美好的全民覆盖免费医疗保险体系,在机构编制日趋庞大、预算费用不断攀升的情况下,医疗资源依然入不敷出?

美国经济学家加勒特·哈丁的《公地的悲剧》曾描述这样的情景:一群牧民在同一块公共草场放牧,每个人都想多养羊以增加个人收益,导致草场质量不断下降。人们都知道资源将由于过度使用而枯竭,但人们对过度使用或侵占感到无能为力。因为个人在决策时,常常专注于自己利益的最大化,却很少考虑自身行动的社会成本。

全民免费医疗这块"肥美草场"让英国民众减轻了医疗负担,但当"在家没事做,过来看医生"成为习惯,就不可避免地重演"公地悲剧"。不加约束、缺乏有效管理,医疗资源难免被滥用。在英国有过就医经历的人,印象最深的不是医疗服务质量参差不齐,而是长长的候诊队伍。由于候诊时间过长,英国政府不得不制定最低目标:患者等待看病的最长时间不得超过 18 周。

不可否认,基于普遍享有原则的福利制度,在一定程度上促进社会公平,提升民众福祉,避免社会矛盾激化。可是,有限医疗资源与日益增长甚至无节制的需求之间的矛盾,让英国国家医疗服务系统成为政府沉重的包袱。2012~2013 年英国医疗服务系统预算为 1080 亿英镑,约占英国国内生产总值的 9.4%。迫于财政压力,英国政府前年推出新的医改方案,计划在 2015 年前节省 200 亿英镑的医疗支出。

任何公共政策都不能盲目追求不计成本的完美。英国医疗服务体系需要在适应财政支付能力的前提下,建立预防"公地悲剧"规则。例如,适时调整个人支付费用及患者住院时间等。有效发挥政府治理功效,找到理想与现实间的平衡点,免费医疗保险体系才有可能真正成为英国人的"国家骄傲"。

拓展阅读

美国:承受医保费用上升隐痛 降低国民收入保成本

近日,美国恺撒家庭基金会等发布的一份报告显示,2012 年医疗覆盖约 1.49 亿人的雇主赞助医保计划的保费增长 4% 至 15 745 美元,尽管低于 2011 年 9% 的增幅,但已是同期 1.7% 的工资增幅和 2.3% 通胀之和,同时该报告预计 2013 年的保费将增长 7%。由于雇主赞助医保计划保费实为雇主用工成本的一部分,因此尽管雇主赞助医保计划的保费上涨可看作是雇员的特定用途收入,即折算下来雇员收入增速应为 5.7%,但由于美国的医疗消费价格主要以商业保险机构定价为主,雇员无法左右医疗消费成本,这意味着雇主为应对医保成本上升,而把部分本应以雇员工资形式发放的收入变成了保费支出,进而降低了雇员的可自由支配收入。当前美国医疗成本上升,再度把奥巴马的医改法案推向风口浪尖。最新民调显示,医疗成本攀升和政府针对老年人的医保方案,是选民最为关心的问题。即美国人越发担心一旦医改法案在2014年正式实施,是否会进一步推高医疗费用。毕竟,相关数据显示,新医改将使美国未来增加5.68万亿美元财政赤字,在美国国债余额已达14.3万亿美元的情况下,这将意味着美国企业和居民今后将需缴更多税费,以填补新医改增加的财政缺口。坦白说,美国的医疗体系是世界上最贵的,其每年的卫生总费用占GDP的17%,约2.4万亿美元,其中政府卫生支出占总卫生支出的46.2%;同时普华永道研究所认为,不必要的诊疗服务费和价格欺诈占据全美医疗费用额的一半,即1.2万亿美元。而这源自美国医疗市场日益突出的柠檬化现象,即由于目前美国实行的是自愿而非强制性医保制度,保险公司基于自身利益考虑而不愿为65岁以下年长者和体弱多病者保险,而年轻人或身体健康者则因保费较高等而不愿参保,从而加剧美国医保市场的柠檬化效应。

奥巴马的新医改之所以遭遇到强有力的反对,原因之一是,尽管美国有3200万无医保的人群,但这些没医保的人不是穷人和老人,而是那些既达不到救济又没有足够收入的人,以及一些认为自己不会生病,医保费用高不愿缴纳的人群。原因之二是,新医改尽管执行强制医保制度,旨在遏制保险公司不愿为体质差者保险及强制年轻人投保,同时对保险公司的保费进行审查,但新医改很难有效缓解美国医保市场的柠檬化问题。例如,新医改虽然要求保险公司不得拒绝体质差者入保,但这将使商业保险公司通过拖延审批等手段,增加体质差者的参保难度,并采取各种优惠措施吸引年轻人参保,以致使大量体质差者购买政府的医疗保险,而商业保险公司吸收大量年轻人参保。显然,这将使医疗费用支出主要为政府承担,进而反过来推高医保费用,而且将推高政府财政赤字,从而引发美国人对新医改会增加其医疗费用之担忧。

美国医保费用的持续上升,增加了美国企业和居民的医保成本和负担。可以预见,今年美国大选中,不论是奥巴马连任还是罗姆尼获胜,都需通过实施医疗改革措施,抑或修改新医改法案,以降低日益攀升的医疗成本。

(代宝珍　胡　月　李长乐　刘　蓉　张　晓)

第七章

医疗保险面临的共同问题与改革趋势

内容提要 医疗保险在不同的国家呈现出不同的发展模式和特色,但是随着人类社会发展的全球化和世界经济的一体化,世界各国医疗保险制度面临着一些共同的问题:一是健康观念和疾病谱的变化给医疗保险带来了巨大的挑战;二是人口老龄化对医疗服务和医疗费用支出造成了重大影响,加剧了医疗费用上涨与医疗保险基金供给有限之间的矛盾;三是医药科技进步带来了医疗服务需求和医疗成本的双重增加。所有的这些问题集中反映为医疗费用的不断增长,因此如何既能满足国民医疗健康需求,又能有效地控制医疗费用成为世界各国医疗保险改革的共同趋势。加强预防保健、改革费用偿付方式、促使医疗保险模式的完善是医疗保险改革发展的共同选择。本章分析了医疗保险当前面临的问题与挑战,描述了医疗保险改革发展的趋势。

第一节　健康观念和疾病变化对医疗保险的挑战

一、健康观念和疾病谱的变化

健康是人类关注的主题,是每个人应该拥有的最基本人权。在现代社会,不论是个人的健康还是群体的健康,不仅需要医学科学技术的发展,更需要建立由个人、社会和国家共同合作的健康保障机制。而疾病是非健康状态的一种类型,随着社会经济的发展,所有的国家都将经历疾病谱的变化,特别是非传染性疾病的上升,对医疗保险制度提出了巨大挑战。

(一) 健康观念的变化

健康是所有人的普遍追求,其重要性不言而喻。对于个人来说,健康是幸福生活的基石;对于一个国家而言,健康是社会经济发展、民族兴旺发达的基本保证。联合国一项全球调查的结果显示,良好健康的愿望一直排在全世界男人和女人希望的首位。那么,什么是健康,如何来看待健康? 随着经济和社会的发展,人们对疾病的认识和医学模式的转变,健康概念也在不断发生变化。

传统的健康观念将健康定义为人体生理功能正常,没有缺陷和疾病。疾病与健康确实相互伴随,是一对矛盾。从生理或生物学角度来看,健康就是生物学上的适应,机体处于内稳态;而疾病则表明身体的某一部分或系统在功能和结构上的异常,会造成机体功能下降,生活质量受到损害甚至死亡。这种生物医学模式的健康观念促进了医学的发展,但是忽略了人的社会性。随着人类对于人的属性的认识,由生物自然人上升到社会经济人,人们对健康的认识也日趋全方位、多层次。经济的发展和国民收入的增加使得人们对健康提出了更高的要求,已经不再满足于不生病,身体好,还要求合理的营养,良好的劳动生活条件和生活方式,平衡的心理状态和健康的心态,良好的社会活动能力,延长寿命等。

现代人的健康观是整体健康观。世界卫生组织早在 1948 年就提出"健康不仅仅是没有疾病和虚弱,而是在身体上、精神上、社会上的完好状态",从而把人的健康从生物学的意义扩展到精神和社会关系方面,把人的身心、家庭和社会生活的健康状态均包括在内。1974 年第 27 届世界卫生会议强调指出:医学应采用各种新知识、新技术和新方法促进健康,研究心理社会因素在疾病和保健中的作用。为了进一步使人们完整和准确地理解健康概念,世界卫生组织提出了衡量健康的十大标准:①有充沛的精力,能从容不迫地担负日常生活和繁重工作,而且不感到过分紧张与疲劳;②处事乐观,态度积极,乐于承担责任,事无大小,不挑剔;③善于休息,睡眠好;④应变能力强,能适应外界环境的各种变化;⑤能够抵抗一般性感冒和传染病;⑥体重适当,身体匀称,站立时,头、肩、臂位置协调;⑦眼睛明亮,反应敏捷,眼睑不易发炎;⑧牙齿清洁,无龋齿,不疼痛,牙龈颜色正常,无出血现象;⑨头发有光泽,无头屑;⑩肌肉丰满,皮肤有弹性。这是一种积极的、揭示了人类健康本质的观念,在更高层次上把人作为一个社会成员,作为一个结构与功能、躯体与精神、人体健康与生物、心理和社会紧密联系在一起的自然人和社会人的统一。

（二）疾病谱的变化趋势

20 世纪 50 年代以来,多数国家完成了第一次卫生革命,通过控制传染源、预防接种、改善环境等措施,控制了危害人类健康的传染性疾病,人类疾病谱和死因谱都发生了很大变化,威胁人类健康和生命的主要疾病已经由传染病逐步改变为慢性非传染性疾病。世界卫生组织《预防慢性病:一项至关重要的投资》报告对慢性非传染性疾病的范围进行了界定,它主要包括心脏病、脑卒中、癌症、慢性呼吸道疾病和糖尿病等。除此之外,视力衰退和失明、听力衰退和失聪、口腔疾病和遗传疾病也属于慢性非传染性疾病的范畴。随着社会经济的发展,没有一个国家不经历慢性非传染性疾病上升的状况。然而,大多数慢性疾病有着共同的危险因素,如最突出的 4 种慢性疾病心血管疾病、癌症、慢性阻塞性肺气肿和糖尿病,都与生活方式的共同危险因素有关,因此改善人们的行为和生活方式,控制非传染性疾病成为世界各国卫生工作的首要任务。

进入 21 世纪,慢性非传染性疾病的迅速上升已经成为世界绝大多数国家面临的主要健康问题和挑战。这种持续增加的挑战不仅威胁经济和社会的发展,而且不断威胁人类的健康和生命,造成了最大比例的残疾和死亡。2005 年全世界有 5800 万人死于各种疾病,其中慢性疾病造成的死亡人数达到 3500 万,这比所有的传染病,加上孕产和围生期疾患及营养不良所导致的死亡人数总和还要多 1 倍。目前,全世界 50% 的疾病负担来自于慢性非传染性疾病,如果按照目前的发展趋势,到 2020 年将达到 60%。虽然在不同经济发展地区,慢性非传染性疾病的分布和死亡的负担不同,但是慢性病已经成为造成死亡和失能的首位因素。在已经建立市场经济的欧美发达国家,慢性病已经经历了从快速上升、顶峰、开始下降的过程,但是以心脑血管疾病为代表的慢性病仍然是死亡和导致失能的第一位原因,慢性病死亡占总死亡的 75% 以上;发展中国家疾病负担上升最快的是慢性病和伤害,从 20 世纪 90 年代开始心血管病也成为死亡和导致失能的首位原因,在东亚和中东地区占总死亡的 50%;在经济不发达的非洲地区慢性病死亡占总死亡的 22%,随着经济的发展还在不断上升。可见,慢性非传染性疾病已经不仅仅是富人和发达国家的事情,世界各国都应该采取措施对其进行预防和控制。

二、健康观念和疾病谱变化对医疗保险的挑战

整体健康观和慢性非传染性疾病的持续增加给医疗保险带来了巨大挑战,主要包括医疗费用、医疗负担不断上涨,预防保健受到重视,医疗服务将产生重大变化。

（一）慢性非传染性疾病导致医疗费用上涨

慢性非传染性疾病（以下简称慢性病）带来的直接结果是医疗费用的上涨，医疗负担的增加。慢性非传染性疾病已经成为世界各国主要的健康问题，同时慢性病多为终身性疾病，预后差，并常常伴有不同程度的并发症甚至残疾，不仅严重影响居民的健康，使存活的患者生活质量大大降低，而且治疗慢性病给个人、家庭和社会带来了沉重的经济负担。世界80%的慢性病死亡发生在发展中国家，慢性病成为了致贫的重要原因，因此，慢性病治疗费用已经成为了医疗保险费用支出的重要内容，也是医疗费用上涨的重要原因。中国慢性病患病率和住院率都快速上升，2008年慢性病占两周患病的比例由1998年的39%上升到60.9%，有医生诊断的慢性病总病例数达到2.7亿，年均增加6.2%，在居民死亡原因中，82.5%的死者死于慢性疾病。城市居民住院率排在前面的依次是脑血管病、高血压病、缺血性心脏病和糖尿病，也都是处于不断上升期的慢性疾病。与1998年第二次国家卫生服务调查相比，有医生诊断的高血压病和糖尿病的病例数增加了2倍，心脏病和恶性肿瘤的病例数增加了近1倍。根据《2013中国卫生和计划生育统计年鉴》的数字，2012年平均住院医药费用最高的5种疾病依次是心肌梗死冠状动脉搭桥34 835.7元，急性心肌梗死16 802.4元，胃恶性肿瘤14 714元，食管恶性肿瘤13 231.9元，膀胱恶性肿瘤13 154.5元，这些医疗费用较高的治疗都与慢性非传染性疾病有关。

（二）健康观念和疾病谱变化对预防保健提出更高要求

随着健康观念的变化，人们更加重视包括身体、心理和社会各层面的整体健康，对日常保健和疾病预防提出更高的要求，投入更多的关注。而慢性病的发生与遗传、环境、行为方式等危险因素有关，其中环境因素和行为方式因素是可以通过预防和干预加以控制的。这些危险因素主要包括吸烟、不健康饮食、缺乏体力运动、肥胖等，高血压本身是一种慢性非传染性疾病，同时又是其他慢性病如心脏病、脑卒中等的危险因素。慢性病的主要病因已经确定，通过对慢性病危险因素进行控制，人类完全可以减少慢性疾病的发生，减缓病程的进展，降低各种并发症，减少失能和残疾，提高生命质量。根据世界卫生组织的报告，如果消除慢性病的危险因素，则至少80%的心脏病、脑卒中和2型糖尿病，40%以上的癌症都是可以避免的。在澳大利亚、加拿大、英国和美国，心脏病死亡率在过去30年间显著下降，在最成功的国家下降70%。以美国为例，2003年美国总疾病负担为2256.5亿美元，其中心血管疾病、肿瘤、糖尿病造成的疾病负担约占32%。近些年来，美国通过国家干预政策与民众自我保健意识及行动使慢性病死亡率呈现持续下降趋势，甚至连癌症与艾滋病也得到了有效控制并开始走下坡路。美国心脑血管疾病的死亡率从20世纪中期开始下降，1991~2000年，心血管疾病死亡率下降17%，脑卒中死亡率下降15%，全部肿瘤死亡率下降7.2%。美国心脑血管疾病死亡率下降的主要归功于控烟、减酒、调整饮食等的初级预防，高血压及高血脂早期发现与早期治疗的二级预防，以及心脑血管意外救护和诊疗技术的提高；肿瘤死亡率下降的主要原因在于吸烟的减少和早期发现、早期治疗的提高。发达国家已经在预防保健领域实施行动，而发展中国家传统预防工作的重点主要在传染病领域，对于慢性病的预防应该进行更多重视。

（三）健康观念和疾病谱变化对医疗服务产生重大影响

随着疾病构成的变化，人类的死亡模式中慢性病占据了主导地位，无论是疾病原因还是健康后果，医学模式已经由生物医学模式转变成为当前的生物—心理—社会医学模式。现代整体健康观和医学模式的变化，使医学的对象不再继续以疾病为主，而是逐步转变为面向整个人群的健康，医学的发展也不再是以治病为最终目的，而是转向预防疾病与损失，维持和提高健康水平，这对于传统的医疗服务产生了重大影响。第一，医疗服务将改变服务的提供模式，从治疗服务扩大到预防服务，将治疗与预防结合起来,预防保健的思想贯穿在医疗服务的全过程中,做到预防先行、寓防于治、防治并举。临床医生不仅仅专注于治疗疾病本身,应该将临床治疗与疾病预防结合起来,把健康知识与个人行为相关的防病措施有针对性地传达给患者。第二,医疗服务从技术服务扩大到社会服务。医生应当具有医学知识和人文科学知识,从关注疾病转向关注人本,除诊治疾病外,还应当重视人体自身健康动力的挖掘,通过社会医学诊断,及早发现居民的健康问题,找到危害居民健康的危险因素,进行健康指导和健康促进,指导人们形成健康的生活习惯和行为方式。第三,医疗服务从生理服务扩大到心理服务。现代医学模式和整体健康观念要求卫生服务的整体性,在进行身体照顾的同时,也要对普通人群和患者进行心理服务。心理健康是身体健康的精神支柱,良好的情绪状态可以使生理功能处于最佳状态,反之则会降低或者破坏身体的某种功能而引起疾病,医疗服务需要了解影响患者的心理因素,加强心理护理和心理康复工作,不断丰富心理服务的内容和措施,达到更好的治病防病效果。

三、世界医疗保险制度的发展趋势

医疗保险制度建立的最初目的是通过对疾病造成的收入损失进行补偿,分散疾病风险,降低被保险人的经济负担,但是随着健康观念的变化和慢性疾病的增加,人们对医疗保险提出了更高的要求,促使医疗保险不断发展完善。

(一) 医疗保险向健康保险发展,保障范围扩大

医疗保险制度建立初期,各国首先把疾病津贴作为医疗保险的首选内容,然后再把治疗疾病的医疗费用纳入保障范围。在各国的医疗费用补偿中,医疗保险首先解决的是对人们生活水平影响较大的治疗费用,如大病住院医疗费用,继而扩大到一般医疗服务,如门诊费用。在医疗保险制度比较完善的发达国家,健康保险不仅补偿疾病给人们带来的医疗费用等直接经济损失,也补偿由疾病导致的收入下降等间接经济损失,还包含了预防保健、健康促进等方面的内容,保障范围不断扩大。随着健康观念的变化和慢性疾病的增加,人们逐渐认识到预防保健的重要性,各国医疗保险制度也应逐步将预防保健纳入保障范围,以实现降低慢性非传染性疾病的发生率和疾病的早发现早治疗,从而达到既控制医疗费用,又从根本上提高健康水平的目的。

德国医疗保险从单纯的疾病治疗转向疾病治疗与预防相结合。过去,德国社会医疗保险的重点是疾病治疗,随着肥胖、高血压、糖尿病等慢性疾病发病率的急剧增加,用于治疗的费用不堪重负。因此,德国医疗保险改变了"只治不防"的观念,康复也由传统、被动、消极的治疗性康复转为主动、积极的预防性康复。同时,改革医疗保险与慢性病防治不相适应的政策,从组织体系和经费上保证慢性疾病预防工作的开展,并对慢性病预防确定了6项原则:①促进心血管疾病预防;②锻炼肌肉、活动关节;③健康进食;④自我调适;⑤减肥;⑥减少烟害。这些措施使疾病从单纯治疗逐步转向以预防为主的格局。澳大利亚成立了政府的健康促进机构,由政府拨款支持健康促进工作,同时建立健康促进基金会实现多渠道健康促进筹资,重视部门间的合作,通过社区发展,组成健康促进的联盟,运用健康促进理论成功实施了心脏病预防、合理膳食和控制吸烟等。

(二) 支付制度向预付制发展,加强预防保健

医疗保险的支付制度,也称为结算办法,既确定了医疗保险机构向医疗服务提供者支付患者医疗费用的途径和方法,也定义了支付价格。对于医疗机构来说,支付制度是收取医疗费用,补偿医疗成本的依据,是经济来源和经济利益所在。由于利益机制的作用,支付制度成为了医疗服务提供者主要的经济诱因。支付制度对医疗服务提供者提供不同的经济诱因,会影响并引导他们的医疗行为,导致不同的经济效果,进而引起医疗保险资源不同的流向。当支付制度有利于增加高技术医

服务和住院服务的收入时,医务人员和资金就会离开预防和初级卫生保健,而较多地流入治疗性服务;当支付制度有利于鼓励卫生保健和预防时,医务人员也将被吸引过去。所以,支付制度是合理配置医疗资源、控制医疗费用的重要手段。

按服务项目付费是医疗保险中最传统,也是运用最广泛的一种支付方式,是典型的后付制。由于其按医疗服务项目和服务量,根据物价部门或双方协议规定的价格结算,在鼓励医疗机构提供全面、优质服务的同时,容易造成医疗服务提供方重视治疗,忽视预防,引发诱导需求,造成医疗费用上涨。医疗费用预付制是指按照服务人数、服务量或经测算的平均费用核定的医疗费用总额预先支付给医疗机构,由医疗机构掌握费用支出,结余归己,超支自付的医疗费用结算办法,包括按人头付费、总额预付制等。预付制有利于促使医疗机构形成内在的成本约束机制,自觉采取控制费用的措施,如积极开展预防、健康教育、定期体检等活动,以最大限度地降低发病率,从而减少费用开支,鼓励医生以较低的医疗成本为更多的患者服务。调查表明,实行按人头预付制后人均医疗费用能够下降10%～40%,住院率下降25%～45%。英国、美国、德国对全科医生或多专科的诊所已经实行按人头付费的预付制,促使他们控制成本,并积极进行预防医疗服务。

(三) 卫生保健向健康教育发展,倡导健康生活方式

目前,人类疾病谱发生了巨大变化,包括心脑血管疾病、恶性肿瘤、呼吸系统疾病、糖尿病等疾病在内的慢性非传染性疾病成为危害人类健康、导致死亡的主要原因。慢性病的治疗往往花费很高,但是收效不大。而健康相关行为和生活方式是影响慢性病发生、发展的重要因素,改变饮食和生活习惯、减少慢性病的危险因素是降低慢性疾病发病率、减少不必要卫生保健支出的最好方法。慢性非传染性疾病的预防和控制还需要民众具备自我保健意识,加强个体预防。个体预防是通过群体或媒体的手段向民众传播必要的预防知识,提倡健康的生活方式,有针对性地促进个体健康。只有使社会的所有成员都了解或掌握一定的健康知识,才能有效地提高整个社会的健康意识和健康水平。这就需要提高医药卫生知识传播的社会化程度,运用各种社会媒介提高卫生知识传播的深度、广度,使所有社会成员都能树立正确的自我保健意识,自觉采取积极措施维护与增进健康,养成符合健康要求的生活习惯,如适当的体育锻炼、合理的饮食营养、正常的社会行为和戒除不良的生活行为等。

加强健康教育是改变不良生活方式的有力武器。美国认识到控制慢性病仅凭高科技是不行的,只有从源头入手,才能减少和控制慢性疾病,他们找到了一种十分经济有效、甚至是一本万利的办法,那就是健康教育。美国1971年成立健康教育总统委员会,1974年把健康教育列为国家优先卫生项目之一,并于1979年发动美国历史上的第二次公共卫生革命。健康教育的内容主要包括:提倡健康饮食和生活方式、开办健康烹饪课程、免费测量血压、电台播放健康信息和新闻、散发教育材料、在学校开展健康生活方式教育和普及高血压防控知识等。1994年美国脑卒中和冠状心血管疾病死亡率比1972年分别下降了60%和53%,充分体现了健康教育的成绩。

第二节 人口老龄化对医疗保险的新要求

一、世界人口老龄化的趋势

人口老龄化是指一个国家或地区在一个时期内因年轻人口数量减少、老年人口数量增加而导致的老年人口比重不断上升的现象或过程。国际上一般认为60岁及以上人口占总人口的比重达到10%,或65岁及以上人口占总人口的比重达到7%,该国家或地区的人口即进入了老龄化进程。19世纪以来,由于科学技术发展和医学的进步,人类得以通过各种疫苗、抗生素、卫生用水、卫生设施和

卫生保健等提高健康水平,在整体上成功地降低了婴孩的死亡率,控制了各种传染性疾病的蔓延,并延长了人类的寿命。根据联合国《2014年世界人口状况》,世界人口在2014年达到72亿,人类平均寿命达到70岁。人口老龄化是普遍性的全球现象,是经久不衰的。在20世纪内,世界老年人的比例持续增长,预期这个现象在21世纪将继续存在并发展。

(一) 老年人口数量及其占总人口比例不断增加

老年人口数量占总人口比例是指60岁及以上或者65岁及以上人口数量占一个国家或地区总人口的比例,简称老龄人口占比。从世界范围看,不管是发达国家,还是发展中国家,老龄人口的数量及老龄人口占比都在不断增加,这是全球人口趋向老龄化的重要特征。

老年人口的增加是人口从高生殖率和高死亡率转变到低生殖率和低死亡率的结果,当人们的寿命更长,选择少生子女时,这一现象不可避免。根据联合国人口基金会公布的数字显示,在过去的半个世纪,全球人类平均生育率已从1960年的每一名妇女生育5名子女,降低至每一名妇女仅生育约2.7名子女,在接下来的半个世纪,平均生育率还可能降低到2.1。与此同时,全球人类平均寿命却从46岁延长至66岁。1950年,全世界有2.05亿人口的年龄达到60岁或以上,到2012年,这个数字已经增加至近8.1亿。预计这一数字在10年之内将达到10亿,到2050年再翻一番,达到20亿。60岁以上老年人的比例从1994年的9%增加到2014年的12%,预计到2050年将达到21%。当然,各个国家和地区之间的情况存在着一定的差异。欧洲是最早步入老龄化社会、世界上"最老"的地区,其次是北美和大洋洲,非洲是"最年轻"的地区。例如,2012年,非洲有6%的人口为60岁及以上,而拉丁美洲和加勒比海地区为10%,亚洲11%,大洋洲15%,北美19%,欧洲22%。到2050年,预计非洲将有10%的人口达到60岁及以上,亚洲24%,大洋洲24%,拉丁美洲和加勒比海地区25%,北美27%,欧洲34%。

根据中国第六次人口普查的数据,大陆31个省、自治区、直辖市和现役军人的人口中,0~14岁人口为222 459 737人,占16.60%;15~59岁人口为939 616 410人,占70.14%;60岁及以上人口为177 648 705人,占13.26%,其中65岁及以上人口为118 831 709人,占8.87%。同2000年第五次全国人口普查相比,0~14岁人口的比重下降6.29个百分点,15~59岁人口的比重上升3.36个百分点,60岁及以上人口的比重上升2.93个百分点,65岁及以上人口的比重上升1.91个百分点。

(二) 老年人口年均增速加快

老年人口年均增速是指总人口中60岁及以上或者65岁及以上人口的年度平均增长速度。老年人是世界上增长最快的年龄群体,在全世界范围内,每一秒钟就有2人步入60岁,每年共计有5800万人满60岁。目前9个人中就有1人是60岁或60岁以上,全球老年人口增长趋势将一直持续到2030年左右。就全球而言,老年人口每年以2%的速度增长,而世界人口增长率为每年1.2%,老年人口比整个人口增长快很多。21世纪初,世界人口有接近6亿老年人,为50年前记录数目的3倍。2014年,60岁及以上人口的年增长率几乎是人口总体增长率的3倍。按绝对值计算,60岁及以上人口的数目从1994年到2014年几乎翻了一番,这一年龄群体的人口现在超过了5岁以下儿童人数。预期至少在今后25年内,老年人口将继续比其他年龄组更快速地增长。60岁以上人口的年增长率在2025~2030年间将达到2.8%,到21世纪中叶,将有约20亿老年人,老年人全体又一次将在50年间翻两番。老年人口这样的迅速增长将会给个人、家庭、社会带来经济、文化、生活方式等多方面的挑战,大多数国家将需要在经济和社会方面做广泛深入的调整。

根据中国第六次人口普查的数据,大陆总人口同第五次全国人口普查时的人口总数相比,10年共增加73 899 804人,增长5.84%,年均增长率为0.57%。中国人口增长已经由高生育率、低死亡率、高增长率过渡到低生育率、低死亡率、低增长率的"三低"模式,人口总量增长速度放缓,但是老年人口的增长速度是不断增加的。根据《中国老龄事业发展报告(2013)》的统计,截至 2012 年年底,我国老年人口数量达到 1.94 亿,比上年增加 891 万,占总人口的 14.3%,2013 年老年人口数量将达到 2.02 亿,老龄化水平将达到 14.8%,老年人口的年增长率维持在 4% 以上。

(三)老龄社会发展呈现阶段性

老龄人口的快速增长必然带来老龄社会发展,而老龄人口占比和老年赡养比的变化又形成了老龄社会的阶段性。根据《联合国世界人口老龄化报告(1950-2050)》,通常将 60 岁及以上人口占总人口的比重达到 10%,或 65 岁及以上人口占总人口的比重达到 7%,作为国家或地区进入人口老龄化或老龄社会的标准,届时老年赡养比为 10%,也就是 10 个劳动人口供养一个老龄人口。美、英、法、德、澳等国家在 20 世纪 50 年代已经进入老龄社会。2000 年发达国家 65 岁及以上人口占比已经达到 14.3%,老年赡养比达到 21.2%,因此将此作为该地区或国家进入深度老龄社会的标准。预计 2035 年左右,发达国家 65 岁及以上人口占比达到 21.2%,老年赡养比为 40%,这被视为超级老龄社会。世界主要国家人口老龄化的时间表见表 7.1。

表 7.1　世界主要国家人口老龄化的进度表

指标	美国	德国	日本	中国	世界	发达国家	最不发达国家
进入老龄化(7%)	1950 年	1950 年	1970 年	2000 年	2005 年	1950 年	2050 年
发展所需时间/年	65	25	25	25	35	50	40
深度老龄化(14%)	2015 年	1975 年	1995 年	2025 年	2040 年	2000 年	2090 年
老龄人口赡养比 1∶5	2015 年	1970 年	1995 年	2030 年	2035 年	1995 年	2085 年
发展所需时间/年	10	35	15	10	35	25	10
超级老龄化(20%)	2025 年	2010 年	2010 年	2035 年	2075 年	2025 年	2100 年

资料来源:杨燕绥,2014

随着老龄社会逐步进入深度老龄化社会,高龄老人及需要照顾的老年人持续增加,并成为普遍现象。对于大多数国家而言,虽然高龄老人只占总人口的一小部分,但是 80 岁及以上高龄老人将会是未来 50 年增长最快的群体,超出了老年人口的增长速度。2000 年,80 岁以上高龄老人的年平均增长率为 3.8%,是 60 以上老年人口增长率的 2 倍,每 9 个老年人中就有 1 个 80 岁以上的高龄老人。到 2050 年将会出现每 5 个老年人中有 1 个高龄老人的现象,高龄老人总量将达到 3.79 亿,占总人口的比例将会从目前的 1% 上升到 4.1%。其中最具代表性的是日本,每 3 个老年人中将会有 1 个老年人至少超过 80 岁。由于老年人更容易受到疾病的侵害,严重影响其生活质量,老龄人口对于健康服务的需求和医疗费用将会远远超过其他人群。

包括中国在内的发展中国家的老龄化发展则呈现出速度快、时间短、规模大的特点,到 2050 年,全世界将有 4/5 的老年人口生活在发展中国家。与发达国家相比,许多发展中国家都会由于缺乏一套覆盖全民的退休福利计划及社会福利政策,导致他们在处理人口老龄化问题上倍觉艰辛。因此各国必须尽早吸取其他先进国家的经验,开始去研究解决老龄人口剧增特别是高龄老人剧增所引发的各种问题。

二、人口老龄化对医疗服务和医疗费用的影响

人口老龄化是社会文明和进步的重要标志,然而它同时也给人类社会带来重重隐忧。人口老龄化不仅会导致医疗费用的快速上涨,影响医疗保险基金的收支平衡,还会对医疗护理和医疗服务可及性提出更高的要求。

（一）人口老龄化促使医疗费用快速上涨

老年人随着年龄的增大,生理功能逐步减退,机体抵抗力下降,疾病发病率大大高于其他人群,特别容易受到高血压、糖尿病、肿瘤、心血管疾病和阿尔茨海默病等慢性疾病的侵袭,成为致残和致死的最直接原因。所以,随着人口老龄化的加剧,老年人对医疗保险的需求会进一步增加,医疗费用成本也会随之进一步扩大,成为造成医疗费用快速上涨的重要因素之一。我国 2008 年国家卫生服务调查表明,全国 60 岁以上老年人两周患病率为全人群的 2.3 倍,慢性病患病率为全人群的 2.9 倍,人均患有 2~3 种疾病。老年人发病率比青年人要高 3~4 倍,住院率高至少 2 倍。有研究表明,在医疗服务价格不变的条件下,人口老龄化导致的医疗费用负担年递增率为 1.54%,未来 15 年人口老龄化造成的医疗费用负担将比目前增加 26.40%。

相关研究已经证明,65 岁以上老年人的医疗支出比青年人多得多。在美国,医疗费用无论总数、人均还是占 GDP 的比重都是世界第一,而且每年的增长幅度持续超过国民生产总值的增长,其中 1/3 的医疗开支用于 65 岁以上的老年人。从美国的人口结构看,战后 1946~1964 年"婴儿潮"出生的一代人逐步开始进入老年,其总人数达到了 7800 万,是目前老年人的 2 倍,他们所花费的医疗费用将大大超过目前老年人的花费,使医疗费用的增长呈现出一种加快的趋势。

（二）人口老龄化增加了医疗保险基金的风险性

人口老龄化会使医疗保险参保人员结构发生变化,一方面导致医疗保险基金的供给减少,另一方面会造成医疗保险基金的支出增加,最终会影响医疗保险基金的收支平衡,对医疗保险基金的筹集和使用提出巨大挑战,增加了基金的风险性。

人口老龄化将造成医疗保险基金供给减少。医疗保险基金是医疗保险制度运行的物质基础和根本保障,筹集足够的医疗保险基金对医疗保险制度的实施至关重要。从世界范围看,不论是通过税收征集医疗保险基金的国家,还是缴纳医疗保险费的国家,医疗保险基金的筹集大部分对老年人实行优惠或者免税,医疗保险基金的筹集主要来自劳动人口。例如,英国的社会健康保险税主要针对有收入的雇员,自愿健康保险还一度对 60 岁以上的参保人群实行减免个人所得税的政策;瑞典社会健康保险税的缴纳对象是就职的劳动者;而美国主要覆盖 65 岁以上老年人医疗保险的 medicare 不需要个人缴纳保险金;中国的职工医疗保险制度中,在职职工及其单位缴纳医疗保险费,退休职工则不再负担医疗保险费用。由于老龄化进程的加快,劳动年龄人口与老年人口的比例上升,负担系数会由老龄社会初期的 1∶10,发展到深度老龄社会的 1∶5,甚至超级老龄社会的 1∶1.5。与之相对应的是,提供医疗保险基金供款的人数相对于使用基金的人数减少,医疗保险基金的筹集面临挑战。

人口老龄化同时会使医疗保险基金支出增加。人口老龄化是促使医疗费用快速上涨的重要因素,而医疗保险基金是医疗费用补偿的主要经费来源。目前老年人患病率比较高的是高血压、脑血管病、糖尿病、恶性肿瘤及呼吸系统疾病等,随着科技的发展,这些疾病可以通过手术或药物得到一定的治疗和控制,有的疾病甚至会伴随终身。随着人群生存时间的长久,此类疾病的发病率呈现增高的趋势,老年人患这类疾病的数量明显高于其他人群,因此,随着老龄化的加剧,对医疗保险的需求会进一步增加,医疗费用支出也会进一步扩大,对医疗保险基金造成巨大压力。

（三）人口老龄化使长期护理需求增长

人口老龄化伴随着人类平均预期寿命的延长,高龄老人、失能老人的数量将大幅增加,其长期护理的需求也会不断增长。长期护理是在较长的时期内向日常生活无法自理的社会成员提供一套综合的护理服务,其内容不仅包括健康,更关键的是日常生活起居的照顾。

长寿不等于健康,随着年龄的增长,老年人患病率呈上升趋势。根据 2008 年中国卫生服务调查的数据,随着年龄的增加,老年人的两周患病率和慢性病患病率都呈上升的趋势。两周患病率方面,60~69 岁组只有 37.7%,70~79 岁组上升为 48.9%,而 80 岁及以上组高达 51.7%;慢性病患病率方面,60~69 岁组为 39.5%,而 70~79 岁组和 80 岁及以上组分别为 48.8% 和 49.4%。国家老龄研究中心调查数据也显示,我国 60 岁以上的老年人余寿中,2/3 时间处于"带病生存"状态。患病率的增加和各种并发症的发展会造成失能老人群体的扩大,他们需要长期的关怀和照顾。

高龄老人的长期护理需求增长迅速。随着生活条件的改善和医疗卫生事业的发展,人类寿命高龄化趋势越来越明显。2014 年世界老年人口中 80 岁及以上的高龄老人的比例是 14%,预计 2050 年时将达到 19%,届时可能会有接近 4 亿 80 岁及以上的老人。年龄增长带来的是生理性及疾病引起的病理性老化,老年人身体各方面功能不断减退,需要长期护理服务。同时,在大量的老年人口中"阿尔茨海默病"也成为老年人的常见病之一,病程长达 10~20 年,长期护理的需求更大。

三、各国积极应对人口老龄化的对策

人口老龄化带来的医疗费用支出不断增长与社会可筹集医疗资源有限之间形成了尖锐的矛盾,高龄老人和失能老人的护理需求又日益增加,使得各国医疗保险面临重大挑战。世界各国特别是人口老龄化严重的发达国家,针对这一情况,在扩大医疗保险筹资、建立专门的老年医疗保险制度、长期护理制度和加强社区卫生服务等方面进行了积极的探索。

(一) 多渠道增加医疗保险基金收入

随着人口老龄化的发展,大部分国家就业人口的比例下降,医疗保险基金的供给人数下降,筹集的基金收入相应减少,医疗保险基金收支矛盾日益尖锐。例如,2002 年德国的法定医疗保险平均 14% 的筹资水平是建立在 70% 从业人员缴费、30% 退休及无业人员不缴纳费用的基础上。而在今后的 30~40 年内,从业人员将降至 60%,退休及无业人员将升至 40%,医疗保险基金将出现巨大的缺口。

世界各国增加医疗保险基金收入的渠道主要有扩大缴费的收入基数、增加基金征缴的对象和提高医疗保险的缴费率,从而扩大医疗保险资金的供给。法国从 1991 年起开征用于医疗保险的"社会共同救济税",将许多替代性收入,如养老金、失业保险津贴、遗产性收入及财产性收入等纳入缴税基数,并且这一税种的税率呈逐年上升的趋势,从 1991 年的 1.1% 上升到 1998 年的 7.5%。英国为了补偿医疗保险税收的不足,将失业者和因在家护理老人而未工作的家庭成员等群体纳入征缴范围,由政府代缴社会健康保险税。德国对于退休者由退休基金组织缴纳其保险费,失业者则由失业基金组织支付其保险费。同时,德国法定医疗保险的平均保险费率已经从 1970 年的 8% 提高到 2004 年的 14.2%。日本由政府掌管的健康保险组合的平均保险费率 1980 年是月工资的 7.8%,2000 年已经增长到月工资的 8.5%。除此之外,一些国家还通过发行彩票、开征烟草附加费等办法补助医疗保险基金,如法国政府除强行把药品批发价砍掉 10.7% 外,还强制药商将营业收入的 4% 交给政府,对于烟草、酒类、汽车的专项税收也分配给主要医疗保险基金,以增加医疗保险基金的收入。

(二) 建立单独的老年人医疗保险制度

联合国多个国际组织提出,各国要使本国公民实现公平地享受基本医疗保健服务,即不同经济收入、性别、年龄、文化及信仰的人群都平等享有获得医疗保健服务的机会和权利。针对老年人疾病患病率高、医疗花费多和经济收入相对较低的特点,一些国家建立了专门的老年人医疗保险制度,政府对老年人医疗保险进行财政补贴或者在税收、投资上给予优惠政策,更好地解决老年人口的医疗保障问题。

美国的 medicare 开始于 1965 年社会保障法案第 18 款的规定,享受待遇的对象主要是年满 65 岁、本人或其配偶缴纳社会保险税 10 年以上的老年人和 65 岁以下、领取残疾社会保障至少 24 个月的残疾人。medicare 主要包括住院保险、补充医疗保险和老年保险加选择 3 个部分,住院保险覆盖了住院及相关的医疗服务,约 98% 的美国老人参加该部分;补充保险需要交纳一定的费用,包括医师服务、门诊检验、特定的医疗供应和设备;1999 年美国政府启动改革,为老年医疗照顾计划受益人提供了更多的选择。作为美国政府两项公共医疗保险计划之一,住院保险在整个美国医疗保障体系中占有十分重要的地位。据统计,美国参加住院保险的人数,1966 年仅为 1908.2 万人,1994 年达到 3654.4 万人,2008 年增至 4500 万人。日本老年人医疗保险制度建立于 1983 年,主要对象是 70 岁以上老年人及 65 岁以上未满 70 岁卧床不起的老年人,资金的 70% 来源于国民健康保险筹集的医疗保险费,30% 来源于各级政府财政。同时,1984 年日本创立覆盖领取老龄年金或通算老龄年金老年人的退职医疗制度;2008 年日本实施高龄者医疗保险制度,将 75 岁以上者,或者 65 岁以上未满 75 岁但存在特定残疾状况的老年人确定为被保险人。

(三) 建立老年人护理保险制度

由于老年人是慢性病高发的人群,部分患者需要长期的护理和照顾,年龄增长更会导致人们对长期护理需求的上升。据估计,85 岁老人接受护理院护理的可能性是 65 岁老人的 4 倍左右。同时,长期护理持续时间长,费用将十分昂贵。在人口老龄化的严峻形势下,如何解决长期护理费已经成为许多国家面临的社会难题,为此,一些国家推出了老年人护理保险。

德国于 1995 年开始实施强制性长期护理保险。护理保险资金由政府、企业、个人和医疗保险机构四方负担。政府承担 1/3 以上;企业与个人负担较小,护理保险税按照投保人的收入计算,开始税率为 1%,从 1996 年 7 月 1 日起税率固定为 1.7%,一半由投保人支付,一半由雇主支付。凡法定医疗保险的投保人都参加护理保险。德国长期护理包括家庭护理和护理院护理,护理按照需要强度又分为 3 类。2007 年,家庭实物护理待遇第一、二、三类每月分别是 750 马克、1800 马克、3750 马克;护理补贴分别是 400 马克、800 马克、1300 马克;护理院护理金从 2500 马克到 3300 马克不等。

日本的长期护理保险建立于 2000 年 4 月 1 日,以市町村和特别区为实施主体,其护理保险费用 50% 来源于被保险者所缴纳的保险费,另外 50% 由公费负担。公费中,中央政府承担 25%,都道府县和市町村各占 12.5%。护理保险的对象分为 40~64 岁的人口和 65 岁以上的国民两类,他们分别承担保险金的 17% 和 33%。在日本,长期护理服务项目包括居家护理和专门机构护理,老年人要得到护理服务,需要经过严格而具体的审查和认定。需要护理服务的老年人提出申请,政府组织的专门评估机构根据需要照顾的程度划分为部分、轻度、中度、重度、最重度和特重度 6 个不同的等级,每一护理等级给予不同的补贴。

(四) 加强社区卫生服务

社区卫生服务是指由全科医生为主体的卫生组织或机构所从事的一种社区定向的卫生服务。社区卫生服务着眼于人的基本保健,是充分利用社区资源和适宜技术对社区人群进行基本医疗、健康教育、健康促进、预防保健、康复和必要的社会服务的基层保健系统。在老龄社会,政府或医疗保险机构可以通过社区卫生服务对老年高危人群进行干预和监测,通过经济、方便的检测手段,使慢性非传染性疾病得以早发现、早诊断、早治疗,达到节约医疗费用的目的。社区卫生机构也能够根据老年人的需求,建立健康档案,发展家庭病床,提供家庭出诊、家庭护理、日间观察、临终关怀等服务。世界各国医疗保险机构越来越重视社区卫生服务的作用。

德国医疗保险制度明确规定常见病患者必须在社区卫生服务机构就诊。在长期护理保险制度实施后,家庭护理服务也激励社区卫生服务机构提供多种形式的保健服务。为了加强社区卫生服务,德国调整了医生的专业结构,提高了全科医生的比例,将专科医生与全科医生6:4的比例调整为4:6,同时提高全科医生的收入,以鼓励更多的医务人员去从事社区卫生服务工作。英国社区卫生服务被认为是组织结构和服务功能最完善的,提供服务的主要是全科医生和社区护士,他们属于国家职工,由国家发给工资。社区卫生服务机构负责对社区居民进行国家卫生服务系统登记和正规体检,对常规病例进行诊治,并为需要入院检查治疗的患者安排预约、诊治和院外监护等。英国非急诊患者必须先找自己的全科医生就医,否则不能享受到免费医疗服务。近年来,英国实行"经费跟随患者走"的政策,确保了社区卫生服务的连续性和责任性。

第三节　医药科学技术发展与医疗费用控制

一、医药科学技术发展的趋势

医药科学技术主要研究人的生命过程及其本质、人体结构及其功能、健康基础及其维护、疾病的发病机制及其防治等问题,医药卫生事业的发展在很大程度上依赖于医药科技的进步。

(一) 医药科技的发展趋势

医药科技的发展及新技术的应用,给医疗卫生水平带来巨大的变化,是医药卫生事业发展的强大推动力。16世纪人体解剖学创立,使医学从整体水平进入器官水平;17世纪发现血液循环,促进了生理学的发展;18世纪开展实验研究;19世纪创立细胞学和微生物学,医学从器官水平进入细胞水平;20世纪上半叶,随着病原流行病学和免疫学等研究的突破,磺胺类药物、抗生素类药物、维生素类药物和疫苗及其他生物制品的研究成功,促进了传染病的控制,从而推动了以传染病防治为主的第一次卫生革命开始过渡到以肿瘤、心脑血管病等慢性疾病防治为主的第二次卫生革命。20世纪中叶以来,分子生物学、生物技术、基因工程的迅猛发展及其向医学的广泛渗透和应用,促使医学从细胞水平进入分子水平,从分子水平上阐明人体结构和功能,为解决医疗领域的重大问题,如肿瘤、免疫、遗传、组织再生、抗衰老、药物开发等提供了理论指导。基础科学研究已经改变了人们对机体及其与疾病斗争的理解,不少遗传病的致病基因、一般疾病的相关基因和病毒致病基因陆续被确定,进一步从本质上证实了基因是决定人类生、老、病、死和一切生命现象的物质基础。医学正在从微观水平逐步阐明许多生命现象和疾病现象的本质,慢性病的防治也开始取得显著的成效,人们的健康水平明显提高。

随着自然科学和工程技术科学中许多高新理论和技术方法渗透及应用于医学,医学科技也从生物学单方位的微观研究和深化向宏观不断拓展,出现了社会、心理、生物学全方位研究、多学科融汇、高度综合的趋势。这一趋势正在以个体为中心,从小到细胞、分子以至量子水平,大到群体、环境以至宇宙水平,日益清楚地阐明人体不同层次,特别是微细层次的结构、功能及其相互关系。个体发生直至死亡的生理、病理过程及其自然、社会、心理影响因素日益得到广泛的重视,不断深入地揭示癌症等重大疾病和衰老的发生、发展、转归机制、规律性及干预措施,成功地探索生殖机制、优化生育、卫生保健和延年益寿的原理及方法。医药科技从而在调节人口发展、提高人口素质、防治人群疾病、维护和提高健康水平等方面取得越来越多的成就。

(二) 医疗新技术的发展应用

随着医药技术的发展进步,新设备、新技术、新药物不断应用到医疗领域。20世纪医药科技进步给人们的深刻印象,就是在庞大的现代化医院中令人目不暇接的各种诊断治疗仪器和设备。从

20世纪初的X线、心电图,到中期的电子显微镜、内窥镜、示踪仪、超声诊断仪,再到CT扫描、正电子摄影(PET)、核磁共振成像(MRI)等,为疾病的诊治提供了先进而有效的技术支持,使诊断学发生了革命性的变化。准确化、精密化、动态化、微量化、自动化、无伤害化已成为现代临床诊断的特点。此外,铁肺、肾透析机、起搏器、人工脏器等的使用,显示出新技术、新材料在临床治疗中的重要作用。随着人类对免疫系统的进一步认识,通过发展免疫抑制剂解决排异问题,为移植外科开拓了宽广的新领域。腔镜外科的出现,使得手术也向着精细化、微创化的方向发展。同时,基因工程则促进了新药物和新疗法的出现。2003年美国宣布完成人类基因组计划,其成果将成为现代生物学、医学用之不竭的源泉。

医学技术的使用给先前主要靠医生个人经验的医学提供了强有力的技术支撑,使得医学在许多疾病面前显得有所作为。然而医学在征服了许多严重疾病、缓解了疼痛之后,它的目标似乎不再清楚并已变得混乱。医学技术的飞速发展导致了"技术至善论",有的医生试图以技术来解决医学的非技术问题,认为人类可以消除一切病痛,人的所有器官都像机器的零件一样损坏后可以任意更换。把人当成了"机器",忽略了人的能动性,甚至出现科学技术非人性化应用。现实是医学技术的发展在提高人类健康水平的同时,疾病的总数却也随之增多了。一方面这是人们对机体认识不断深化的必然结果,但另一方面人们也越来越多地将人类生命中正常的兴衰变化看作能够运用药物和技术加以缓解的疾病,如绝经、机体功能随年龄增加而衰弱等。无论如何,有一点是可以确定的,随着医学技术的发展,医疗成本发生了很大变化,而医疗保险不仅要关心医疗服务的质量,也要考虑医疗资源及成本问题。

二、医药科技发展对医疗费用支出的影响

高新技术的发展促进了医学的进步,新的诊疗技术手段和药品不断产生并应用于临床治疗,一方面提高了医疗服务的能力和质量,有利于改善健康水平;另一方面也刺激了医药消费需求的增长,带来了高额的医药费用。

(一) 医药科技的发展增加了医疗服务需求

医药科技的发展进步带来了药品的更新换代、检查和治疗设备的推陈出新,如CT、MRI等高、精、尖仪器的引进和使用。新设备、新技术、新药品不断应用于临床医学,一方面,可以使某些疾病迅速治愈或消除,从而减少相应的治疗需求;另一方面,人类认识疾病的手段不断进步,使一些过去无法认识的疾病变得可以诊断并得到治疗,相应地增加了这类疾病的治疗需求。20世纪20年代,胰岛素的发现和应用于临床治疗,使过去不治的糖尿病患者得到了挽救,如今胰岛素治疗已经成为大部分糖尿病患者的医疗服务需求。一些具有更好治疗效果的检查、治疗手段和新的药物应用于临床,又会形成新的更高的医疗服务需求。同时,医疗高新技术出现后,医生过分依赖高新技术,患者过分相信高新技术的现象也增加了医疗服务需求。随着现代医学的标准化、医患关系的紧张和利益的驱动,医生更多地重视和依赖客观检查结果,患者则更多地相信高、精、尖医疗设备和新药、贵药、特效药等,医患共同促使医疗服务需求增加,结果导致医疗费用不断上涨。从总的趋势来看,医药科技的发展对医疗服务和医疗费用需求的影响是正向的,增加的作用大于减少的作用。

(二) 医药新技术的滥用造成医疗费用的浪费

医药科技直接促进了医学诊断技术的快速发展。医学影像技术的革命性进步,让人们"洞见脏腑"的幻想成为现实;分子诊断、基因诊断等高新技术的应用,使临床诊断技术如虎添翼。但是在临床应用的过程中,高新技术也带来了人们事先没有预料到的问题。一方面,不成熟技术的应用浪费了大量卫生资源。人们完全认识一项新的医药技术需要一定的时间,某些不成熟的技术在应用后,

耗费了大量卫生资源,但最终被证实是无效,甚至是有害的。例如,孕妇服用药物"反应停"引起了胎儿的畸形;早产婴儿进行吸氧治疗后引起晶状体后纤维化;胃病冷冻术的发明和大量应用不仅对治疗溃疡病无效,而且造成患者死亡的不良恶果。另一方面,过度医疗直接推动了医疗费用的上涨。在商品经济条件下,医院为了经济利益,积极引进高、精、尖的医疗设备,同时采取各种激励措施促使医生多开技术检验单,增加检查项目,引导患者使用新技术、新药品,从而形成过度医疗。美国一项研究表明,至少有20%的临床检查属于没有必要,另一项对某教学医院的调查显示47%的临床检查可以取消,并且不会影响医疗质量。过度医疗不仅直接推动医疗费用的上涨,增加患者的经济负担,严重影响医患之间的关系,还给人类健康带来不利的影响。据世界卫生组织报道,在临床发病率中,约有30%属于药源性疾病;中国每年死于西药不良反应的人数可达19万;老年人死亡中约有1/3是用药不当(多药同服)所致。因此,高新技术必须以审慎的态度使用,否则将造成对患者健康的损害,同时造成医疗资源的浪费。

(三) 医药科技的发展加剧卫生资源分配不公

医学的终极目的应该是预防疾病及促进健康,但是目前以疾病诊治为中心的理念仍然在临床医学领域占据主导地位,医疗服务体系集中于疾病的诊断与治疗。随着医药科技的发展,广泛而昂贵的治疗虽然挽救了某些危重患者的生命,延缓了死亡的进程,但是这种关注疾病而忽视患者的倾向,已经为患者和社会带来了沉重的经济负担。如何解决发展高新技术与适宜技术之间的矛盾,协调关心患者与治疗疾病之间的矛盾成为社会关注的迫切问题。美国曾有人计算,一次人工心脏手术所耗费的钱相当于在诊所中11 900人次保健门诊需要的费用。一定时期内卫生资源的有限性决定,若将资源用于人工心脏手术一次,就意味着有11 900个门诊患者被拒之门外。目前的高精尖医学技术多为事后治疗型技术,治疗范围及其疗效均存在一定局限性,在医疗资源有限的情况下,医疗服务提供中的专科技术含量越高,其人群受益面和程度就越低,服务的公平性就越差。在慢性非传染性疾病成为危害人类健康主要问题的今天,单靠发展疾病的处置系统或被动地个性化治疗已经无能为力。那种过度依赖高科技与实验室检查结果,过度依赖药物与手术的临床诊疗模式,只能加剧卫生资源分配的不公平。而忽视疾病预防和健康促进,也会使慢性疾病越治越多,对人类健康造成不利的影响。

三、医疗保险费用控制的主要策略和措施

医疗费用的上涨是全世界的趋势。人类疾病谱的变化、高新技术的使用、人口老龄化等因素造成的医疗费用快速增长给许多国家带来了沉重的负担。因此,合理控制医疗费用增长已经成为世界各国医疗卫生改革的重点。

(一) 加强对供需双方的费用控制

在医疗保险中,对需方的费用控制实际上是对参保患者就医行为的约束和控制。各国改革的措施主要有:第一,实行医疗费用分担机制。费用分担机制就是由患者分担一部分医疗费用,通过调整经济利益增强患者的费用意识。常用的方法主要有起付线、共付线、封顶线及它们的不同组合。法国自2000年1月实施《全面医疗保险保障法》以来,在门诊领域患者需要负担全科医生就诊费的30%,专科医师就诊费的30%,药品费用的35%,实验室检查费用的40%;除分娩外的住院费用中前31天住院费用的20%由患者负担。第二,适当减少医疗费用补偿的范围。门诊、检查和住院治疗是医疗服务的3个主要环节,适当减少免费服务项目,增加个人自付项目和比例,控制高科技和昂贵药品,减少医疗保险费用的支出。英国国家卫生服务体系对居民实行免费医疗,但是处方药、眼科服务和牙科服务需要患者自付费用,同时对成本太高的药品也会从药品目录中删除。第三,加强预防保

健和健康促进。慢性非传染性疾病与个人的生活习惯、生活方式、心理状态和社会关系有密切的关系，通过了解健康知识，建立科学的生活方式，可以避免某些疾病的发生或使症状缓解，减少医疗费用的支出。

费用控制机制发展的趋势是从侧重需方控制向侧重供方控制发展。对于供方的费用控制，主要通过医院规模控制、医疗的管理监督和发展非住院治疗方案等手段，使医疗服务供方自觉调节服务行为，控制费用的不合理上涨。第一，合理控制医院规模。由于医疗服务市场的特殊性，供方容易出现诱导需求，限制医疗服务供给总量能在一定程度上控制医疗费用。不少发达国家往往限制医院规模的扩大和数量扩张，控制大型医用设备的配置，同时对医院人力资源投入进行控制，如裁减医务人员、调整医生结构、限制医学院校学生的数量等，以减少医疗服务供给。第二，加强对医疗的管理监督。许多国家通过制定药品使用范围和医生行为规范来控制过度医疗行为与药品费用的增长。德国制定了药品费用法定上限，法国、荷兰、比利时等国制定了医生行为规范监督医疗行为。第三，发展非住院医疗服务。在人口老龄化背景下，高科技的使用会导致慢性病患者住院费用高，疗效不佳的状况。可以根据慢性病和老年人的特点，开设医疗成本低的老年护理院、家庭病房和社区病房等，为疾病诊断明确、病情稳定、需要长期治疗的患者提供上门服务形式的家庭式照顾和保健护理服务。

（二）改革和使用合理的费用偿付机制

医疗保险的传统偿付方式是按照医疗服务量进行事后偿付，按服务项目付费就是医疗保险中最传统的一种费用偿付方式。在这种偿付方式下，医生为了追求经济利益，往往充分利用高新技术和设备，过度提供医疗服务，造成医疗费用快速上涨。各国在研究如何合理控制医疗费用的实践中，对医疗费用的偿付机制进行了各种各样的尝试，得到大多数国家普遍认可的办法是改革后付制偿付方式，实行总额控制下的预付制。预付制偿付机制通过制定预付标准和总量来约束医疗提供者的医疗行为，使其共同承担经济风险，规范自身的医疗行为，自觉、自愿地使用适宜技术，控制医疗费用。目前，绝大多数国家已经不再实行按服务项目收费的结算办法，改为实行按病种付费、按人头付费、按单元付费和总额预算制等不同偿付方式结合下的多元化混合偿付机制。美国多年的实践证明，按病种付费和总额预付制已经达到了很多预期的目标。首先，在一定程度上控制了医疗费用的不合理增长，杜绝了不必要的检查；其次，提高了医院的效率和产出率，降低了住院天数；再次，加强了医院经营能力及管理效率，较高的医疗质量和工作效率保证了患者在医疗费用限额内满意出院，同时医院能够有结余；最后，促进医院各部门间的协作，因为缩短住院天数不是仅靠临床医生就能够解决的。自1983年起，美国医疗费用的增长率由16%~18%降到7%~8%，短期住院一年中下降了12%。

（三）重视对药品的管理和调控

药品费用急剧上涨是导致医疗费用上涨的重要因素之一，而随着医药技术的发展，新药、贵药、特效药的使用又加剧了这一趋势。为了控制医疗费用，一些国家逐步修订了有关药品的管理和调控政策。第一，限制医疗保险适用药品的种类。世界各国的医疗保险制度都列有适用药品目录，来限制医疗服务中药品的使用。英国的国家处方集列出了所有可在英国销售的药品，同时指出了不允许适用于NHS处方的药品。目前，发达国家已经将适用药品降至2000种以下，发展中国家则会更少，遴选和调整也更严格。第二，政府直接控制药价。直接控制药价就是设定最高药品限价，将药价控制在对于一个国家的卫生保健系统来讲合理和可负担的水平，这是用间接方式控制医疗费用的一种方法。直接控制药价可用于各种药物，不论其是否属于报销药或限制药，几乎所有的欧洲国家都对专利药品实行直接价格控制。英国从1957年开始，以各种形式实行药品价格调控框架，通过设定利润限制间接调控药品价格。第三，改革药品费用控制方式。从医院、医生的角度，对处方实行总额预算控制，通过奖惩手段促进医生更多地使用普通药品，完成预算目标。从患者的角度，药品实行费用分担的共付制,控制药品支出的同时影响患者需求,减少昂贵药品的选择。德国药品领域已经实行费用分摊制,2002 年患者每包药的共付率为 4~5 欧元。

(四) 促进管理式医疗保险的发展

医疗服务市场是一个主要由医疗机构控制的卖方市场,除非医务人员主动接受医疗保险的管理,否则很难有效控制医疗费用。因此,一些国家尝试将卫生事业与保险业相结合,形成一体化管理的组织形式,使医疗保险的经济利益不仅与医疗服务的数量相关,而且与医疗服务质量、预防保健的效果相挂钩。美国医疗卫生费用一直增长很快,1960 年美国全国医疗费用超过当时 GDP 的 5%;20 世纪 80 年代初,这一比例超过 10%;2001 年超过 15%,在全世界最高。基于费用控制的需要,美国推出了医疗保险经营管理一体化的管理式医疗保险,对医疗保险的投保人和医疗服务机构同时加强管理。它主要通过医疗保险机构与医疗服务提供方签订协议,形成一个密切合作的服务系统,由医疗保险机构对医疗服务进行经营管理和监督控制,向参保人提供一套综合的、连续性的预防、医疗、保健服务。医疗服务机构服务效率越高,质量越好,费用越低,则收益越多,从而促使医疗服务提供方降低医疗费用。美国的管理式医疗保险的类型主要有健康维持组织(health maintenance organization,HMO)、优选医疗服务提供者组织(preferred provider organization,PPO)及兼容二者的服务点选择组织(point of service,POS)。管理式医疗保险是美国医疗保险业一个突破性的发展,已经成为美国占主导地位的医疗保险形式,对抑制医疗费用的急剧上涨起到了一定的作用。

本章思考题

1. 人类疾病谱的变化对医疗保险提出了怎样的挑战?
2. 论述人口老龄化条件下医疗保险的发展趋势。
3. 我们应该从哪些方面着手进行医疗保险费用的控制?
4. 世界各国医疗保险面临的共同问题有哪些?

【本章案例】

550 万元的天价医疗费

2004 年 74 岁的离休教师翁文辉被诊断患上了恶性淋巴瘤。因为化疗引起多脏器功能衰竭,2005 年 6 月 1 日,他被送进了哈尔滨医科大学第二附属医院的心外科重症监护室。之后在他住院的 67 天里,他的家人在这里先后花去 139 万多元的医药费,平均每天花去 2 万多。除了向医院交纳 139 万元的医疗费用外,他们又在医生的建议下,自己花钱买了 400 多万元的贵重药品交给医院,作为抢救翁文辉急用。但是高昂的医药费并未能挽回患者的生命,2005 年 8 月 6 日,翁文辉因抢救无效在医院病逝。两个多月时间,翁文辉的医药费超过 500 多万元,被媒体称为 550 万元"买"来的中国目前"最昂贵的死亡"。

在料理后事准备和医院结账时,翁家对那一摞巨额的收费单产生了怀疑:在住院收费的明细单上,记载着患者使用过一种称为氨茶碱的药物,但是翁文辉对氨茶碱有着严重的过敏反应。收费账单还显示,他最多一天输血 94 次、还有一天注射盐水 106 瓶。在住进医院心外科重症监护室的两个多月里,仅血糖一项就化验了 563 次(不排除错误登记或虚假填报),平均每天将近 9 次。化验密度之大,让老人的主治医生都感到困惑。医院的医务人员对此的回应是因为他这个病实在是太重了,要求医护人员全力抢救,全力抢救的代价就是得高额医疗费。由于 ICU 里配备了监护仪、呼吸治疗机、麻醉机等先进复杂的医疗设备,它的使用费比一般的病房高出很多。翁文辉这个患者住进 ICU 的时候,病情十分危重,所以对他治疗护理的强度非常高。从住院费用明细单来看,治疗强度的确很大,如输血,在 67 天住院时间内,翁文辉总共输入了 25.8 万多元的血液制品。(案例来源:CCTV《新闻调查》20051123)

思考:请分析天价医疗费用出现的影响因素?

提示:医生的重复检查、诱导需求和医院监管的不到位是主要原因,而老年人的医疗需求、高新技术和药物的使用加剧了费用的上涨。

拓展阅读

医改为何让世界各国抓耳挠腮

纵观世界各国医疗制度面对的共同挑战,最主要的一个无疑是医疗费用持续上涨问题。造成医疗费用持续上涨的原因有很多,大多数在各国都有共通性。首先,现代医疗具有高科技特征。高科技带来的新技术、新产品救治了无数的患者,提高了他们的生活质量,但是其价格不菲。同时,医疗机构之间在新技术采用上的竞争导致整个社会的医疗费用水涨船高。美国有些学者甚至认为,新技术的发展和普及占医疗费用上涨因素的50%左右。其次,世界经济持续发展,生活水平提高,政府、公司机构和个人的支付能力都大大增强。民众对医疗健康服务和产品的需求日益增加,再加上医疗保险的普及,第三方支付方式等进一步放大了医疗需求。再次,世界主要发达国家和地区逐渐进入老龄化时期,老人越来越多,占人口比例越来越大,寿命也越来越长。对整个社会而言,医疗费用的支出随着社会老龄化的开始和加剧越来越多。最后,随着发展中国家工业化时代和发达国家后工业化时代的来临,生活环境、生活方式和饮食结构在短时期内发生了深刻的变化。日益恶化的环境污染,不健康的饮食加上不健康的生活方式,使得人类的疾病谱系发生了重大变化,各种恶性肿瘤、心血管疾病和糖尿病等慢性疾病急速上升,也使医疗费用和公共健康费用大幅度上升。

第二个共同的挑战是扩大和保证医疗保障的覆盖面,尽量公正地保证所有或绝大多数人口享有医疗的权利。这个方面的挑战基本是在医疗财政领域内,表现在确定医疗保障资金的筹资和覆盖问题。从筹资角度来看,必须确定从谁身上筹资,筹资比例是多少,筹资的机制是什么,统筹的范围有多大等;从覆盖角度来看,必须确定谁有资格享受医疗保障,什么是基本医疗,医疗保险费用有无上限、下限等;最后,筹措的资金是否足以支付保障的费用,是否长期可持续等。

第三个共同的挑战是决定政府本身在医疗财政和医疗提供当中担任什么样的职能。也就是说,除了制定政策和进行监管,政府直接介入医疗保障机构和医疗提供机构的投资、运营有多深,政府和非政府机构的恰当的界限在哪里,这两者之间应该是一种什么关系,医疗保障中政府与商业保险如何结合等。

第四个共同的挑战是规定医疗制度各行业、产业和其他参与者各自的组织结构和他们之间的关系,以及对所有参与者不同的监管制度。法律对所有医疗制度中的行业、产业和其他参与方必须有关于经营管理的具体规定,而所有参与方依照这些法律和规定来调整自己的行为。所有这些法律和规定的总和构成了整个医疗制度比较具体的操作和执行层面,这个层面在很大程度上决定了医疗制度的效率和效果。

上述4个层面的问题是各国医疗改革所面临的共性问题。各国的社会、经济发展状态参差不齐,文化价值观也不尽相同,制度传统各有特色,但是对这些问题的应对有趋同性的倾向,这同现代医疗的基本特征和现代治疗制度的共同要求是密不可分的。

（中青网健康频道 http://health.youth.cn/yytj/yiyaozixun/201409/t20140909_5722278.htm）

（郭健美）

第八章
国际经验对中国的启示

内容提要 我国城乡"二元社会经济结构"的特点和医疗保障制度呈"分割"和"碎片化"的现状,医疗保障制度改革发展随着社会经济的发展和城镇化的进程而进行改革和完善,是中国医疗保障制度改革与发展,最终实现公平、可及和有效的可持续发展的全民医疗保障制度目标。由于我国医疗保障制度发展时间不长,在很多方面需要借鉴国际医疗保障制度发展经验,但中国医疗保障制度的改革在利用国际经验时必须要结合中国的国情进行考虑。本章重点对新中国成立以来的医疗保险制度的建立、发展和改革进行回顾、总结,分析当前社会经济环境和现行制度下存在的问题与挑战,结合国际经验提出改革建议。

第一节 中国医疗保险改革的历史与现状

一、中国医疗保险的建立与发展

1949 年新中国成立以来,国家为稳定社会、恢复经济、促进社会主义建设事业的发展,于 20 世纪 50 年代初建立了新中国的社会医疗保障制度。我国的医疗保障体系发展历程,可归纳为 3 个阶段:计划经济体制下的医疗保障体系,改革开放初、中期的医疗保障制度改革试点和目前正在试行的社会医疗卫生体制改革。中国社会医疗保险作为医疗保障体系的主体,城镇基本医疗保险和新型农村合作医疗制度的建立和完善是其变革的主要体现。

(一) 计划经济体制下的医疗保障体系

新中国成立伊始,党和政府非常重视劳动者的健康,积极组织广大人民群众共同抵御疾病风险,在短期内就建立了由公费医疗和劳保医疗制度组成的城镇职工医疗保障网。同时,党和政府积极引导农民参加合作医疗,在一定程度上解决了农民看病就医的难题。

1. 公费医疗制度

公费医疗制度(public health service),是为了保证国家工作人员健康而建立的,通过国家财政预算支出,由医疗卫生部门按规定向特定享受对象提供免费或部分免费医疗服务的一项制度。1951年国家发布的《中华人民共和国劳动保险条例》和 1952 年颁布的《关于全国各级人民政府、党派、团体及所属事业单位的国家工作人员实行公费医疗预防措施的指示》,标志着我国在各行政、事业单位中建立其公费医疗制度,此后这一制度得到不断的修订与发展。制度的主要内容如下。

1) 保障对象。包括各级政府机关、党派、人民团体及教科文卫等事业单位的工作人员及部分伤残军人,后来又扩大到高等学校在校学生。

2) 资金筹集。公费医疗的经费全部由国家预算拨款,由各级政府卫生行政部门设立公费医疗管理机构统一管理,或者单位自管。国家根据职工在医药方面的实际需要与国家财力,以及卫生事业所能提供给的资源确定每个人每年享受公费医疗待遇的预算定额。将经费拨付给地方财政,超支部分由地方财政补贴。1979年以前,公费医疗款项属于卫生事业费用的一项,由于实际开支超出预算定额,挤占地方卫生事业费,1980年国家将医疗经费从卫生事业中分出,规定专款专用,单位统一使用。

3)补偿机制。除了挂号费、营养滋补药品及美容、矫形等少数项目由个人自付以外,其他医药费用全部或绝大部分由公费医疗经费报销。费用的支付方式是按服务项目支付门诊、住院费用。

到20世纪70年代末,享受公费医疗的人群达到了2300万人,但是随着公费医疗享受范围扩大,享受人数增加,以及工资制度改革等情况的变化,公费医疗支出逐渐成为国家财政的巨大负担,负面作用日趋明显。1965年,国家卫生部、财政部根据国务院的指示,对职工公费医疗制度改革进行了调查研究,并于1966年分别发出了改进公费医疗和劳保医疗制度管理问题的通知。但由于"文化大革命"的开始,公费医疗制度管理工作陷入混乱,在实际改革过程中没有完全收到预期的成效。至20世纪70年代末,公费医疗超支现象日趋严重,公费医疗制度存在的问题逐渐突出,如诊疗和医药费用国家全包的做法,使得公费医疗费用猛增且浪费严重,造成公费医疗支付困难。20世纪80年代后,全国各地陆续对传统的公费医疗制度进行了不同形式的改革,引入与个人利益挂钩的多种办法,控制不合理的需求,同时强化医疗服务机构和相关单位的管理责任,以达到保证基本医疗服务支出和克服浪费的目的。但总的来说,这些改革措施尚未从制度上根本解决问题。

2. 劳保医疗制度

劳保医疗制度(labor health service),又称为企业医疗保险制度,是我国劳动保险制度的一部分,是为了保障企业职工的健康,通过企业提取的职工福利基金,对企业职工实行免费医疗,职工家属实行减半收费的一项制度。我国的劳保医疗制度是根据1951年国务院颁布的《中华人民共和国劳动保险条例》及1953年劳动部门试行的《劳动保险条例实施细则修正草案》等相关政策建立起来的。其主要内容如下。

1)保障对象。包括全民所有制企业和城镇集体所有制企业的职工、离退休人员及其供养的直系家属。

2)资金筹集。劳保医疗的经费属于职工福利经费,它源于本企业,按照职工工资总额的5.5%提取,在企业生产成本项目中列支并且经费必须专款专用。

3)补偿机制。与公费医疗基本相同,除了享受劳保医疗的职工供养的直系亲属可享受减半收费医疗外,职工所花费的医疗费用除挂号费、出诊费、营养滋补药品及整容、矫形等少数项目自付费用外,绝大部分医药费用由企业承担,包括门诊及住院费用。

劳保医疗由企业行政自行管理,多年来,劳保医疗制度为保障职工及其家属的健康做出了一定的贡献。但也由于各种原因,如一些医疗单位在利益的驱动下,为患者开出大量贵重药品、进口药品甚至营养滋补品和非医疗用品,盲目使用高档医疗设备,高收费,乱收费;一些职工缺乏节约医疗费用的意识,"小病大养","一人劳保,全家吃药"等,加之困难企业的职工及部分经济效益差的单位,职工医疗费报销越来越困难,有的职工甚至因为拿不出住院押金而耽误了治疗,导致劳保医疗制度公平和效率的冲突日益明显。

3. 农村合作医疗制度

农村合作医疗制度(rural cooperative medical system)是通过集体和个人集资,为农村居民提供低廉的医疗保障服务的一种互助共济制度。中国传统的农村合作医疗有其自身的发展轨迹,也是中国特殊国情下的必然选择。新中国成立初由于中国经济发展水平低,工业基础薄弱,国家只能通过工农业产品交换剪刀差方式从农村汲取经济剩余来推动工业化,工业化的去向是保护工业部门的劳动力,城乡有别的福利提供,使得农村绝大多数农民基本处于国家社会福利体系之外。缺少医疗保健的农民只能采取自发的互助形式来解决缺医少药的问题。1956年,全国人大一届三次会议通过的

《高级农业生产合作社示范章程》规定,合作社对于因公负伤或因公致病的社员要负责医疗,首次使集体介入农村社会成员疾病医疗的职责。1960 年 2 月,中共中央肯定了合作医疗模式。1968 年在毛泽东指示下在全国进行了推广。制度的主要内容如下。

1) 保障对象。参加人民公社的社员均可以以户为单位参加合作医疗。

2) 资金筹集。各地按照不同的情况实行集体资助和个人筹款建立合作医疗基金。其中集体资助部分根据集体经济情况而定,或从公益金中提取、乡(村)镇企业税后利润中支付。个人筹款也根据农民的生活水平和社员的负担能力而定,一般为 1.5～2 元。对于有困难的家庭,可由生产队在公益金中酌情予以救济。少数经济发达的地方,其合作医疗基金全部由集体资助,不需要个人筹款。

3) 补偿机制。参加合作医疗的农民就医按照集体规定的办法减免医药费用,减免办法根据筹集资金的多少和当地疾病发生的情况,由管理机构听取群众意见后确定。补偿分为 3 种形式:①"福利型"补偿。它对大多数人的"小病"医药费按比例补偿,又称为"保小不保大"。②"风险型"补偿。其特点为只对重病患者进行较大比例的补偿,又称为"保大不保小"。③"福利风险型"补偿。即无论大病小病均予以一定的医药费减免,又称为"保小也保大"。补偿办法也大致分为 3 种情况:①合医合药,即农民看病免收部分药费和各种医疗费用;②合医不合药,即农民看病是药费自理,但免医疗费用;③合药不合医,即农民看病是免收部分药费,但需自缴医疗费。

随后农村合作医疗制度在农村逐步扩大,90%的农民参加了合作医疗,极大地推动了农村合作医疗保障事业的发展,中国的农村合作医疗制度一度成为世界闻名的解决农村健康保障问题的典范。到 1976 年,全国农村约有 90%的行政村(生产大队)实行了合作医疗制度。但随着 20 世纪 80年代农村承包责任制的推行,使得农村主导地位的集体经济的逐步瓦解和个体经济的兴起,这对以集体经济为依托的农村合作医疗制度产生了巨大的挑战,乡村公共积累下降,管理不力,各级卫生行政部门又未能及时加强引导,全国大多数农村地区原有的以集体经济为基础的合作医疗体系遭到解体或停办的厄运。1986 年,参加农村合作医疗制度的人口只占农村总人口的 5.5%,1989 年仅为4.8%,中国农村合作医疗走向了低谷,农民基本属于自费医疗对象。

(二) 经济转型时期我国医疗保障制度改革

总体来说,原有计划经济体制下的医疗保障制度的建立和实施,基本符合当时我国国情,解决了部分劳动者在医疗上的后顾之忧,保证了社会主义建设的顺利发展。但是也存在着许多问题,如医疗保险社会化程度低,费用支付方式不合理,管理机制不健全,资源浪费现象严重等。随着改革开放的深入和经济体制的转轨,原有的医疗保险制度的弊端暴露得越发明显,已经严重制约了我国社会主义市场经济的建设,进行医疗保障制度改革已是"大势所趋,势在必行"。

1. 对公费、劳保制度的改革

从改革开放到 1992 年,公费医疗制度的改革重点是探索更优化的公费医疗经费管理体制;劳保医疗制度改革的主要内容是探索职工大病医疗费用统筹和离退休人员医疗费用社会统筹的有效形式与方法。这些初步探索的改革为我们在建立社会化医疗保障制度方面积累了宝贵的经验。改革探索又主要分为两个阶段。

1) 1985 年以前,主要是针对需方,实行费用分担措施。20 世纪 70 年代末到 80 年代中期,公费医疗和劳保医疗的享受人数逐年增多,由于这两个制度对保障对象所提供的医疗服务几乎全部免费,导致了医疗服务机构和患者缺乏费用意识,再加上政府对医疗机构经费的投入不足,使得职工医疗费用的快速上涨。这一阶段对需方进行了一系列控制费用的措施。例如,个人需要支付少量的医疗费用,各地自付比例不同,一般为 10%～20%。通过自付一定费用使得职工个人的费用意识有所增强,在一定程度上抑制了医疗服务的过度需求与医疗费用的上涨。

2) 1985～1992 年,将费用控制重点从需方转向供方,加强对医疗服务机构的约束。在这个时期,随着公办医疗机构的不断扩张,财政对医疗机构经费投入的日趋不足,医疗机构通过扩大收费服务成为其"创收"的主要措施。过度医疗导致"看病贵"逐步成为一个比较突出的问题。在这一阶段除了继续强化需方费用意识外,费用控制的重点转移到了医疗服务的提供方。采取的主要措施有:①改革医疗费用支付方式。将经费按享受人数和定额标准预付给医院,由医院直接管理医疗经费,节支留用,超支分担,以激励医院主动控制成本与费用开支。②制定基本药品目录和公费医疗报销目录,以控制药品费用的过多支出。③加强公费医疗和劳保医疗的管理,提供经费的政府、参保者所在的单位和提供医疗服务的医院,都要承担部分经济责任。

除此之外,一些地区还建立了大病统筹制度,以地区为单位,由各个企业缴纳保险费,形成统筹基金,对发生大额医疗费用的疾病或住院医疗费用予以报销。企业之间的互助共济使得制度分担风险的能力有所增强,对控制医疗费用负担的过快增长,缓解财政经费紧张和企业之间医疗费用负担不均现象起到了一定的作用。

这一时期改革的主要目的在于控制医疗费用的支出,虽然采取了各种各样的措施,但这些改革并不完善,制度本身无法与国家经济发展轨迹相适应。这使得改革开始在公费、劳保医疗制度及体系本身进行探索和研究。

2. 探索建立职工基本医疗保险制度

1992年,广东省深圳市在全国率先开始了对公费医疗和劳保医疗全面、综合的改革,从而拉开了对中国城镇职工医疗保险制度进行全局性和根本性改革的序幕。1993年11月,中共十四届三中全会通过《关于经济体制改革若干问题的决定》明确提出,要在我国建立社会统筹和个人账户相结合的社会医疗保险制度。1994年,国家经济体制改革委员会、财政部、劳动部、卫生部共同制定了《关于职工医疗制度改革的试点意见》,经国务院批准,"社会统筹与个人账户相结合"模式的医疗保险制度在江苏省镇江市、江西省九江市进行试点,俗称"两江医改"。1996年,国家经济体制改革委员会等四部委提出《关于职工医疗保障制度改革扩大试点的意见》,要求各省、自治区选定两个以上中等城市作为扩大试点城市,医疗保障制度改革试点工作由镇江市、九江市两市推向全国57个城市。至此,职工医疗保障制度改革扩大试点工作已在全国27个省、自治区、直辖市全面展开。对于"统账结合"这种医疗保险模式的探索,除了"两江"的"三段通道式"模式外,还有深圳市的"混合型"模式、海南省的"板块结合"模式及青岛市的"三金管理"模式。这些不同的改革探索,对中国出台全国适用的城镇职工医疗保险制度提供了宝贵的经验。各地试点取得了初步成效。

1)通过建立用人单位、职工个人共同缴费机制和社会化管理的医疗保险基金,实现了较为稳定的基金来源。

2)形成了不同单位、不同年龄人群和监看人群与患者之间分摊医疗费用的保险机制,保障了职工的医疗需求。

3)建立了医疗费用的双方分摊机制和合理结算医疗费用的控制机制,抑制了医疗费用的过快增长。

3. 农村合作医疗的改革探索

针对农村合作医疗制度存在的问题和及其产生的后果,从20世纪80年代中后期开始,国内外有关组织为此展开了调查研究,为下一步的改革工作打下了基础。1993年,国务院政研室、卫生部等联合对中国7个省14个县进行了中国农村医疗保障制度改革研究。1996年12月,中共中央、国务院召开全国卫生工作会议,强调了合作医疗对于增进农民健康,发展农村经济的重要作用,并在《关于卫生改革与发展决定》等文件中明确提出要"发展和完善农村合作医疗",同时提出到2000年要在农村实行合作医疗制度。在政策的引导下,全国各个地方根据本地实际情况进行了合作医疗的试点。1997年,《关于发展和完善农村医疗合作若干意见》的批复,掀起了重建农村医疗合作制度的高潮。2002年10月19日,中共中央、国务院发布《关于进一步加强农村卫生工作的决定》,提出建立以大病统筹为主的新型农村医疗制度。

（三）市场经济体制下新型医疗保障体系的建立

在1985~1992年的医疗体制改革的探索阶段中，从费用控制改革到建立各个试点地区的探索，为建立适应市场经济体制下的新型医疗保障体系打下了坚实的基础。1993年以后，中国的医疗体制改革进入了一个新阶段。2000年7月，国务院召开上海会议，第一次提出"三改并举"的改革思路，要求同步推行城镇职工基本医疗保险制度、医药卫生体制和药品流通体制的改革。这一时期医疗保险制度从框架到细节实现了逐步的优化。随着基础框架搭建完成，中国的医疗体制改革进入了一个攻坚阶段。2009年4月，中共中央和国务院出台了《关于深化医药卫生体制改革的意见》，标志着中国新一轮医改的展开。这次医改中完善基本医疗保障制度被作为医改重点之一。医疗保险制度在伴随着医疗体制改革中不断地发展与完善。

1. 城镇职工基本医疗保险制度

在广泛试点的基础上，国家于1998年颁布了《国务院关于建立城镇职工基本医疗保险制度的决定》（以下简称《决定》）。这标志着我国医疗保险制度改革进入了一个崭新的阶段，实行了近半个世纪的公费医疗和劳保医疗制度开始逐渐被新的城镇职工基本医疗保险制度所取代。到2002年年底，一个适应社会主义市场经济体制的城镇职工基本医疗保险制度已经初步建立，覆盖范围稳步扩大，制度平稳运行。与之相配套的各项医疗保障制度也在积极的建立与探索。以下总结制度从建立以来的各方面调整过程。

（1）保障对象：城镇职工基本医疗保险制度设计之初，首先是为适应社会主义市场经济体制要求而推出的企业改革配套措施，为原来计划经济体制下参加公费医疗和劳保医疗的正规就业人群所准备的，最初覆盖人群包括所有城镇企业单位及其所雇用的职工，企业（国有企业、集体企业、外资企业和私营企业等）、机关、事业单位、社会团体和民办非企业单位及其职工。但随着国家发展观念的改变，覆盖人群逐渐向外延伸。在2003年5月通过《关于城镇灵活就业人员参加基本医疗保险的指导意见》中将基本医疗保险的制度覆盖面扩展到"以非全日制、临时性和弹性工作等灵活形式就业的人员"。随后国务院又在2004年9月的《中国的社会保障状况和政策》白皮书中提出要"将符合条件的城镇各类从业人员逐步纳入基本医疗保险"。在2006年11月公布的《劳动和社会保障事业发展"十一五"规划纲要（2006—2010年）》中则更进一步地提出要建立比较完善的社会保障体系，要"进一步扩大社会保障覆盖范围，基本实现城镇各类就业人员平等享有社会保障"。由此城镇职工医疗保险保障人群逐步向城镇各类从业人群覆盖。"十二五"规划中还明确要重点做好农民工、非公有制经济组织从业人员、灵活就业人员，以及关闭破产企业退休人员和困难企业职工参保工作。

（2）基金筹集：城镇职工医疗保险原则上以地级以上行政区（包括地、市、州、盟）为统筹单位，也可以县（市）为统筹单位，基金由企业单位和职工个人共同缴纳，企业缴费率控制在职工工资总额的6%左右，职工缴费率为本人工资的2%左右。个人缴纳的费用全部计入个人账户基金，企业缴纳的费用的30%计入个人账户，70%纳入社会统筹基金。随着社会主义市场经济的发展和国有企业改革的不断深化，城镇基本医疗保险在筹资途径方面面临诸多难题：①企业所有制形式的多元化、劳动者就业途径的多元化均给医疗保险筹资人群、筹资基数、筹资比例、筹资方式带来了较大影响。②随着市场竞争日趋激烈，企业势必会出现亏损、破产、合并等情况，随之会出现待岗、下岗、失业的劳动者，从而导致医疗保险基金的欠费率、缓缴率等大幅度上升，甚至会形成部分坏账、呆账，使得基金收入减少。③经济转轨也带来一些特殊问题，如国有企业劳动力存量调整时产生的提前退休、协议退休人员的医疗保障问题，会对医疗保险的筹资产生不利影响。④在城镇职工基本医疗险覆盖范围内，一些单位从小集体的经济利益出发，不是为全体职工缴纳基本医疗保险费，造成整个医疗保险基金抗风险能力的下降。⑤人口老龄化问题日益严重,加大了医疗保险的筹资压力。在我国现行的城镇医疗保险的筹资方式中,退休的老年人不再负担医疗保险费,但其享受的医疗保险待遇高于在职职工。随着人口老龄化进程的加快,在职职工与退休人员的比例将不断变小,劳动年龄人口负担老年人口的系数将随之不断上升,这都使制度面临巨大的筹资风险。对此,国家进行了一系列的调整与修正。2011年7月我国社会保险法的出台,通过法制化建设,增强了基金的稳定性。并在近两次的卫生事业规划中都提出要逐步提高缴费水平的要求。

社会统筹与个人账户相结合的途径,实际上是将国外的强制缴费方式与储蓄账户方式结合而成的一种新方式。制度设计初衷希望一方面在一定区域内的人群之间横向调剂医疗保险基金,费用共济,风险分担;另一方面,保险费中的部分资金进入个人账户进行纵向积累,以劳动者年轻力壮时积累的资金弥补年老体弱时的费用缺口,自我缓解后顾之忧。但是在实际运行中发现个人账户并未起到预期的效果,个人账户基金累计较多并且出现挪作他用的问题较为严重。针对这一问题,政府加强了对个人账户资金的监管。并对个人账户基金支付范围的变革进行了探索。

(3) 支付机制:统筹基金和个人账户有各自的支付范围,分别核算,不能相互挤占。个人账户主要支付门诊费用、住院费用中个人自付部分及在定点药店购药费用。统筹基金用于支付符合规定的住院医疗费用和部分门诊大病医疗费用,起付标准为当地职工年平均工资的10%(实际在5%左右),最高支付限额(封顶线)为当地职工年平均工资的6倍左右。"封顶线"以下的医疗费用,主要由统筹基金支付,个人负担一定比例。个人账户用于门诊和小病医疗,超额部分个人自理。在对需方的支付上通过制定起付线、封顶线、共付比相结合的方式,提高了保险结算工作效率,加强了保险人的费用意识。针对供方的付费方式主要采用按服务项目付费的方式。由于这种后付制方式的弊病,导致我国医疗服务费用不合理增长及医疗资源的大量浪费,因此随着近年来我国医疗保险制度的发展,各地开始了医疗保险支付方式改革尝试,主要的改革趋势是由后付制向预付制、单一支付方式到多种方式组合方式发展。①按病种支付:由于DRG标准的制定和动态调整需要大量信息资料和较高的技术,因此我国根据自身实际情况,主要开展了"单病种付费"的方式。从实践来看,实施单病种付费在一定程度上降低了医疗费用。②按服务单元付费:该付费方式在降低药品使用量、减少不合理用药及控制和降低医疗费用方面起到了一定作用。③总额预付制:国内总额预算逐步运用于门诊和住院补偿中,对控制医疗费用具有明显的作用。

在实际制度运行中一些特殊病种、大额慢性病的患者由于疾病的特殊性,这类患者的门诊负担重,甚至高于住院费用带来的负担。针对这一问题建立了门诊统筹制度,并逐步扩大大额门诊慢性病、特殊病种补偿的病种范围。

2. 新型农村合作医疗制度

2002年10月,中共中央、国务院下发了《中共中央、国务院关于进一步加强农村卫生工作的决定》,提出建立新型农村合作医疗(以下简称新农合),并开始在一些省市进行试点。2003年1月,国务院办公厅转发卫生部等部门《关于建立新型农村合作医疗制度意见的通知》,新农合制度在全国300多个县(县级市)开始试点。2004年4月,国务院办公厅转发卫生部等部门《关于进一步做好新型农村合作医疗试点工作的指导意见》,标志着全国范围内新农合制度试点的全面展开。新型农村合作医疗是一项复杂的社会系统工程,涉及面广、政策性强、制约因素多。在改革过程中体现为对制度的不断调整。下面主要从筹资、补偿、管理等方面进行介绍。

(1) 基金筹集:基金由政府和个人共同筹集。农民自愿参保,缴纳一定保险费用,国家予以一定补贴或资助,实行社会统筹和家庭账户相结合的方式。基金出现收不抵支时,由政府负责兜底。政策开始的筹资办法为中央财政补助10元、地方财政补助10元、农民自己出资10元。从2006年起,中央财政对中西部地区除市区以外参合农民的补助由原来的每人每年10元提高到每人每年20元,地方财政也要相应增加10元。2007年3月3日卫生部发布了《关于完善新型农村合作医疗统筹补偿方案的指导意见》,进一步完善了新型农村合作医疗制度相关政策,规范了中央财政补助资金拨款申请规程,简化了中央财政补助资金拨付方式。在发展过程中,农民对合作医疗缺乏足够的信心,这导致农民在缴费过程中普遍存在积极性不高与连续性差的情况。与此同时,部分贫困农民仍然无力缴费,部分贫困县无法提供相配套的资金。政策规定的筹资程序是,中央补助资金要在地方政府补助资金到位后再拨付,地方政府的补助资金要在农民交费后再拨付。这一政策导致合作医疗的基金很难落实。一些基层干部在发动农民自愿参保难以完成上级行政命令,达到规定试点数量、指标、进度的情况下,为追求政绩,强迫农民参加合作医疗;或者向乡村干部进行任务包干、向农户摊派;有的强迫乡(镇)卫生院和乡村医生甚至民办教师代收代交;有的未征得农民同意就向企事业单位或金融机构借贷垫付等,并借此套取中央的补助资金,出现了"套资"、"钓鱼"等不正当行为。同时,基层财政的紧张导致部分地方财政对农民的资金补助并未落实;筹资程序的限制也导致中央和省、市财政拨款的滞后。

从 2005 年开始,中央财政在当年上半年根据各地上年已启动的合作医疗试点县和当年扩大试点县截至上年年底农民缴费人数等情况,按照 75% 的标准预拨当年补助资金。此外规定地方财政增加的 10 元合作医疗补助经费,应主要由省级财政承担,原则上不由省、市、县按比例平均分摊。在"十二五"规划中提出到 2015 年,要达到每人每年 360 元以上的筹资标准。

(2)支付机制:最初合作医疗试点中补偿的主要类型有单纯大病统筹(住院、住院和门诊大额费用)和大病、小病兼顾(既补住院费用又补门诊费用)两种类型。其中门诊费用补偿模式又分为设立家庭账户和设立门诊统筹基金两种,大病统筹的优点是,具有较强的抗风险能力,对防止"因病致贫"和"因病返贫"具有一定的作用,而且管理比较简单。但其缺点是人群受益面小,一般受益率仅仅为参保人总数的 3%~5%,预期家人不会得大病的农民就不愿意参保。结果,农民自愿缴费率低,很多地方借助外部资金代替农民缴费来维持制度运转。住院统筹门诊家庭账户模式的优点是有助于吸引农民以家庭为单位参保,扩大覆盖面,控制逆选择,且能控制门诊费用的支出。但是,与城镇基本医疗保险制度中个人账户的缺点相似,家庭账户会带来合作医疗基金的积淀,分解了统筹基金互助共济的作用,而且增加了制度的管理成本。住院统筹加门诊统筹模式的优点是能够提高农民互助共济的意识,鼓励参合农民及时就医,提高门诊服务的利用率和合作医疗的收益率,增强新农合的吸引力。但随着政府逐步提高新型农村合作医疗制度的筹资水平,家庭账户逐步被门诊统筹所取代。

另外,由于补偿比例低,合作医疗实际解决因病致贫的能力有限。而与补偿比例相关的另一问题是基金大量结余。由于筹资的有限,各地为了防止基金超支,都在制度设计中强化需求方道德风险行为的控制,制定了较为严格的起付线、封顶线、报销比例标准。结果,导致全国范围内基金大量结余。统计数据显示,截至 2004 年 4 月中旬,全国范围内新型农村合作医疗试点第一年筹集到的基金有 36.21 亿元,支出 15.36 亿元,结余 20.84 亿元,补偿支出占实际筹集资金的 42.00%。也就是说结余资金比例达到了 58%。个别地区的补偿支出仅占基金总额的 11%。建立合作医疗制度的目的是为了对农民的疾病风险给予保障。可是,过多的结余影响了合作医疗保障目标的实现,也降低了合作医疗对于农民的吸引力。这反映出制度设计对于需方的控制过于严格。同时,制度并没有对医疗消费的主导医疗供方给予足够的监管,导致药价虚高、以药养医等现象依然存在,不合理医疗费用并没有得到很好的控制。卫农卫发[2006]13 号文件规定,要在建立风险基金的基础上,坚持做到合作医疗基金收支平衡,略有结余。政策在修订上不断地提高了补偿比例。在"十二五"规划中要求逐步提高基本医疗保险最高支付限额和费用支付比例,3 项基本医保政策范围内住院费用支付比例均达到 75% 左右,明显缩小与实际支付比例的差距。另外,要做好与农村医疗救助制度的衔接工作,对低收入人群的疾病风险给予更多的保护。

由于城市化的进程,大量的农民离开农村进入城市,外来务工人员是我国转型时期的特殊群体,他们游离于城市健康与医疗保障体系之外,面临着健康与医疗无保障的双重困境。国家通过对基本医疗制度的完善,试图解决外来务工人员的参保问题。相关部门密切合作,对于流动就业人员的医疗保险跨统筹地区、跨制度转移接续都做了规定,也制定了相关的配套文件。2009 年,《关于在省级和社区市级新农合定点医疗机构开展即时结报工作的指导意见》要求各地开展省内异地就医的及时结报工作,已经有 20 多个省建立了与省市级医疗机构、县级新农合信息平台互联互通的省级信息管理平台,解决了进城务工农民的报销费用问题。为了切实解决进城务工的农民的医疗保障问题,国家和各地方都在积极地探索,以解决农民工的医保问题。

3. 城镇居民基本医疗保险制度

城镇职工基本医疗保险在地域标准的基础上加入了职域的限制,即只为就业人员提供基本医疗保障,忽视了大量城镇非就业人员的医疗保障,造成了城镇医疗保障体系中的巨大空白。近几年来,随着城镇职工基本医疗保险的发展和完善,城镇非就业人员的"医保真空"的问题显得更加突出。在这种情况下,建立城镇非就业人员的医疗保障制度已是势在必行。2007 年《政府工作报告》指出,要"着眼于建设覆盖城乡居民的基本卫生保健制度","启动以大病统筹为主的城镇居民基本医疗保险试点",为解决这一问题提供了契机。同年成立的"国务院城镇居民基本医疗保险部际联席会议"第一次会议上出台了《关于开展城镇居民基本医疗保险试点的指导意见》,确定了城镇居民医疗保险的基本框架。城镇居民医疗保险主要保障了城镇中不属于城镇职工基本医疗保险制度覆盖范围的学生(包括大学生)、少年儿童和其他非从业城镇居民,城镇居民医疗保险由地方政府和居民个人共同筹集,各地按照低水平起步的原则,根据本地经济发展水平、居民家庭和财政负担的能力合理确定。有别于城镇职工医疗保险,城镇居民基本医疗保险不建立个人账户,基金主要用于支付住院医疗费用和部分门诊大病费用。为解决参保居民常见病、多发病的门诊医疗费用负担问题,部分地区开展了门诊统筹,将普通门诊医疗费用纳入医疗保险支付范围。

制度自 2007 年提出,先在有条件的省份选择 2 或 3 个城市进行试点,2008 年扩大了试点范围,到 2009 年试点城市达到了 80% 以上,2010 年以后在全国进行了全面推广。

二、取得的主要成效

(一) 快速形成了全民医保的制度框架,建成了世界上最大的医保网络

随着医疗保障体系建设的推进,我国城乡居民医疗的保障范围和水平逐步推高。从表 8.1 可以看出,2003~2008 年这 5 年间,城乡社会医疗保险的覆盖率已经快速地从 12.7% 跃升到超过 90%。到 2010 年,覆盖城乡全体居民的基本医疗保障体系已经初步形成,覆盖 12 亿多城乡居民,覆盖率超过 90%,2011 年称得上是世界上最大的医保网络。

表 8.1 第四次全国卫生服务调查显示的城乡居民医疗保障类型构成 (单位:%)

保障类型	城乡合计		城市合计		农村合计	
	2003 年	2008 年	2003 年	2008 年	2003 年	2008 年
城镇职工医保	8.9	12.7	30.4	44.2	1.5	1.5
公费医疗	1.2	1.0	4.0	3.0	0.2	0.3
城镇居民医保	—	3.8	—	12.5	—	0.7
新型农村合作医疗	—	68.7	—	9.5	—	89.7
合作医疗	8.8	—	6.6	—	9.5	—
其他社会医保	3.3	1.0	8.6	2.8	1.4	0.4
无社会医保	77.9	12.9	50.1	28.1	87.3	7.5

资料来源:2003、2008 全国卫生服务调查

在城镇医疗保险方面,2013年年末全国参加城镇基本医疗保险人数为57 073万人,比2012年年末增加3431万人。其中,参加城镇职工基本医疗保险人数27 443万人,比2012年年末增加958万人;参加城镇居民基本医疗保险人数为29 629万人,比上年末增加2474万人(图8.1)。在职工基本医疗保险参保人数中,参保职工20 501万人,参保退休人员6942万人,分别比上年末增加640万人和318万人。年末参加医疗保险的农民工人数为5018万人,比上年末增加22万人。

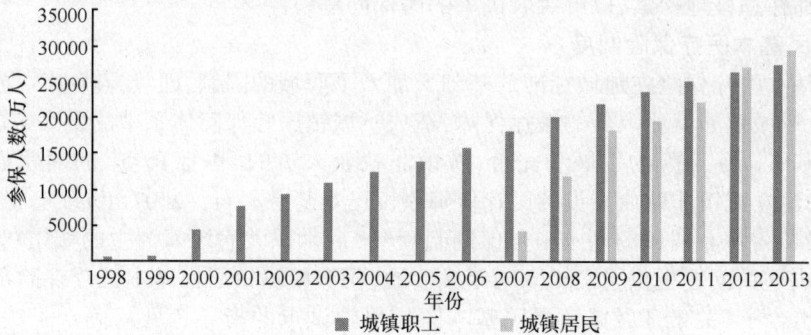

图8.1　1998~2013年中国城镇医疗保险参保人数

2013年全年城镇基本医疗保险基金总收入8248亿元,支出6801亿元(图8.2),分别比上年增长18.9%和22.7%。年末城镇基本医疗统筹基金累计结存5794亿元(含城镇居民基本医疗保险基金累计结存987亿元),个人账户积累3323亿元。

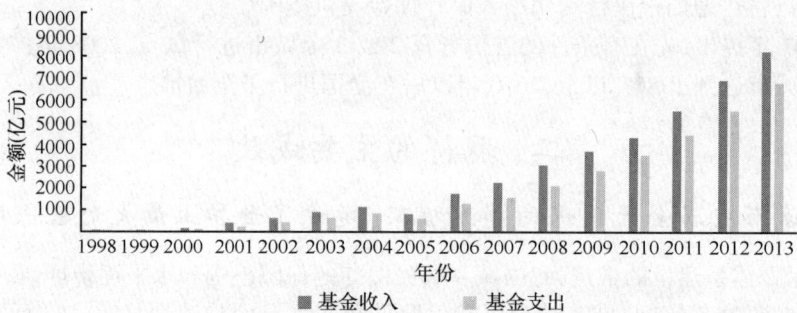

图8.2　1998~2013年城镇医疗保险基金收支图

新型农村合作医疗方面,截至2013年年底,全国有2489个县(市、区)开展了新型农村合作医疗,参合人口数达8.02亿人,参合率为98.7%。2013年度新农合筹资总额达2972.5亿元,人均筹资370.6元。全国新农合基金支出2909.2亿元;补偿支出受益19.42亿人次。

(二) 基层卫生服务工作得到全面推进

城镇基本医疗保险制度的运行,极大地带动了城市社区卫生服务机构的发展。为了合理利用社区卫生服务资源和城镇居民医保基金,不少地方出台措施,赋予社区卫生服务机构"守门人"角色,鼓励"双向转诊"即小病进社区,大病进医院,康复回社区。此外,社区卫生服务机构还提供预防、保健、接种、健康教育、康复等服务。对于城镇居民医保中的参保群体,通过为他们建立健康档案、组织健康讲座,以及为中老年人提供常规体检,起到疾病预防的良好效果。

新型农村合作医疗的建立,有效带动和促进了农村卫生服务体系的建设。深化医改以来,中央和地方多渠道筹集资金,加大机构建设力度,进一步健全了农村三级医疗卫生服务体系和城市社区卫生服务体系,人民群众就医条件和环境有了明显改观。同时,通过基层医疗卫生机构转型、改造及吸引社会力量参与等多种方式,城市社区卫生服务资源得到充实。

（三）提高了农村卫生服务的可及性

新型农村合作医疗制度的有效实施,在减轻农民医疗负担、缓解因病致贫和返贫状况、保障农民健康方面发挥了重要作用。特别是,新农合实施后,参合农民的医疗服务利用率有所提高。2010年,城市社区卫生服务机构、乡镇卫生院和村卫生室诊疗人次达到了30.2亿,占到全国医疗机构诊疗人次的51.7%,较2005年提高了9.81亿人次,提高了48.2%。乡镇卫生院日均诊疗人次较2005年增加了1.5人次。孕产妇死亡率和婴儿死亡率分别从2005年的47.7/10万和19.0%,下降到2010年的30.0/10万和13.1%。新农合的实施在一定程度上减轻了农民的医药负担。到2011年,全国参加新农合人数为8.32亿人,参合率超过97%,全年受益13.15亿人次。各级财政对新农合的补助标准从每人每年120元提高到200元,新农合政策范围内的住院费用报销比例从60%提高到70%左右,最高支付限额从3万元提高到不低于5万元。

三、存在的问题与挑战

尽管经过多年的探索和实践,中国社会医疗保险制度建设取得了世人瞩目的成就,但不容回避的是,面对巨大的人口基数和与日俱增的医疗需求,有限的公共财政资金和庞大的支出系统,国家对于全民基本医疗保险的长期资金投入和社会保险管理等终究是现实问题。

（一）制度碎片化,公平性较差

制度的碎片化,首先表现为保障制度在不同人群之间的身份分割。目前我国的医疗保障制度是多元分割运行的体制,新型农村合作医疗、城镇职工基本医疗保险、城镇居民基本医疗保险分别以户籍为依据,各自封闭运行。在城镇,是以就业为标准,城镇职工基本医疗保险和居民基本医疗保险双轨并行,一些地区机关事业单位的公费医疗制度仍然存在并且与职工基本医疗保险分隔独立运行,部分地区甚至还出台了通过降低职工基本医疗保险的标准向灵活就业人员扩展的多元化改革措施,再加上新型农村合作医疗的单独运行,整个医疗保障制度被人为地分割成若干板块。多种医疗保险制度并存带来了诸多问题。

一是各项医疗保险制度的目标人群可能存在交叉,造成资源的重复浪费。例如,在城镇企业就业的农民工,既可以根据工作性质参加城镇职工医保,也能够在原籍所在地参加新农合。

二是几项医保制度的缴费分属不同的基金池,彼此之间互不相通,不能调剂,降低了医保基金的抗风险能力。

三是各项制度分属于不同的主管部门管理,在增加行政管理成本的同时,也不利于医保政策的衔接,不利于促进城乡经济协调发展和人员的合理流动。

四是卫生资源分配不公,这也是多种医保制度并存引发的最大问题。由于缴费水平不同,几项制度的给付待遇之间存在较大差距。统计显示,2010年城镇职工医保基金收入3955.4亿元,人均筹资1666.5元;城镇居民医保基金收入353.5亿元,人均筹资181元;新农合筹资总额1308.3亿元,人均筹资仅156.6元。

五是医保待遇的差距进一步加深了城乡居民的收入差距。例如,新农合目前采取人均统一的筹资方式,显然,这种"人头税"的缴费形式有失公平,没有考虑到农村居民个人和家庭缴费能力的差异,必然造成贫困家庭(未达到低保标准的贫困家庭)的缴费负担较重,使其面临由于无力参保而在遭遇大病时陷入不得不放弃就医的困境。2008年全国卫生服务调查显示,参合农民的住院率为6.5%,住院患者中有80.2%享受了新农合的补偿,费用报销比例为26.6%。住院患者次均自负医疗服务为2605元,占家庭人均年收入的56.0%,应住院未住院比率仍然高达27.9%。在医疗保障制度停留在区县统筹、风险分摊范围非常小的情形下,这种制度的多元分割与碎片化现象,既不利于实现人员的社会流动,促进社会融合,还有悖大数法则,不利于通过社会互济来分散风险,保持医疗保险基金财务的稳健和可持续性,从而直接损害着制度运行的效率。医疗保障制度的多元分割与碎片化现象,还削弱了制度的强制性,固化了现有的城乡二元结构和社会阶层结构,构成统一劳动力市场的障碍。

碎片化的第二个突出表现,是区域之间的转移接续存在制度障碍。社会医疗保险的异地转移接续虽然已有法律基础和社会共识基础,但实行起来也面临着很多现实困难。由于我国地区间经济发展不平衡,经济状况差的地区医疗保险资金的筹集能力也较差,从而加剧了不同地区间医疗服务可及性的不平等。从各地城镇职工基本医疗保险的运行结果来看,2010 年全国范围内城镇基本医疗保险基金人均结余资金 1997.6 元,参保职工与退休职工比为 2.99,但各地之间的差异明显,在这种背景下要实现异地跨转,涉及现实利益格局的调整,也涉及地方财政的权责平衡问题。特别是,就农民工群体而言,目前的制度设计存在明显的疏漏与缺失,将农民工群体纳入城镇职工基本医疗保险的目标并不现实。我国城镇职工基本医疗保险主要针对城镇职工设计实施,无法适应城镇化过程中数亿农村人口转移的需求。频繁流动且集中在规模较小、无组织结构、管理较差的商业和服务业就业的农民工,或者与正式员工待遇不同的"临时工",以及其他一些灵活就业的农民工被排斥在制度外。收入的不平等转化为获得医疗服务的不平等,这最终导致近年来我国国民的健康水平提高趋缓。此外,分割的管理体制又进一步加剧了待遇不公的后果。由于社会保险部门只管城镇居民与职工医保,卫生部门负责农村合作医疗,城乡分割反映在医疗保障经办机制上就是各行其是。全国仅有少数地区推行城乡统筹并实行统一管理,绝大多数地区仍然处于城乡分割状态。这种局面既严重浪费了资源,又导致了待遇不公、重复参保与遗漏现象并存,造成制度扭曲。

(二)制度管理和运行效率不高

第一,县级统筹体制,难以发挥制度的共济功能。国务院 1998 年 44 号文件提倡地级市基金筹资的层次,虽然政策上允许少数地级行政区可实行县(市)级统筹,但实际上 90% 以上都定位在县(市)级和城市的市(区)统筹(据统计全国大约有 2700 个)。县(市)统筹体制运行十多年来,虽有明显成效,但问题也日渐凸显。一是弱化了基金调剂能力,难以发挥"大数法则"和"共济"原则作用。二是县(市)级和城市的市(区)统筹地区,各自执行不同的政策、缴费标准和待遇标准,这导致同一地市不同县(市)级和城市的市(区)人员医保待遇水平相差大,医疗保障的社会公平性难以解决。三是基金封闭运行,增加了跨区域结算报销的难度,无法适应参保职工流动性日益增加的现实,阻碍了区域间医保关系的携带与转换。四是增加了管理环节和管理层次,提高了管理成本。统筹层次低,对定点医疗机构和定点零售药店的管理不统一,多头管理,重复检查,造成医疗资源浪费。

第二,医疗保险基金管理效率有待提高。医疗保险基金的管理更多地重视基金的财务绩效,不合理地强调基金的结余及偿付能力,而忽视了医疗保险本身的宗旨,即提供医疗保障,促进居民健康。医疗社会保险基金的筹集方式是现收现付,追求当期平衡,基金结余应该控制在合适的比例内。目前国内的医疗保险基金结余较多,实际不利于达到以社会保险促进健康的目标。从实际情况看,基金结余多数来自医疗支出的过度控制,尤其体现在对患者的过多控制方面,起付线、共付比例及封顶线等措施过严,客观上加大了居民医疗费用方面的负担。

第三,可携带性较差。目前,参保人群异地就医问题日益凸显,已成为制度建设中不可回避的问题,而异地就医监管也成为医保延伸管理的棘手难题。异地就医存在的突出问题是:一是人均住院费用高于在本地就医的费用;异地就医的负担重,尤其重在自费比例较高。二是监管难。医疗费用结算滞后、基金转移难、过度医疗现象严重等一系列问题,都对现行的监管体制带来了较大挑战。

第四,费用控制不力,制度功能被进一步弱化。费用控制不力主要是指在目前的医疗保障制度安排下,代表患者利益的第三方购买者谈判能力不强,难以对医疗服务提供者形成有效的约束,医疗服务提供者的支付机制存在缺陷,难以控制医疗费用的攀升。此外,医疗保障体制改革与医疗服务体制、药品流通体制等改革不配套,造成不正常的医疗费用攀升,也进一步弱化了制度的保障功能。究其原因,一是医保机构谈判角色缺失。医疗保障机构出现以后,本应该发挥个体病患的集体代理人的作用,但实际未实现其角色的作用。二是医保机构付费方式无法约束医方。有效限制医疗服务提供者诱导消费,是医保机构付费方式所必须考虑的重要目标。医保机构对参保者所发生医疗成本的补偿,有预付制和后付制两种。在目前与后付制为主的此种制度下,医方并没有受到相应的预算约束,基本不存在发生赤字需由自身承担损失的可能,这很容易助长医方诱导医疗消费。城镇职工基本医疗保险、城镇居民基本医疗保险、新农合等社会或准社会性医疗保险的参保人需持相应医疗发票到医保经办机构报销部分医疗费用,或先由其支付自付部分,再由定点医院就欠缴部分统一到医保经办机构收缴。由于具有广泛覆盖面和影响力的社会医保体系普遍采用后付制,这也意味着刚刚起步的商业健康保险更加没有实力与医院谈判要求实行预付制。

(三) 人口结构和疾病谱的变化给医疗保险制度带来巨大的挑战

人口老龄化是 21 世纪全球性的人口结构发展趋势,也是社会进步和经济发展的重要标志,其社会经济影响已经远超出人口学的范围,对医疗保障制度所带来的冲击更是直接而深远的。同其他国家相比,中国的人口老龄化给经济和社会发展带来的影响既有普遍性,又有特殊性,因为中国不仅是世界上人口数量最多的国家,也是老年人口数量最多的国家。根据 2010 年第六次全国人口普查的数据,我国 60 岁及以上人口为 177 648 705 人,占总人口的 13.26% ;65 岁及以上人口为 118 831 709 人,占总人口的 8.87%。与 2000 年第五次全国人口普查相比,比重分别上升 2.93 个百分点和 1.91 个百分点,人口老龄化程度显著提高,而且这种趋势将在很长一段时间持续。老年人口的增多,患病的可能性增大及由此造成的医疗服务需求将增多。患病率尤其是慢性病发病率上升,意味着人口老龄化将提升疾病负担,增加医疗保障系统造成的财务压力。这使得医疗保障制度建设在扩大覆盖面、提高保障程度的同时还面临着提高制度运行效率和促进制度长期可持续发展的双重挑战。从疾病模式的变化来看,过去以急性传染病和感染性疾病为主的疾病谱,已经被以慢性病及与人们不良生活方式密切相关的疾病为主的疾病谱所替代。慢性病成为最主要死因,其中心脑血管疾病、慢性呼吸道疾病和肿瘤是我国居民的前三位死因,占所有慢性病死亡的 88.1%。慢性病患者的患病周期长,单纯的医疗诊治费用高,且疗效并不理想,这就会大大增加医疗费用的开支。在面临持续增长的财务压力的同时,目前社会医疗保险制度提供的健康行为激励也不适应于疾病谱的变化。与传染性疾病不同,降低慢性病和伤害的发病率及死亡率在很大程度上需要依赖人们改变自己的不健康行为,这客观需要将医疗保障的重点放在预防性医疗服务方面,而不是疾病治疗方面。因此,疾病模式的改变需要改变我国当前医疗保障制度对健康干预的重点,调整医疗服务结构,以提供符合新的疾病谱的医疗卫生服务。

第二节　对完善制度目标和体系设计与改革的启示

社会公正是和谐社会的本质特征和基石,是现代社会的基本价值取向,是现代制度设计和安排的基本依据,是维护和促进社会公正、建设和谐社会的核心内容。鉴于中国城乡"二元社会经济"结构的社会状况,医疗保障制度的设计与建设现在处于巨大差异和制度分裂与碎片化状态,且这种状况还会存在相当长一个时期,对此,在总结和分析现有的制度建设经验的基础上,进行制度目标设定、实施路径优化等制度顶层设计具有重要的战略意义和现实价值。

一、制度建设的目标

"病有所医"是医疗保障制度设计的最基本目标。其含义一是具有就医的可及性,二是在经济上具有可承受性。前者涉及医疗服务的有效提供和服务的可获得性,后者则是医疗保障制度要解决的核心问题:经济负担和系统的有效性。如前所述,按照"人人公平享有健康"与"健康全覆盖"的目标,当今世界各国都面临在诸多方面解决好这一涉及多方利益主体的复杂难题,都在不断改革与创新和完善自身的医疗保障制度。

鉴于我国的现实国情和医疗保障制度建设的实践,遵循"全民健康覆盖"的理念。医疗保障制度发展的核心目标是建立起公平有效的全民的健康保障体系,确保所有的人都能获得其所需的卫生服务,且付费无需担忧财务方面的困难。即在医疗服务的可获得性、可及性、有效性和财务的可负担性方面获得保障,如图8.3所示。就医疗保障制度而言,无论是国家、社会,还是个人(家庭),除医疗服务的可提供和可获得外,经济的可负担性也是制度设计需要考虑的核心内容。为此,可以根据这一制度目标,结合制度建设的基础,提出近期目标与远期目标。近期目标是:以问题为导向的制度建设,即有效减轻参保人员就医费用负担,提高保障水平,缓解"看病难、看病贵"。远期目标在于建立优质的全民医保制度,即在医疗服务的可及性、可获得性、可负担性和医保体系的高效性方面具备良好的绩效表现。

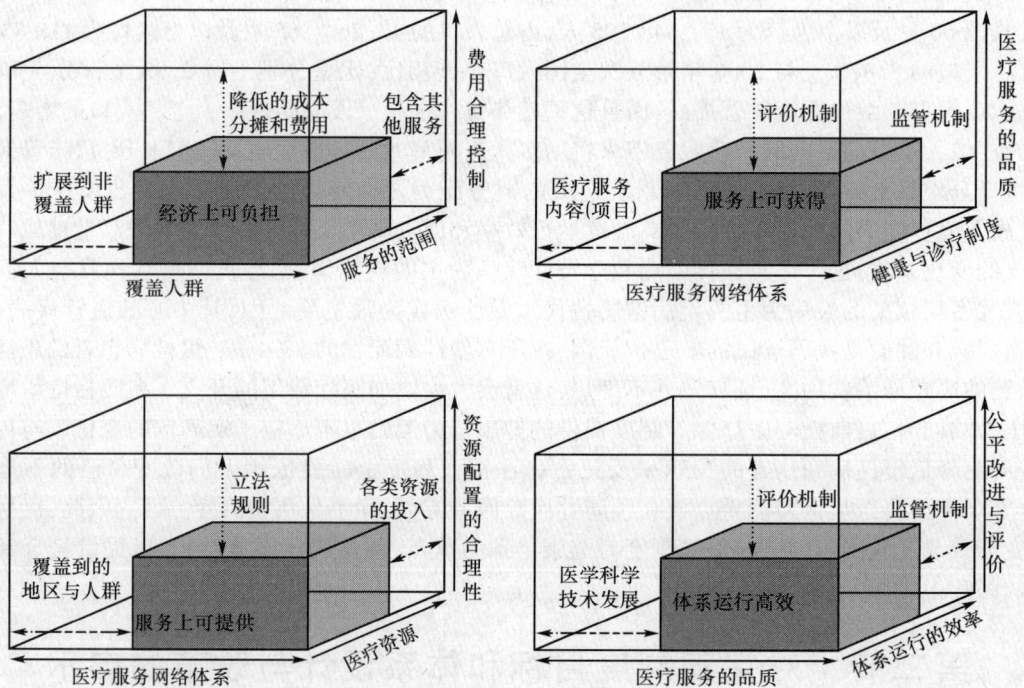

图 8.3 实现全民医保的目标示意图

二、制度建设的基本思路

鉴于我国目前医疗保障制度建设现状,借鉴其他国家的经验,比较科学的制度建设基本思路为:在建立适应中国国情的全民医疗保险的制度目标下,明确医疗保障制度的法律地位、制度模式选择和经办管理方式。关注制度建设现阶段与未来的需求,在公平优先,注重效率的原则下,逐步提高统筹层次,同时,建立与医药服务体系联动发展的宏观协调机制,发挥制度的作用,实现"人人公平享有"与社会经济发展相适应的医疗保障制度。

第三节　对完善制度管理体制的启示

国外的医疗保险制度的建立都与其国家的社会制度、经济政策、科学和文化发展水平分不开。在医疗保险发展与演变过程中,许多国家通过不断地探索发展使医保制度与其国家经济和卫生事业发展相适应,这其中有许多共同的经验值得中国参考与借鉴。

一、全民覆盖是构建保障体系的共识

尽管各国在一定的历史时期社会制度、政治形态、经济政策、传统习惯和国情不同,对相关社会控制机制如在医疗卫生领域,特指政府、私人财富、专业人士的技能所构成的要素关系等方面的运用也不尽相同。但都无一例外地选择了通过数度修改国家医疗保险法,将面向对象从单一群体向多类群体扩展,最终实现全民覆盖。1948年的《世界人权宣言》清晰阐述"人既为社会之一员,就有权享受社会保障,并有权享受人权尊严及人格自由发展所必需之经济、社会及文化各种权利之实现"。事实证明,"享有医疗保障是人的一项基本权利,在基本医疗机会面前人人平等"是世界各国医疗保险制度发展共同的价值取向。

二、制度融合是渐进式的发展过程

"分步实施、量力而行、逐渐完善"的渐进式融合发展改革方案,是各国医疗保障制度建设的实践经验。宏观路径体现的是以建立全民医疗保障体系为目标,制度形式从多种制度类型并存逐渐发展到将一种制度作为主体制度,另一种或两种制度为辅助和补充。微观路径则具体表现在以下几个方面。第一,保障方式。发达国家医疗卫生体制正沿着相似的轨道发展,即由非组织个人医疗消费向有组织的医疗服务渐进,由自费医疗体制向混合型、全民医疗保险型、国家医疗保健型、社会主义医疗服务型发展。第二,制度设计。相辅相成、互为关联、互为补充,有利于政策融合"无抵触"。第三,覆盖范围。普遍性、连续性、多重性,有利于制度衔接"无盲点"。渐进式的融合过程,可以有效地规避"激进式"变革对促进成功条件的高要求,最大限度地减少改革阻力。

三、化繁为简是缩小城乡差别的路径

以制度融合为动力,坚持"城乡联动、协调发展"是当今世界各国政府的共同选择。概括起来,主要呈现出三大特征。第一,制度架构上的无歧视性。从国际经验看,难觅"城乡二元医疗保险制度"的痕迹。第二,扩大覆盖面上的"隐性强制"性。绝大多数国家的医疗保险制度均存在不同程度的"隐性强制"。第三,推进手段上的有针对性。世界各国都已普遍认识到,城乡居民在健康保障方面的差别,如城乡医疗资源差距、医疗服务的质量差距等方面的差别,会在民众中带来一定的负面影响。因此,从历史和未来看,采取更加优惠和积极的政策措施,逐步缩小城乡差别是一种正确的选择。

四、内部市场化是"新公共管理运动"兴起的体现

从大的背景来看,医疗服务递送体制日益走向管理型市场化,乃是全球性公共部门治理改革(或新公共管理运动)的一个组成部分,其核心就是采用商业管理的理论、方法和技术,引入市场竞

争机制,提高公共管理水平和公共服务质量。内部市场化的一个基本原则是将医疗服务的筹资者、购买者与提供者分开。在医疗服务的递送体系中,引入或者强化市场机制以推动不同服务提供者之间的竞争,尤其是在服务质量和价格上的竞争,这是各国医疗体制改革中常用的手段。竞争推动的具体方式各异:完善原有的契约制度安排是一种选择,而借鉴美国式管理型医疗模式是另一种选择。管理型医疗,或称自愿集成模式,是自愿性疾疗保险体制在高度竞争的情况下自发形成的一种新秩序,但是作为一种组织形式,也可以在其他制度环境中以变种的形式得到发展。值得注意的是,在医疗服务的递送上推动竞争,甚至走向市场化,并不一定对医疗费用负担的公平性带来多大负面的影响。

第四节 对中国医疗保险制度改革路径的启示

一、改革与发展的背景

自 1994 年"两江"医改试点以来,中国医疗保障制度经过 20 年的改革与发展,已经形成了以基本医疗保险为主体的"三纵三横"制度体系(三横即主体的基本的医疗保险制度、保底的城乡医疗救助制度和补充的商业健康保险,三纵则指职工基本医疗保险、城镇居民基本医疗保险和新农合 3 个基本医疗保险制度)。2012 年,温家宝在其政府工作报告中,明确指出我国已经初步形成了全民基本医保体系,实现了制度的全覆盖。但这种医保体系的内部差异和公平效率均存在较大的问题。尤其是占绝大多数人口的新农合制度,其较低的筹资水平和较低的保障,难以体现全民医疗制度整体的公平性,加上以县为单位的统筹管理,和与城镇居民医保的部门分割式管理,很难说在经办效率上能够表现出优良的绩效结果。有报道说,城镇居民医疗与新农合在参保人数和获得政府补偿上,重复参保人口在 3000 万人左右,造成了财政补偿的极大不合理的重复补偿。究其原因,还是在于制度设计的不合理与管理体制上的不科学,因此,对特定的农村居民医保制度及现行制度进行审视和评价,成为我国农村居民能否获得良好医疗保障权利的基本,也是政府有效治理国家,改善民生的考验。

目前,医疗保障制度的城乡分割和管理体制的"碎片"化问题突出,引发了许多的设计公平和管理的问题,亟待解决,通过制度建设背景的 PEST 分析(图 8.4),医疗保障制度建设的政治基础、经济基础、社会基础和技术条件都已具备,实施制度整合的解决条件成熟也已经成为共识,只要科学地分析制度需求,确定好制度目标和实施路径,建立起科学的决策机制和实施监管,就可较好地进行制度建设与科学实践。

政治基础	社会基础
三个代表 执政为民 科学发展观 改革深化(体制)	社会治理(公平正义) 健康需求(大病) 社会保障 统筹城乡
经济基础	技术基础
经济持续发展 人均收入不断增加 卫生投入逐年上升	社会风险管理 信息技术应用 医疗技术发展

图 8.4 中国医疗保障制度建设背景的 PEST 分析

二、制度改革与发展路径

按照制度经济学的基本观点和我国国情的实际情况,医疗保障制度的发展一般会经过以下途径(表8.2)。

表8.2 医保制度演化进程中政府对医疗保险管理的模式

特征要点 要素类别	包揽模式 (行政管理模式)	过渡模式 (监督管理模式)	理想模式 (宏观调控模式)
总体特征	政府包办	强力管制	适度规制
医疗保险市场主体要素	政府医疗政策垄断; 利益集团影响很大; 代议机构职能残缺	政府政策决策受到有效监督; 利益集团行为受到约束; 加强代议机构职能建设	患者、医院广泛参与政策决策; 有效的偏好显示路径; 政府行为受到法律制约和监督
医疗保险市场政策要素	医疗保险政策供给短缺; 政策需求被人为压抑	缩小供给缺口; 显示真实的政策需求	医疗保险政策供求平衡
政策环境要素	法律法规极不完善	医疗行政法规构成体系	立法比较完善
医疗行政决策机制开放程度要素	政务尚处于封闭运行; 缺乏激励约束机制; 医疗行政程序混乱	政务公开;健全医疗行政程序;改革内部人力资源机制	规范的医疗行政程序;高效的人力资源制度;医疗行政公开
政府偏好要素	政府缺乏服务、法制和公开化观念	建立政府法制观念	政府偏好受到法律有效制约

鉴于我国医疗保障制度建设的经验和不足,较为理想和合理的制度建设发展路径是一条制度的整合路径,如图8.5所示。

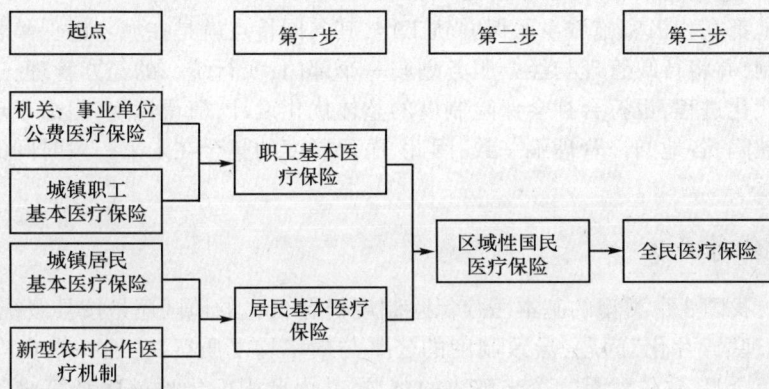

图8.5 中国医疗保障制度改革发展的路径示意图

三、改革实施策略的重点

在医疗保障制度体制构建完成后,制度改革与发展的重点是策略重点的选择和实施。前者与制度运行的实践有关,后者则与实施的策略方式有关。鉴于我国医疗保障制度的分割和碎片化问题,以及由此衍生的制度运行障碍,目前,进行统筹城乡的医保制度发展,进行现有制度的统整是当前医保制度改革的首要任务。我国的医疗保障制度主体的社会保险是社会医疗保险模式,即缴费型的医疗保险模式。这既是我国医疗保障制度改革20余年实践的制度惯性使然,迄今为止,又是建立中国特色社会主义市场经济的最适选择。但在制度的建设过程中,要注意制度演化变迁的规律,尤其是具有中国国情的制度演变特点,在制度的变迁中,阶段的制度建设还处于行政管理模式与监督管理模式的过渡期中,如表9.1所示。在制度模式选择同时,更加关注各级政府、社会、个人的责任和参与方式,这也是对现行制度运行效率提升,以及未来制度整合,最终建成有中国特色的全民医保制度体系的最好选择。在实施制度建设的策略中,重点是以下几个方面的内容。

(一) 健全和完善医疗保险法规

依法行政、依法管理是医保制度改革与发展的根本,要把全民医保纳入法制化的轨道。法制应为任何一项待实施的政策制度必备的法律支撑,保证制度政策实施时有法可依,使各利益相关者的权益得到保障,同时政策制度实施的结果能为法律所认可。建立医疗保障制度的根本目的是保障国民的最基本健康安全和就医权利,以化解他们的财务风险为目标,这与保障居民的生存权及社会公平正义休戚相关,因而,首先需要在法律上获得保证。

尽管我国在2012年颁布了《中华人民共和国社会保险法》,但该法规只是一个基本法,法条还不全面、具体和规范,给实践带来了一定的困难,很有必要进一步健全和完善。对此,首先要整合统一医保制度和管理体制,这是实现法治医保的基本要求和必要前提;其次,是要加快完善医保法律法规的步伐,在整合制度的基础上,尽快制定出台《基本医疗保险条例》;最后要强化法律的权威,用居民依法参保取代居民"自愿参保",确保居民参保的稳定性,避免随机性和逆向选择。

(二) 城乡医保制度整合

由于历史原因,2003年开始建立的农村居民医保的新农合制度与2007年实施的城镇居民基本医疗保险制度,形成了分割的制度安排,并分属两个政府职能部门管理,这种管理体系实际上已经形成了制度发展的障碍。在国家现代化发展目标下,工业化、城镇化、现代化的进程必然要打破这种管理状况,必然以一种更新的治理方式,来推进制度的科学发展。

目前全国各地都在积极实施城乡医保并轨工作,其共同特点就是在城乡医保整合中优先整合管理体制与经办机制,并将行政管理与经办服务划归一个部门,实行统一的经办管理,这顺应了我国工业化、城镇化、现代化进程,也符合社会保险制度的整体优化设计,值得肯定,但由于现行的筹资机制和管理体制存在缺陷,各地归口管理不一致,因此,医保制度的整合在未来一段时间的发展与效果评估值得关注。

(三) 提高统筹层次

时至2013年,我国3个类型的基本医疗保险制度仍有30%的地区还是按县级统筹,除制度分割外,更严重的是管理"碎片化"问题,导致制度的公平与效率均受质疑,各地一直在尝试提升统筹层次的工作。但时至今日,这依然是一个未解决的难题,并由此引发异地就医结算难等问题。究其原因,主要在于筹资模式、税收体制和管理机制等问题。在统筹城乡发展的社会与经济机制驱动下,目前,城镇居民基本医疗保险制度与新农合制度正在整合,但就制度改革与发展而言,这将是一个迫切但需要长期解决的难题。

(四) 融资筹资机制

筹资机制即制度的财务问题。通过对中国知网(CNKI)数据库、中国期刊网的分析,2007~2013年所发表的关于医疗保障筹资全文方面的研究资料相对于医疗保障其他方面资料来说是相对较少的,约占6.07%,见表8.3。

表 8.3　2007～2013 年医疗保障制度及筹资研究所发表的文献资料情况

年份	医疗保障/篇	医疗保障筹资/篇	占比/%
2013	37 122	1 847	4.98
2012	38 739	2 438	6.29
2011	35 562	1 911	5.37
2010	33 771	1 934	5.73
2009	32 842	2 331	7.10
2008	32 160	2 065	6.42
2007	31 429	2 133	6.79
合计	241 625	14 659	6.07

如前所述,我国医保制度的核心是依法参保和依法缴费,一个法定的筹资制度安排是制度的基石,只有一个有效的筹资模式与筹资机制,才能使制度得以健康和可持续发展,医保的财务问题可能会危及财政的可持续性。目前的筹资模式,还存在制度上的缺陷,也是医保制度整合和统筹层次提升,以及医保制度可持续发展的隐患。

(五) 与医药服务体动联建设

医疗保障制度的发展离不开医疗服务体系的建设和高质量的医疗卫生服务的提供。医疗保障制度建设是一个体系和复杂的系统工程。在健康保障方面,医疗服务体系与药品生产流通体系均会对医疗保障制度建设产生直接和间接的影响。而这些影响都集中反映在服务提供机构上,如图 8.6 所示。

图 8.6 说明,在医疗保障制度建设与改革过程中,医疗机构成为利益交易的核心。医疗服务体系的改革、价格机制的调整与支付结算方式都是围绕医疗机构的改革进行的,这也成为目前公立医院改革的重点问题,其中重点中的重点是支付制度的改革。

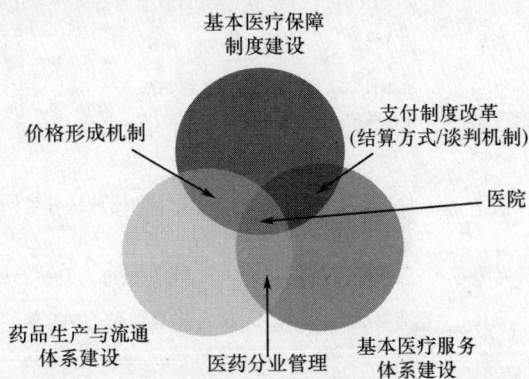

图 8.6　"三医"联动关系及内在机制示意图

(六) 人才战略

目前,无论是何种基本医疗保险制度,专业人才的缺乏是制约制度发展的最重要的原因之一,目前突出的问题有两个:一是人力资源的不足,如新农合每 10 万参保人员才配置 3 名左右的专业人员,有些还是临时借用人员;二是经办管理的机构专业化、精细化经办管理能力较弱,影响了经办管理的效率和质量,这些都与医疗保障制度体系建设中,专业人力的不足,缺乏完善的人才战略规划有关,也是影响制度健康可持续发展的重要问题。

(七) 规范的信息披露制度

作为一项公共管理事业,按照新公共管理的理论,公共信息披露制度必将对政府公共管理事务提出新的要求,也将推动政府的改革与发展。目前,我国的医疗保障制度运行为建立起规范的信息披露机制,难以对制度的运行做出客观公正的评估,严重影响了制度建设健康良性的推进。

四、具体的实施策略

(一) 政策制定的整体性、系统性和协调性

医疗保险制度改革是国家医疗服务制度体系的有机组成部分。医疗保险制度改革必然涉及与

之相关的财务体制、医疗服务模式、医疗服务提供方式、医药流通体制等多部门,涉及多方利益,是一个复杂的系统性问题。因此,无论是制度的设计,还是相关政策的制定和实施,都必须考虑其可行性和实施效果,在改革中要有整体观、系统观,注重政策制定过程中的协调性、同步性,否则政策的目标难以有效实现。

(二)尽快完成城乡居民基本医疗保险制度的整合

由于城镇居民医保和新农合制度都是针对居民实施的医疗大病保险制度,二者的目标和实施内涵基本一致(表8.4),但由于经办只能分属不同的管理机构,造成了制度的"系统性失灵"。目前,其实现目标、筹资、支付与管理的一体化,在制度发展、政府管理、筹资方式和社会需求,以及制度本身的设计需求等各方面条件均已经成熟。

表8.4　城镇居民医保和新农合制度的参保、筹资、偿付和经办现状比较

制度形式		城镇居民基本医疗保险	新型农村合作医疗
参保规定	政策依据	《国务院关于开展城镇居民基本医疗保险试点的指导意见》(国发[2007]的通知20号)	《国务院办公厅转发卫生部等部门关于建立新型农村合作医疗制度意见》(国办发[2003]3号)
	覆盖对象	学生、少年儿童和其他非从业城镇居民	农村居民
	参保形式	以家庭缴费为主	以家庭为单位
筹资标准	个人	由统筹地区确定,学生、儿童、老人、残疾人、困难人群等群体缴费不同	每人每年10元提高到20元
	政府	2010年补助标准为每人每年120元	2010年补助标准为每人每年120元
补偿水平	起付线	由统筹地区确定	由统筹地区确定
	报销比例	2009年达到50%	目前为30%左右,报销比例期望提高到50%
	封顶线	2011年达到当地居民可支配收入的6倍左右	2011年之内提高到当地农民人均纯收入的6倍以上
	偿付范围	大病统筹,逐步向门诊统筹延伸	大病统筹:大病统筹+门诊家庭账户:住院统筹+门诊统筹
经办服务	组织经办	各级劳动保障行政部门及经办机构	各级卫生行政部门及经办机构
	统筹层次	以市、县为统筹单位,2011年将基本实现市级统筹	一般以县(市)为单位进行统筹,条件不具备的地方在起步阶段也可以以乡(镇)为单位进行统筹,逐步向县(市)统筹过渡。政策差异性较大
	基金结余	以收定支,收支平衡,各地基金风险预警指标可根据当地实际具体确定	当年筹集的合作医疗统筹基金结余一般应不超过15%
	服务管理	三定目录(药品目录、诊疗项目、医疗服务设施范围标准),卫生部2009年8月公布《国家基本药物目录(基层医疗卫生机构配备使用部分)》(2009年版),人力资源和社会保障部2009年11月公布《国家基本医疗保险、工伤保险和生育保险药品目录》(2009年版)	定点范围相对较窄,一般需先垫付事后报销,卫生部2009年8月公布《国家基本药物目录(基层医疗卫生机构配备使用部分)》(2009年版)

资料来源:国发[2007]20号、国办发[2003]3号、中发[2009]6号、国发[2009]12号等政策文件

（三）尽快提高医疗保障制度与经办管理的统筹层次

建立全民健康保险制度是我国医疗保障制度建设的重要目标,提高目前医疗保险统筹管理层次是完善我国医疗保障制度、实现这一目标的基本保证,也是医疗保障制度可持续健康发展的基础。

目前国内大多数地区,尤其是经济发达地区,由于筹资的差异性,仍然以县市统筹为主,医保经办的"碎片化"程度较重,经办成本较高,效率不高,亟待通过提高经办管理的层次,提升效率和运行绩效。一个较好的选择是:可以分阶段进行,即可以从县级统筹依次过渡到地(市)级统筹、省级统筹乃至全国统筹的"渐进式"推进策略。选择这种策略是为避免跳跃式提升统筹层级而带来明显的利益冲突和管理上的障碍。因此,在提高统筹层次上,需要各地结合自己的实际情况,制定具体的阶段目标计划,分阶段完成统筹层次的提升。

此外,由于各地区经济发展的不平衡,在统筹层次的提升上,还可以采取分区域方式进行,即先选择制度运行基础条件比较好的区域进行试点,然后推广到其他地区,因地制宜地推行统筹层次的提高。

在提升经办管理的统筹层次过程中,要注意以下几个问题。第一,平衡利益关系。因为制度整合与提高统筹管理层次实质上是一种资金转移行为,以及一系列政策的制定和机构的整合。在现有的医疗保险制度管理体系和财政体系下,不可避免地要对一些地区、部门的利益进行调整。因此,在提高统筹层次的过程中必然会面临利益调整和再分配问题。第二,要注意保障的标准与管理规范。在分阶段、分区域提高统筹管理层次路径的实现中,关键问题是逐步缩小同一保险制度内和不同保险制度之间的不同保障水平,即逐步设立比较一致的保障标准。第三,建立统一的管理规范,提高管理效率。这是提高我国医疗保险制度统筹管理层次,保障制度可持续建设的基础。第四,做好现有医疗保障制度运行的资源整合。因为医疗保险基金统筹管理层次提高,相应地就会提高决策层级和经办管理层级。这一过程必将伴随着一系列对现有经办机构资源,包括人、财、物的合理调整和整合。整合的思路将是改变现有统筹级别的属地管理,实行经办机构垂直、集中管理,在更高的统筹层次上实行统一标准、统一管理规范的管理。具体而言,就是提高医疗保险基金统筹管理的层级,成立高一级别的医疗保险事务管理服务中心,而县、区则为派出经办机构,实施全面统一的管理。在统一的管理规范下,负责所属县、市医疗保险基金的收缴、支付、使用管理等。经办机构的人员及编制按照需求统一由地级市政府核定,日常工作经费统一由大市财政列支,实行人、财、事的统一管理。第五,提升统筹层次是医疗保险经办机构经办能力建设的重要内容之一。统筹层次提高后,意味着决策层次的提高与基金调配力度的集中,因此更要加注重管理的专业化与精细化。市一级经办机构要加强对基金运行的统计分析,寻找统筹后出现的新问题,找出规律,完善相关责任制度和调整指标。而县级经办机构在脱离了自求平衡的医疗保险基金管理职能后,宜将工作重心放在对医疗机构费用支出的监督、业务流程的再造和对参保人服务品质的提升上。

（四）以提升效能为目标的经办管理机制

行政效能是指行政管理活动达成预期结果或影响的程度,具体而言,主要指政府向公众提供服务的水平和能力,它包括数量、质量、效果、影响、能力、公众满意度等多方面的要求。与行政效率相比,行政效能是指目标的达成程度,着重质量层面,它更强调效果(而不仅仅是时效),重视服务质量(而不仅仅是工作量和投入量),注重质量保证能力(而不仅仅是最终的结果)。效能理念基本内涵核心是政府部门必须提高行政意识,把行政效能,而不再是效率,作为自己的目标追求,要牢固确立质量意识,以服务能力为保障,追求政府服务产品和服务效果的全面优化。

医疗保障制度的建设与发展是政府职责所在,因此,在一定时期内,政府主导和包办的方式还难以更替,因此,如何建立一个高效的经办管理模式,是制度设计与规划的重点任务,科学的制度整体设计,会更好和更有效地实现制度的目标。

(五) 改革医药价格机制,完善医保支付制度

各国的实践证明,医药价格制度和医保支付制度是医疗保障制度运行的根本保障性制度。价格的扭曲和支付机制的缺陷,必然会影响医疗保险制度的正常发展。我国由于长期的医药价格制度缺陷,导致医院、医生的行为扭曲,抬高了虚高的价格,加重了"看病贵"问题,加上医保支付制度不成熟,监管无力,使得有限的医保基金使用效率能以得到提高。对此,在策略选择和实施中,如何在现有的国情和制度下,发现医药价格的规律,探索更加科学、有效的支付制度是一项重要的策略选择和实施重点。

(六) 完善重特大疾病保障机制,切实解决参保人员疾病负担

医疗保障制度的目标是尽量降低参保人员罹患"大病"时给个人、家庭和社会带来的影响,防止"因病致贫、因病返贫",这既是制度建设的目标,也是制度建设的价值体现。目前,我国的医保制度在大病保险的制度设计、理论研究和运行监管等方面还存在不足,需要重点和优先考虑,要从理论基础、制度设计和政策实践上深入探索,探索如何通过多种途径分散疾病的财务风险,减少个人及家庭的负担,真正发挥制度的保障作用。

五、小 结

中国政府承诺 2020 年为全民提供可负担的、公平公正的高质量医疗卫生保健服务。医疗保障制度的改革和完善是这一目标的重要组成内容。现阶段的医疗保障制度改革将为这一目标的实现打下重要基础。

我国幅员辽阔,人口组成多样,地区差异大,医疗保障制度呈分割和经办的"碎片化",因此,很难寻到具体的操作性的指南,但可以随着社会经济的发展和需求的变化,规划出方向性的建议和策略的重点,以及实施的优化途径。

由于医疗保障制度建设是一个系统复杂的工程,涉及多个体系和多部门,没有任何一个独立的政策能够发挥神奇的作用,需要系统性、整体性和协调性的改革才能实现,因此,医疗保障制度的改革将面临诸多困难。就目前改革而言,医疗保障制度建设与发展研究的文献涉及完善现有制度、健全体制机制、强调制度路径依赖等。然而由于地区差异较大,一些理论策略建议和方案被实际采纳的可能性并不大。所以,各地需要根据自己的情况,向着全民医保制度建设的方向进行制度改革和完善,做出适合自己的特色模式。对此,政府应该建立客观的监督和评估机制,从而尽快发现问题,并进行调整,以保证医疗保障制度沿着既定的制度方向和政策目标前进。

本章思考题

1. 试述我国城镇职工医疗保险制度和新型农村合作医疗制度的发展过程。
2. 国际经验对我国医疗保险管理有何启示?
3. 我国医疗保险制度顶层设计面临哪些问题? 如何解决?
4. 论述全民医疗保险制度的内涵与外延。
5. 如何在制度设计中体现制度的公平与效率?

【本章案例】

看城乡医保一体化试水

山东东营、安徽铜陵等地分别开始试水城乡医保一体化,力求城乡居民从缴费到服务实现同等待遇。取代城镇居民医保和新型农村合作医疗的城乡居民医保制度,在这段时间运行得怎样?

新制度出台,农民待遇普遍提高

家住山东东营农村的万村英老人,2013 年 4 月突发冠心病,在东营市人民医院做了介入治疗,花费了 55 705 元,而出院时个人仅负担了 16 978 元,城乡居民医保为其报销 38 727 元,万村英本次就诊治疗费用比城乡医保一体化以前多报销资金 1 万多元,居民医保待遇大大提高。

据东营市社保中心医保科工作人员介绍,新制度中的待遇标准均高于之前两项医保制度的待遇。其中,农民待遇提高更为明显:在住院报销比例方面,原先在乡镇级、县区级、市级、省级和省外住院,医疗保险统筹基金负担比例分别是 90%、70%、55%、50% 和 25%,而现在在一级、二级、三级定点医疗机构住院,如果选择一档缴费,负担比例分别是 90%、75% 和 60%,市外同级医疗机构较市内仅降低 5 个百分点,最高报销比例可提高 30 个百分点。如果选择二档缴费,药品目录统一增加到 2387 种,流产、外伤等产生的医疗费被纳入保障范围。

在安徽铜陵,今年 5 月 1 日,《铜陵市城乡居民基本医疗保险暂行办法》正式施行,同时城乡医保结算系统上线。《铜陵市基本医疗保险慢性病门诊医疗费用补助暂行办法》和《铜陵市城乡居民和城镇职工大病医疗保险暂行办法》也于 8 月 1 日施行。

先差别化缴费,再向统一标准过渡

与东营类似,铜陵也探索了差别化缴费。"农村居民按照'新农合'筹资标准,每人每年 60 元;城镇中小学生及 18 周岁以下居民由每人每年 30 元提高到 60 元;城镇劳动年龄段未从业居民及男 60 周岁女 50 周岁以上 70 周岁以下居民缴费标准不变,分别为每人每年 240 元和 200 元。缴费标准没有提高。"王振华说:"'低保'居民、重度残疾人等由医疗救助基金代缴,而城乡 70 周岁以上居民个人不再缴费。"铜陵市人力资源和社会保障局副局长李放算了一笔账,调整后,城镇居民个人缴费人均实际约 97 元,增加约 15 元,但实际待遇增加较多;农村居民个人缴费人均实际约 48 元,增加约 5 元,待遇也稳中有升。实行差别化缴费,是逐步统一城乡居民缴费标准的过渡。"曾经设计并轨时按 60 元、260 元两个档次缴费并享受不同的待遇,如果这样分档,要保证现有低缴费人员待遇水平基本不降,势必较大幅度提高选择高档缴费人员的待遇,经过反复测算,资金压力很大。"铜陵市人力资源和社会保障局社会保障中心主任崔前进说。

基金支付增加,压力在预期范围内

杨可俊介绍,5~7 月,铜陵市乡镇医院(社区卫生服务中心)、一级医院、二级医院实际报销比例分别增长了 1.1%、14.7%、0.4%,而三级医院则降低了 2.1%,"基本实现'小病不出村(社区)、大病到上级医院'"。运行以来,铜陵市城乡居民基本医疗保险实际报销比例与原"新农合"的基本一致。东营市社保中心医保科工作人员表示,东营市历年的全年总体住院率和基金支出平稳。整合后,由于待遇提高幅度较大,造成基金偏紧,但因财政支持力度较大,年人均补贴 320 元,较国家要求提高了 40 元,所以能够达到总体平衡。此外,根据方案,城乡居民基本医疗保险实行市级统筹,按年度筹资总额的 10% 设立市级调剂资金。为消除此前分离状态中居民重复参保、财政重复补贴、人力与财力重复投入等现象,统一管理部门,也成为整合中首先明确的问题。"无论城市还是乡村,居民办理参保手续和享受待遇报销均在市、县社保经办机构城乡居民医保窗口进行。"王振华说,并轨后,医保工作由人社部门统一管理,"新农合"经办机构整合到社会保险管理服务中心。

同一制度覆盖的实现路径值得研究

今年 3 月,青海城乡医保一体化方案出炉,建立统一的城乡居民医保制度,实行统一的管理部门、筹资标准、州市级统筹等,并将根据有关方面统一部署,尽量率先推行。

今年 5 月,山东省淄博市政府决定在全市范围内实施医保城乡统筹,目前整合工作正在按计划推进。中国人民大学公共管理学院社会保障研究所所长李珍教授说,用同一制度覆盖全体国民,这是符合医保发展方向的,但其实现路径值得研究。理论上来说,收入水平决定医疗服务的需求数量和质量,收入水平较高的城里人会花掉更多的医保基金,来获得更好的医疗服务。李珍表示,从过去一些地方的试点情况来看,由于城镇居民对医疗服务需求的数量和质量高于农村居民,存在农村居民"补贴"城镇居民的现象,这值得注意。有专家也指出,这种"补贴"现象需要研究,应通过加大改革,改变因政策、体制等原因造成城乡居民医保实际待遇不一样的现状,进一步实现城乡医保待遇的公平。

思考:

1. 城乡医疗保障政策是否应该统一,谈谈你的观点?

2. 试分析城乡居民医疗保险一体化可能出现的问题及解决对策。

提示:依据中国卫生医疗保险制度的目标进行分析。

拓展阅读

中国医药卫生改革:问题与挑战

中国承诺,将在2020年之前为所有公民提供可负担的、公平合理的高质量基本医疗保障服务。为了实现这一目标,中国在2009年投入了大量的公共资金,开始了全国范围内的医疗系统改革。1978年改革开放后,中国在医疗领域采取的是以市场为导向的战略方针。此次改革背离了过去的思路,重新定义了政府在为医疗系统和公共产品供给领域提供财政支持角色和地位。仅仅4年,改革就带来了大量积极的成果,使得中国医疗保险覆盖率提升,同时也强化完善了基层医疗系统的基础设施。不过,中国的医疗系统改革任重道远,需要改善的还有很多。特别要指出的是,中国面临的主要挑战之一就是医疗系统转型。现有的以医院为中心的零散式医疗卫生保健系统表现不佳,未来我们要向能够提供高质量和高效率医疗卫生保健服务的新型系统转变。迅速老龄化、环境恶化、城市化和其他社会经济领域的转变使得人们对健康的需求提升,患者的期望值也不断提高。新型的医疗卫生保健系统能够满足这些需要。

除了这些现有的挑战之外,中国政府最近决定向私人投资开放医院领域的项目也是一个问题。这一举动对外界传递了明显的信号:政府占主导地位的医疗保健市场中,政府决策能够影响医疗保健政策,不过,今后这一局面会发生重大转变。

中国目前已经形成了以医院为中心的医疗卫生保健系统,主要受利益驱动的公立医院在这一系统中占据控制地位。在这种前提下,以市场为导向的政策会对中国医疗卫生保健系统产生怎样的影响呢?如果想要实现医疗卫生政策的既定目标,中国有没有其他可以考虑的替代方案可以采用?本文中,我们会在大量信息的基础上对这些问题进行分析,采用社会政策学和经济学理论,借鉴中国过往的经验和国际案例,给出推测性的回答。

同时,针对中国2009年医疗制度改革、改革带来的进步和面临的挑战、政府的最新计划等问题,会带来最新的消息和分析。接着,我们会为中国提供一种性价比更高,质量更好的医疗卫生保健系统方案。在这一基础上,我们会探讨中国是否正在朝着这一目标迈进及是否有其他替代性方案可以考虑采纳。

(吴 静 张 晓)

参 考 文 献

丁纯 . 2009. 世界主要医疗保障制度模式绩效比较 . 上海 : 复旦大学出版社 .

国家卫生和计划生育委员会统计信息中心 . 2014. 2013 年中国卫生和计划生育统计年鉴 . 北京 : 中国协和医科大学出版社 .

联合国人口基金与国际助老会 . 2012. 二十一世纪人口老龄化 : 成就与挑战 . 纽约 : 联合国人口基金纽约总部与国际助老会伦敦总部联合出版 .

罗布巴戈特 . 2012. 解析医疗卫生政策 . 赵万里等译 . 上海 : 格致出版社 , 上海人民出版社 .

孟卫军 , 秦莉 , 沈勤 . 2013. 社会保障国际比较 . 北京 : 清华大学出版社 .

穆怀中 . 2007. 社会保障国际比较 . 北京 : 中国劳动社会保障出版社 .

饶克勤 , 刘新明 . 2007. 国际医疗卫生体制改革与中国 . 北京 : 中国协和医科大学出版社 .

孙淑云 . 2013. 中国基本医疗保险立法研究 . 北京 : 法律出版社 .

孙晓明 . 2010. 发达国家和地区医疗体制与保险制度 . 上海 : 上海科学技术出版社 .

索特曼 , 布赛 , 菲盖拉斯 . 2009. 社会医疗保险体制国际比较 . 张晓译 . 北京 : 中国劳动社会保障出版社 .

田鹏辉 . 2008. 基本医疗保险法的经济分析 . 沈阳 : 辽宁大学出版社 .

王东进 . 2012. 坚守与创新——全民医保建立到健全 . 北京 : 化学工业出版社 .

乌日图 . 2003. 医疗保障制度国际比较 . 北京 : 化学工业出版社 .

杨伟民 . 2010. 社会政策导论 . 北京 : 中国人民大学出版社 .

杨燕绥 . 2014. 中国老龄社会与养老保障发展报告 . 北京 : 清华大学出版社 .

俞卫 . 2013. 国际社会保障动态—全民医疗保障体系建设 . 上海 : 上海人民出版社 .

约斯特 . 2011. 医疗保障支付范围决策——国际比较研究 . 汤晓莉 , 何铁强译 . 北京 : 中国劳动社会保障出版社 .

张晓 , 刘蓉 . 2004. 社会医疗保险概论 . 北京 : 中国劳动保障出版社 .

周绿林 , 李绍华 . 2013. 医疗保险学 . 2 版 . 北京 : 科学出版社 .

Saksena P, Antunes A F, Xu K, et al. 2010. Impact of mutual health insurance on access to health care and fanancial risk protection in Rwanda. World Health Report.

Saltman R B, Busse R, Figueras J. 2004. Social Health Insurance Systems in Western Europe. Milton Keynes : Open University Press.

WHO. 2010. Counties : Strategy on Health Care Financing for Countries of the Western Pacific and South-East Asia Regions (2010 – 2015).

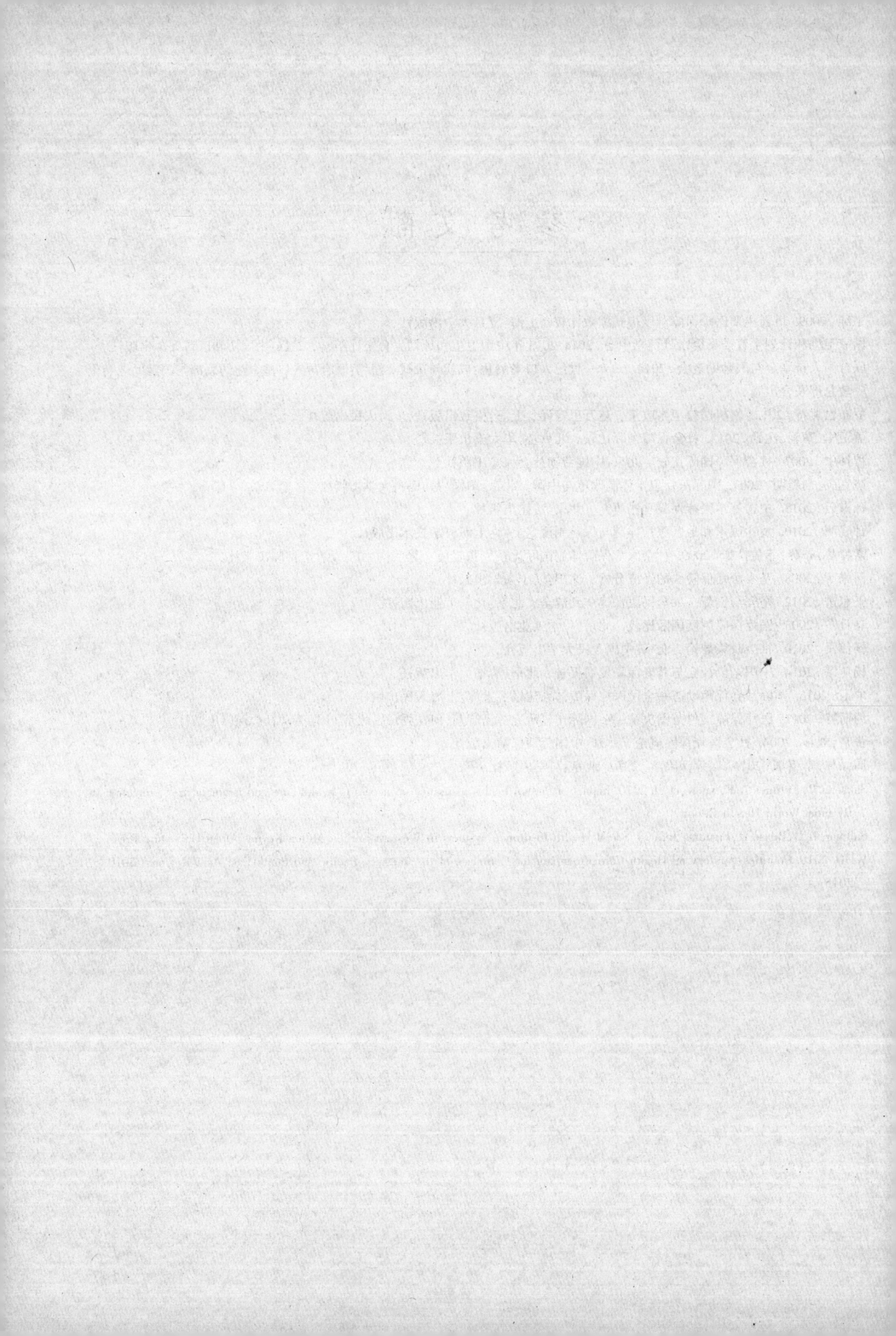